本书为全国教育科学"十三五"规划 2019 年度国家重点课题"教育扶贫的现状、问题与对策研究"（AFA90010）的研究成果。

乡村教育振兴研究
——基于东西部17个县市区个案调查

郭细卿 著

中国社会科学出版社

图书在版编目(CIP)数据

乡村教育振兴研究：基于东西部17个县市区个案调查／郭细卿著.—北京：中国社会科学出版社，2023.12
ISBN 978-7-5227-2930-5

Ⅰ.①乡… Ⅱ.①郭… Ⅲ.①乡村教育—研究—中国 Ⅳ.①G725

中国国家版本馆 CIP 数据核字(2023)第 244757 号

出 版 人	赵剑英
责任编辑	许 琳 高 婷
责任校对	谈龙亮
责任印制	郝美娜

出　　版	中国社会科学出版社
社　　址	北京鼓楼西大街甲 158 号
邮　　编	100720
网　　址	http://www.csspw.cn
发 行 部	010-84083685
门 市 部	010-84029450
经　　销	新华书店及其他书店
印　　刷	北京君升印刷有限公司
装　　订	廊坊市广阳区广增装订厂
版　　次	2023 年 12 月第 1 版
印　　次	2023 年 12 月第 1 次印刷
开　　本	710×1000　1/16
印　　张	18.5
字　　数	300 千字
定　　价	108.00 元

凡购买中国社会科学出版社图书，如有质量问题请与本社营销中心联系调换
电话：010-84083683
版权所有　侵权必究

前　言

我国教育资源城乡二元分化，城乡教育资源发展不平衡不充分。乡村教育事业发展起步晚、起点低、底子薄，发展人力及资金等资源缺乏。近年，国家实施乡村振兴战略，加大乡村教育资源投入力度，但教育振兴依然面临资源不足，难以满足乡村人民群众日益增长的教育发展需求问题。乡村教育振兴难问题，具体体现为：一是城乡教育发展不平衡问题。我国大中城市和东部城市地区教育资源丰富，部分中、小一线城市教育水平已接近甚至达到发达国家水平。经济落后的东部、中西部乡村地区，义务教育目前仅获得数量上保障，只能以完成基本的义务教育培养目标为限度。二是乡村内部教育发展不充分问题。主要表现为乡村教育质量不高、不同的乡村地区教育质量存在差异性。制约乡村教育质量提升的因素，主要为来自家庭、学校及家校互动等方面的因素。从学校方面来看，优秀毕业生不愿去乡村、优秀教师留不住、不合格教师无法退出；从家庭方面来看，乡村家庭文化资本影响学生学习；从家校互动方面来看，乡村地区家校合作不紧密，家校互动面临诸多现实困难。三是乡村教育发展规模效益低。从供给侧来看，受长期以来向城型教育政策的积累性影响，乡村教育发展不平衡不充分；从需求侧来看，人民对优质教育的需求日益强烈，但受乡村地区人口学特征的影响，乡村学校规模效益低，在一定程度上稀释了供给侧努力的积极效果。

从乡村振兴战略实施背景来看，振兴乡村教育事业对于乡村振兴战略实施具有重要意义。只有发展乡村教育，才能使更多乡村学生接受更优质教育，才能吸引更多年轻人从城市至乡村、扎根乡村，推动乡村经济社会发展。从脱贫攻坚取胜背景来看，振兴乡村教育具有重要性，依然需要发展乡村教育，促进乡村经济社会发展。从教育现代化背景来看，乡村教育发展具有优先性。消除乡村教育短板，确保每个乡村学生都能够接受公平而有质量的教育，需要优先发展乡村教育。

当前乡村教育发展主要聚焦乡村教育均衡发展、乡村教育质量、乡村教育师资、乡村教育学生等。乡村教育均衡发展研究，主要研究城乡教育发展不平衡问题，以及研究教育均衡发展的监测。乡村教育发展质量研究包括乡村教育教学质量问题、教学质量提升对策以及质量监测等。进入21世纪，乡村教师已成为国内教育研究领域热点问题之一。学界聚焦研究乡村教师，关注乡村教师发展。乡村教育发展学生研究主要关注乡村教育发展中学生学习质量、学生创新素养以及提升学生学习质量的路径等内容。乡村教育发展研究还包括研究学前教育、社区教育及高等教育对乡村振兴的重要性等内容。但较少系统性开展乡村教育振兴难问题研究。学界还聚焦研究乡村教育培养人才促进乡村振兴的作用，相关研究主要有：乡村振兴人才队伍类型、乡村人才队伍建设重要性、乡村振兴人才队伍发展困境、乡村振兴人才队伍建设等。

研究实施个案研究法，从我国中、东、西、南和北五大区域中选取东部的福建省和西部的甘肃省两省份，再依据经济社会发展情况选取福建省ND市JC区、XP县、ZZ市XC区以及LX州LX市、KL县等17个"县域"县市区个案开展研究。同时，研究采用田野调查、参与观察、座谈会以及访谈法等资料收集方法，翔实收集各"县域"县市区研究个案对象资料。除了获取各"县域"县市区教育局、对口办等政府相关部门振兴乡村教育资料外，也收集教育基金会、爱心企业及个人等社会组织及个体振兴乡村教育相关事实资料，以及企业、商业集团等市场力量振兴乡村教育情况，还收集乡村教育基础设施建设、师资振兴和教育质量振兴等，收集乡村教育振兴学生客体及相应帮扶与教育等资料，完整呈现一幅"县域"县市区乡村教育振兴的真实图景，据此透视全国层面乡村教育振兴的现实情况。研究按照县市区经济社会发展情况，将其划分为经济发达县、脱贫县、乡村振兴重点帮扶县和其他类县市区等四个类型。因经济发达县市区的教育发展城乡二元分化特征不明显，故该类型县市区不属本研究的对象范畴，本研究的"县域"对象范畴主要包括脱贫县、乡村振兴重点帮扶县和其他类县市区等三个类型，基本能够反映"县域"乡村教育振兴事实，也是我国乡村教育振兴的缩影与样本。本研究的乡村教育，主要指学前教育、小学和初中义务教育、高中教育、职业教育等，涉及公办、民办属性类教育以及非城区教学点等。教育振兴也指振兴教育，即通过物资手段改善乡村教育条件，提高乡村教育水平，也指通过教育振兴乡村地区人民，帮助他们学习新的知识和技能，提升他们的科学文化水平，激发他们的发展内生动力，改变他们的陈旧思想观念及落后生活方式，从而振兴乡村人才，带动乡村地区生态振兴、产业振兴、组织振兴、文化振兴等，助推乡村振兴。

个案"县域"县市区乡村教育振兴概况，包括描述东部"县域"福建省 ND 市、ZZ 市经济社会发展及教育振兴概况，以及西部甘肃省 LL 州经济社会发展及教育振兴简况，"深描"脱贫县、乡村振兴重点帮扶县市区的 SN 县、ZR 县、DX 县等，以及其他类型县市区的 XC 区、FA 市等经济社会发展及教育振兴概况。

研究基于双重分析维度逻辑，第一重维度逻辑为乡村教育振兴的主体、内容和客体，第二重维度逻辑为乡村人才振兴乡村。即教育发展需要相应的人力、物力和财力等投入，除了政府主体建设专项经费投入、学校发展规划等制度外，还需要社会、市场力量参与发展，这是教育发展的主体。同时，政府、市场和社会等多主体参与乡村学前教育、义务教育、高中教育和职业教育等发展中，不仅需要建设各级各类学校基础设施，还需要建设相应师资队伍以及提升各类教育质量。此外，乡村教育发展还需要关注教育发展客体的客观现实，乡村各类"留守""单亲"家庭和经济困难等特殊困难学生群体较多，不仅需要给予物质支持和精神关爱等帮扶，还需要依据乡村、学生等特殊情况设计素质教育。因此，研究按照乡村教育发展主体、发展内容和发展客体等三个内容设计乡村教育发展第一重分析框架。乡村教育振兴是乡村人才培养和发展的重要途径和手段，在乡村振兴中处于先导性的战略地位，乡村人才振兴是乡村振兴的基础与要件。研究从学前教育、小学和初中义务教育、高中教育、职业教育等方面的政府、市场和社会参与主体，教育基础设施、师资建设和教育质量，以及教育客体对象学生类型和人才培养素质教育等方面入手，分析当前我国"县域"县市区乡村教育振兴的现状、问题及对策，为全国乡村各层次人才的培养与发展提供借鉴与参考，为乡村产业振兴、组织振兴、生态振兴、文化振兴等提供人才保障，这是研究框架设计的第二重维度。

党的十八大以来，党中央、国务院空前重视乡村振兴工作，地方各级政府落实乡村教育振兴制度，制定出台乡村教育振兴相关制度，履行统筹、监督、管理乡村教育振兴等职责，推进乡村教育振兴。基础设施建设是乡村教育振兴的前提，县市区政府开展乡村教育设施建设规划，优化教育设施规划布局，"县域"县市区 XP 县、LX 州等积极建设乡村教育设施建设规划制度为典型。在优化完善乡村教育设施建设规划基础上，县市区出台及落实乡村教育各类学校基础设施建设文件，为乡村教育振兴奠定良好的硬件基础。"县域"各县市区实施乡村教育教师振兴相关制度。为稳定乡村教师队伍，实施乡村紧缺师资代偿学费计划，及时补充新教师。同时，优化乡村教师配备制度，包括实施教学点教师专项招聘制度，以及乡村校长助力提升工程和乡村教师素质提升工程等，提高乡村师资队伍水平；制定落实乡村教师管理制度，以 XP 县为典型，该县深化教师人事制度改革，建立常态的教师补充机制，以及实施"县管校用"的义务教育教师管理制度等。完善发展乡村教师编制配备制度以及培训经费制度等，也是乡村教育教师振兴的重要内容。

乡村教育振兴需要乡村学生帮扶及教育等相应制度支撑。乡村经济困难、"留守"以及残障等特殊困难群体学生较多，县市区制定落实学生"控辍保学"制度，服务教育最薄弱领域和最贫困群体，努力阻断贫困代际传递。制定落实乡村义务教育帮扶，以及乡村义务教育减免、资助等帮扶制度。研究描述政府履行统筹、管理、监督乡村教育振兴等职责。国家、省级及"县域"县市区政府加强履行统筹、管理和监督乡村教育振兴等工作职责，尤其发挥党委统筹领导作用，加强对教育振兴工作干部履职的领导，对专项教育扶贫资金、控辍保学等方面工作的政策制度管理，以及实施教育振兴廉政监督等，提升乡村教育管理水平，促进乡村教育振兴成效释放。

参与乡村教育振兴的社会力量主要为教育基金会和其他的个体、企业以及基金会等。教育基金会形式多样，既有区域层面教育基金会，也有以各类学校命名的教育基金会，更有以个体命名的教育基金会。其中，区域教育基金会包括县级层面教育基金会，以 SN 县教育基金会为典型；也包括街道级层面教育基金会，以 FD 市桐山街道教育基金会为典型；还包括乡镇级层面教育基金会，以 FA 市莲城教育基金会为典型。教育基金会汇集资金，致力于区域教师奖励、特殊困难学生资助以及教育事业发展等工作。除了各区域积极发展教育基金会外，一些县市区还发展以个体名字命名的个体教育基金会，以 FA 市华龙教育基金会以及 ZR 县国海教育基金会等为典型。个体、企业以及其他类型基金会等也是乡村教育振兴社会力量的重要构成。西部"县域"县市区振兴乡村教育社会力量较多来源于外部，以 YJ 县为典型；东部"县域"县市区振兴乡村教育的社会力量较多来源于内部，受各级政府倡导和推动，外加此类县市区捐赠文化浓厚，区域内爱心人士及企业等社会力量积极捐资振兴乡村教育，以 SN 县为典型，县市区正是基于内部、外部社会力量合力，汇集教育资源共同振兴乡村教育。

市场力量在乡村教育振兴中参与较少，仅有少量的企业家或者教育家通过个体或者集团办学形式振兴乡村学前教育、义务教育、高中教育或者职业教育等，或者采取独立办学的形式，或者通过与公办学校合作办学的形式振兴乡村教育，且集中在县域城镇区域创办教育。同时，市场主体振兴乡村教育呈现出东部县域相对于西部县域而言，民办学校数量较多一些，且民办学校师资力量较强、待遇较好，教学质量高，生源较好，但学费也较高。企业家采取个体或者公司集团独立办学的形式振兴乡村教育，以 ND 市实验学校为典型，该学校是由浙江红绿蓝教育集团投资创办的一所集精英小学部、精品初中部、名师高中部于一体的全日制学校。同时，FA 市德艺学校、福建宏翔高级中学、LX 志成中学等也是典型案例。企业家个体或者集团公司市场力量采取与政府、社会联合办学的形式振兴乡村教育。其中，以 FA 市宸山中学与 FA 市第四中学合作办学、XP 县福宁中学等为典型。

城镇化发展战略实施、农村劳动力转移至城市，使得乡村学校教学点逐步缩减，以 FA 市为典型，该市教学点呈现规模式缩减。无论是乡村学前教育学校数量，还是义务教育学校数量，均难以满足当前乡村学生就读需求，以 XP 县为典型，该县接受义务教育的学生数量每年约以 1000 人的幅度递增，对乡村学校设施建设提出需求与挑战。各县市区加大建设乡村教育基础设施设备力度。东部一些县市区优化乡村学校布局，满足学生就读学位需求。如 ZR 县优化乡村学校布局，加快推进基础项目建设。一些县市区加大乡村教育学校数量建设，以 FA 市、FD 县等为典型。还有一些

乡村教育振兴研究

县市区通过"改""扩""建"等方式解决学生"上学难"问题。如 SN 县推进校园安全长效机制和薄弱校改造工程，ZR 县实施校舍修缮、工作设施和寄宿制学校生活设施改善工程，推动各类学校设施设备建设。西部一些县市区也加大建设乡村教育基础设施力度。如 LX 州加强农村小规模学校和寄宿制学校建设，保障学生就近上学需要。YJ 县近年重点实施三个乡村教育基础设施建设项目。乡村教育各类学校设施设备建设取得了良好成效，以 XP 县、PH 县等为典型。乡村教育各类学校发展存在信息化建设不足问题。乡村各类学校普遍未安装监控设备，学校收入有限，学校数量多等都是影响乡村信息化建设进度的重要因素。近年，各县市区注重乡村学校信息化建设。在完善基础设施基础上，加强学校信息化建设进度，促进城乡教育资源共享。如东部的 ZR 县推动教育信息化跨越式发展，先后完成校园宽带提速和教室、功能室等网络综合布线，安装户外卫星接收系统，实现乡村学校数字教学资源全覆盖。西部一些县市区也加大乡村各类学校信息化建设。YJ 县以教育民生工程和重点项目建设为抓手，全面保障和改善基层基本公共服务，加快教育信息化发展。

乡村教育各类学校师资建设问题主要为师资建设发展不充分，一些乡村学校的师资队伍建设较好，但大部分乡村一线学校师资数量不足、甚至出现流失严重的问题，以 XP 县为典型。乡村教师年龄结构不合理，总体上，乡村一线学校中老年教师居多、年轻教师较少，教师存在年龄断层问题。乡村教师职业幸福感低下，主要受乡村教师生活内容单调、不丰富；职称评聘不易、职称数量有限；待遇低下、收入总体水平差；社会地位不高、难以获得社会应有的尊重；成长发展缺乏有效保障，培训机制有待建设；编制数量缺乏，非编教师较多等客观因素影响。各县市区加大乡村教师数量建设，实施具体措施有：一是加大乡村教师招聘、轮岗力度，如 NJ 县、LX 州等配强师资力量。二是落实"特岗教师"制度，各县市区针对乡村教师缺编问题，普遍落实"特岗教师"制度。三是发挥乡村名师帮扶作用。名师帮扶乡村教师成长是乡村师资建设的重要手段。如 XP 县在职称评聘制度改革中，实施捆绑考核制度，即对名师捆绑考核其帮扶的乡村教师。四是实施东西协作支教。TA 区支教 KL 县中，结合 KL 县的教育现状，统筹安排支教帮扶结对，深入开展两地互访、交流活动。五是提升乡村教师待遇，加大落实乡村教师专项补贴制度等。六是优化乡村教师职称评聘制度。大部分县市区设置更加合理的职称评聘制度，如实施教师只要评上职称就可以直接聘任的制度。七是加大乡村教师培训力度。加大对乡村教育教师培训力度。东部县市区以 NJ 县、SN 县为典型，NJ 县确立乡村教师培训总体目标为每五年实现每个教师平均获得培训 1 次。SN 县强化教师业务水平提升，采取"请进来、走出去""外引内培"的方式学习先进教学理念，促进教师专业成长。西部县市区实施乡村教师培训，以 LX 州为典型。该州结合疫情防控需要，加强教师网络培训。各县市区乡村师资振兴取得良好成效，无论是东部还是西部县市区的各类学校，师资振兴都取得一定成效。

疫情防控期间，各县市区乡村学校努力做好疫情防控工作、筑牢校园安全防线。如 FA 市科学精准做好校园疫情防控工作，巩固疫情防控成果；SN 县抓好校园安全工作，营造良好教育氛围，做好常态化校园疫情防控工作。各县市区乡村学校加大行政管理力度，以 ZZ 市第一中学为典型。提升乡村教育教学管理质量，加大乡村教育教学管理工作力度，以 FA 市为典型；注重乡村教育实践教学工作，以 ZR 县、FA 市为典型。提升乡村教育信息化教学能力，以 SN 县为典型。建设教学管理机制，提升教学质量方面以 SN 县为典型。乡村学校提升教学质量，东部县市区乡村学校提升教学质量，注重课堂教学工作，以 ZZ 市实验小学为典型；打造乡村教育教学特色，以 ZR 县实验小学为典型；注重实践教学开展，以 ZZ 城市职业学院为典型；注重教学科研工作，以 XP 三沙中心小学为典型；注重专业质量建设，以 ND 职业技术学院为典型。西部县市区乡村学校同步提升教学质量。西部乡村学校创新课堂教学方法，提高课堂教学水平，如 XM 市教科院支教教研员在深入帮扶 GH 县学校的过程中，重点针对教研相关工作开展帮扶，提升课堂教学水平。注重素质教育教研工作，以 JSS 县刘集中学为典型。注重教学质量建设，以 LX 县为典型。

乡村教育客体具有特殊性，一方面学生数量少、另外一方面乡村特殊困难学生多，具体包括经济困难、辍学、女工等特殊困难学生，"县域"县市区对乡村特殊困难学生实施相应帮扶。少数民族学生在学习成绩以及经济等方面都需要适当帮扶，县市区实施针对少数民族学生的帮扶措施，以 JSS 县为典型；乡村学校同步实施针对少数民族学生的帮扶措施，以 DX 县第二中学、第五中学为典型，此类学校多建成民族团结进步示范校。乡

乡村教育振兴研究

村学校帮扶少数民族学生取得了良好成效，其中，东部县市区学校以ND市民族中学为典型；西部县市区学校以JSS县保安中学、JSS县民政中学为典型。乡村学生辍学原因众多，但主要原因在于学生及家长对教育重要性的认识不足，以PH县为典型。处理乡村学生辍学问题中，相关的惩处制度有待健全，对教师相关工作职责需要准确定位。一些县市区对各类学校辍学学生实施帮扶措施，以YJ县、SN县为典型。一些县市区已经建立辍学帮扶机制，以LX州为典型。该州建立的机制内容包括：一是狠抓控辍保学工作，实施重点督战抓推动；二是不落一人抓摸排；三是集中动员抓入学；四是因人施策抓保学。一些县市区辍学帮扶取得良好成效，尤其是西部县市区的成效明显。

一些县市区帮扶经济困难学生，其中，东部县市区以FA市为典型，该市精准落实惠民政策；西部县市区以YJ县、LX州为典型。YJ县强化资助保障，阻断因贫失学。具体措施为：一是学生救助，应助尽助。二是助学贷款，应贷尽贷；三是营养早餐，应补尽补。LX州实施资助政策，把建档立卡等家庭经济困难学生作为教育帮扶重点对象，组织开展受新冠疫情影响的家庭经济困难学生资助工作等。一些县市区建立帮扶经济困难学生的工作机制，其中，东部县市区以ZR县、SN县为典型。ZR县精心打造"一个阵地"即县青少年活动中心；紧紧围绕"两条主线"，即"精准资助""立德树人"；努力做到"三个到位"，即管理到位、资金到位、监管到位。SN县持续实施经济困难学生资助政策和应急救助机制，巩固脱贫攻坚成果同乡村振兴有效衔接。西部县市区以KL县为典型，该县落实国家东西部协作帮扶政策，开展同龄学生家庭结对帮扶，具体措施为：高度重视，完善制度、精心组织、明确责任；内容明确，措施到位；求真务实，初见成效；加强工作宣传，营造帮扶良好氛围。乡村部分学校帮扶经济困难学生取得成效，在职业教育方面，以LX州职业技术学校、HZ县职业技术学校为典型。

一些县市区开展女工职业培训，促进贫困户提升技术技能，实现共同富裕。以KL县为典型，XM市在开展东西部扶贫协作中，针对少数民族贫困地区受教育程度低的现状，开创性地在扶贫工厂、扶贫车间举办职工"周末学堂"，具体措施为：一是创新举措，二是明确目标、找准定位，三是开足课程、工学不误，四是按需施教、脱贫摘帽。其中，以TA区与KL

县举办周末学堂为典型。此外，一些县市区还开展"两后生"职业培训帮扶。

乡村学校素质教育开展较为薄弱。这既与乡村学校素质类课程设置不足有关，现有课程主要按照考试要求设置；也与素质教育师资不足有关，乡村技能科教师缺乏即素质教育类教师缺乏，更有其他方面原因。不同乡村学校的具体情况有所差异，但总体而言，素质教育教师缺量较大。乡村教育对于心理专业的教师需求大，因当前乡村"留守"儿童多，"留守"儿童大多需要心理关注与辅导，外加新冠疫情发展，乡村学生心理问题日益增加，非心理专业教师对此无法开展有效干预，需要专业心理教师提供心理辅导。

一些县市区开展素质教育。其中，东部县市区开展素质教育中，以 FA 市、SN 县、FD 市为典型。乡村素质教育取得良好成效，以 SN 县为典型。西部县市区开展素质教育，建设素质教育载体平台，以 YJ 县为典型。乡村学校实施各类素质教育措施，以 NJ 第一中学为典型。乡村各类学校素质教育取得良好成效，在小学教育方面，以 FA 市实验小学、XP 第一小学为典型；在中学教育方面，以 FA 市高级中学、XP 第一中学、ZZ 市第三中学为典型。

本研究通过对我国东西部"县域"17 个县市区的乡村教育振兴主体、内容和客体的实践研究，发现个案建构了一个以政府为主体、社会和市场多主体共同参与。实施乡村学校基础设施建设、师资队伍发展以及教育质量振兴的乡村教育内涵建设，以及乡村特殊困难学生帮扶和开展素质教育等的实践，该模式具有以政府为主导，以基础设施建设为核心，以及以实施帮扶为主等的特点。具体为：

一是以政府振兴乡村教育为主导。政府无论是在政策制度出台，监督管理等各个方面都处于主导地位，同时兼有社会主体参与乡村教育振兴，但是还未实现规范化发展。市场主体参与乡村教育振兴较少，较多处于分散的状态，更少出现集团化办学；其中，"县域"东西部县市区乡村教育振兴主体存在差异性，如东部和西部均以政府为主，但是相较东部而言，西部社会力量参与主要来源于其内部与外部，东部社会力量参与较多来源于自身内部，西部市场主体力量参与乡村教育振兴更少。

二是以乡村教育基础设施建设发展为主，教育质量提升较为薄弱。无

乡村教育振兴研究

论是东部还是西部的"县域"县市区，均致力于乡村教育各类学校基础设施建设发展，以及兼顾提升乡村各类教育质量；东西部内部也存在差异性，相较于东部而言，西部"县域"县市区更致力于乡村各类学校的基础设施建设，东部"县域"县市区在基础设施建设的同时，同步提升乡村教育各类学校教育质量。

三是乡村教育客体学生具有特殊性，特殊困难类型学生多，素质教育开展及成效均相对薄弱。乡村教育各类学校的经济困难、"留守"、"单亲"家庭等特殊困难学生数量多，乡村教育大力实施相应的帮扶；乡村素质教育相对不足，因乡村教育师资、设施设备等方面限制。东部与西部"县域"县市区均存在上述问题。

研究还发现乡村教育振兴中存在主体参与不足、教育质量有待提升以及客体特殊困难学生较多，素质教育实施质量有待提升等特殊问题，并针对性提出增加人力、物力等资源投入，促进乡村教育均衡发展以及实现教育现代化等相关对策与建议。

目　录

第一章　研究背景与文献回顾 ……………………………………（1）
　第一节　研究问题 ……………………………………………（1）
　第二节　文献回顾 ……………………………………………（16）
　第三节　小结与讨论 …………………………………………（44）

第二章　研究设计 ………………………………………………（46）
　第一节　研究方法 ……………………………………………（46）
　第二节　个案概况 ……………………………………………（51）
　第三节　本书篇章结构 ………………………………………（62）
　第四节　小结与讨论 …………………………………………（64）

第三章　乡村教育振兴主体 ……………………………………（68）
　第一节　政府振兴乡村教育 …………………………………（68）
　第二节　社会振兴乡村教育 …………………………………（82）
　第三节　市场振兴乡村教育 …………………………………（94）
　第四节　小结与讨论 …………………………………………（109）

第四章　乡村教育振兴内容 ……………………………………（112）
　第一节　乡村教育基础设施建设 ……………………………（112）
　第二节　乡村教育师资建设 …………………………………（127）
　第三节　乡村教育质量振兴 …………………………………（147）
　第四节　小结与讨论 …………………………………………（160）

1

第五章　乡村教育振兴客体 ······················(163)
  第一节　乡村教育振兴客体帮扶 ··················(163)
  第二节　乡村教育客体素质教育 ··················(193)
  第三节　小结与讨论 ························(203)

第六章　结论与讨论 ··························(205)
  第一节　研究个案特征及问题 ····················(205)
  第二节　乡村教育振兴路径优化 ··················(214)

附录一　访谈提纲 ··························(254)

附录二　《中华人民共和国义务教育法》 ···············(257)

附录三　《中华人民共和国家庭教育促进法》 ·············(266)

参考文献 ·····························(274)

致　谢 ······························(284)

第一章 研究背景与文献回顾

第一节 研究问题

百年乡村，教育为基。作为国民教育体系的重要组成部分，乡村教育是我国高质量教育体系改革建设与发展的重点，是"优先发展农业农村"和"优先发展教育事业"两个"优先发展"的重要结合点，是支撑国民经济健康发展及服务乡村振兴战略的基础性工程。乡村教育关涉农村学子成长成才、农村家庭幸福稳定，是农村经济社会发展状况的重要表征，更是解决"三农"问题的关键核心。推进农村改革发展和解决农业、农村、农民"三农"问题，必须充分发挥乡村教育的全局性、先导性、基础性作用与功能，把教育摆在优先发展战略地位，保持教育帮扶政策总体稳定，巩固拓展教育脱贫攻坚成果，发挥人力资源优势，为新时代我国的全面振兴乡村教育及推动教育振兴乡村，厚植乡村教育强国之基，促进农村经济社会各领域高质量改革发展贡献力量。

一 乡村教育振兴难问题

近年乡村教育获得一定程度发展，但依然面临振兴难问题，体现为：城乡之间教育发展不平衡、乡村教育内部发展不充分、乡村教育发展规模效益低等，具体如下：

（一）城乡教育发展不平衡

新中国乡村教育事业在党中央的高度重视下，面对中华人民共和国成立之初的极端薄弱与百废待举的困境，历经 70 余载筚路蓝缕奋力前行，取得了有目共睹的历史性成就。乡村教育办学条件得到大幅改善，乡村人口受教育水平获得显著提高，教育资源配置状况有了明显改观。然因，长期以来，我国各地经济社会发展严重不平衡，城乡二元结构矛盾突出，处于二元社会结构下，当代我国教育事业发展呈现出区域发展不平衡状态。这一状态延续至今。教育发展不均衡，一方面体现在各级各类教育的普及率上，另一方面，为教育质量的差异，地区、城乡之间无论是在办学条件还是在师资整体水平上都存在较大差距，即我国乡村教育"学校少、资源少、师资少"等问题依旧突出。

就目前来看，东部经济发达地区和我国大中城市的教育资源极为丰富，部分一线城市教育水平已接近甚至达到发达国家水平。这些地区内部区域之间、城乡之间、学校之间以及不同受教育群体之间的差别已极大缩小，每一个个体均能享有相对均等的教育条件。这也决定了当前及今后，这些地区教育现代化的主要任务是尽可能地使每一个学生个性差异和发展潜力都得到充分尊重和最大限度的发挥。相较之下，我国东部经济欠发达地区以及中西部乡村地区，义务教育目前还只能在数量上给予保障，只能以完成基本的义务教育培养目标为限度。主要原因包括：这些地区经济发展水平相对较低，乡村教育基础设施建设及教育资源投入远远不及大、中城市及经济发达地区；办学条件差、教师待遇差、公共设施落后，难以招聘及留住优秀教育师资，乡村教育水平整体不高，师资力量及师资队伍建设滞后等。甚至近年来，随着农村人口大量涌入城市，撤点并校成为乡村学校发展常态，乡村学校规模数量不断萎缩，乡村教育陷入相对低迷发展状态。

从供给侧来看，乡村教育不平衡主要表现为县域教育发展不平衡。在整个乡村教育体制中，县域义务教育均衡发展最早进入政策视阈。长期以来，特别是党的十八大以来，国家大力推进县域教育均衡发展，发展水平不断提高。如2013年，我国启动义务教育发展基本均衡县（市、区）国家认定时，全国有293个县（市、区）通过评估认定；[①] 2014年有464个，[②] 2015年有545个，[③]

[①] 《义务教育发展基本均衡县名单公布江浙居首》，http://edn.people.lom.cn/n2014/0214/c367001-24364039.html。

[②] 《国务院教育督导委员会关于公布2014年全国义务教育发展基本均衡县（市、区）名单的决定》，http://www.moe.gov.cn/Jyb_xw。

[③] 《关于公布2015年全国义务教育发展基本均衡县（市、区）名单的决定》，http://www.moe.gov.cn/Jyb_xwfb/xw_fbh/moe-2069/xwfbh-2016n/xwfb_160223_230101.html。

2016 年有 522 个,[①] 2017 年有 560 个[②]……义务教育均衡发展稳步推进。然而,仍应充分认识到,教育均衡发展并非一蹴而就,县域教育发展基本均衡至今尚未全面实现。在义务教育发展不均衡的县域中,不均衡的县域义务教育与城镇化战略实施相遇,问题变得异常复杂而严峻,教育吸引型城镇化问题凸显,进一步引发县镇巨班大校、乡村学校小规模化,从而反过来影响县域教育质量全面提升,加剧县域教育发展不均衡及相关问题解决的复杂性。现阶段,对于未通过认定的县(市、区),通过义务教育发展基本均衡县(市、区)督导评估认定是其推进县域义务教育均衡发展的攻坚任务;通过认定的县(市、区),巩固县域义务教育均衡发展成果,推进义务教育发展高位均衡是其义务教育均衡发展的战略任务。故推进县域教育均衡发展,特别是高位均衡发展,应当是当前与未来较长一段时间内我国乡村义务教育发展的一个主导性任务。

在我国教育资源倒挂现象严重,越是偏远地区、越是乡村,教育资源配置就越差,乡村学生接受教育越不公平。教育公平是社会公平的基础,没有教育的公平,就没有社会的公平,代际传递将加速社会分化。乡村教育作为我国教育的重要组成部分,保障的是四千多万乡村学生的基本人权和发展权利,是阻止贫困代际传递的最有效途径。如果乡村教育未发展好,底层群体将无法获得向上流动的机会,将直接影响我国教育现代化及乡村振兴目标的实现。故,乡村教育追求的不仅仅是免费,而且是教育公平和社会公平。消除乡村教育短板,确保每个乡村学生都能接受到公平而有质量的教育,让他们都能有机会通过教育改变自身命运,是发展乡村教育的重要目标。

(二) 乡村教育发展不充分

乡村内部教育发展不充分主要体现为乡村教育质量不高。制约乡村教育质量提升的阻碍性因素在各地不同程度地存在,主要来自家庭、学校及家校互动等方面。

第一,从学校方面来看,我国乡村,特别是偏远地区的乡村学校,办

---

① 《2016 年全国义务教育发展基本均衡县(市、区)名单》,http://www.moe.gov.cn/iyb_xwfblxm_moe-2069/xwfbh-2017n/xwfb_170223/170223-sfcf/201702/t20170222_297047.html。

② 《2017 年全国义务教育发展基本均衡县(市、区)名单》,http://www.moe.gov.cn/iyb_xwfb/xw_fbh/moe-2069/xwfbh-2018n/xwfb_180227/sfcl/201802/t20180227_327986.html。

乡村教育振兴研究

学条件差，往往既吸引不到又留不住优秀教师，乡村学校教师队伍现状堪忧。乡村小规模学校教师老龄化、乡村教师能力不足、乡村教师向城性流动等影响着乡村师资队伍的整体质量。目前，乡村教育师资队伍薄弱问题主要表现在以下方面：

一是优秀毕业生不愿去。乡村地区教师待遇普遍偏低、生活环境艰苦，工作任务繁重，身心压力大，个人发展机会少，使得乡村教师岗位变得越来越不具备竞争性，吸引力越来越不足，优秀学生不愿到乡村任教。近年来，为充实乡村中小学教师队伍，国家实行师范生免费教育政策。然而，根据对6所部属师范大学调查情况来看，首届免费师范毕业生在县城及大中城市任教的占比为91.2%，在乡镇及乡村一线村庄任教的仅分别占总数的6.0%和2.8%[①]，显然难以满足我国乡村学校教师队伍建设的现实需要。

二是优秀教师留不住。乡村教师职业缺乏吸引力，不仅造成优秀毕业生不愿到乡村任教，也导致乡村优秀教师不愿意留守乡村、甚至出现大量减少和流失。特别是随着城镇化战略的快速推进，城市新建学校需要大量教师充实，乡村优秀教师成为强力引进对象。在各地调研中了解到，不少乡村一线学校中小学校长都提出，教育局最好不要再组织教师竞赛，每次竞赛结束后，总有几个好苗子被城里学校挖走，农村学校快成了城市学校的人才培养基地了。一些乡村学校不敢再组织教师参加学科竞赛，因为只要教师获奖、出名，就要么被城市学校挖走，要么教师自己找门路往城市调动。越来越多乡村教师的流失加剧了乡村地区师资短缺，尤其是流失的大多为优秀年轻教师、骨干教师，乡村教育发展面临巨大的挑战。该种反向流动，进一步加剧城乡教师分布失衡，乡村师资越来越紧张，几乎成为城乡学校教育发展的一种普遍现象。

三是不合格教师无法退出。乡村优秀教师留不住的同时，一些不合格的教师却无法退出。在乡村学校，确实有一些年龄、知识结构等老化的教师，对他们开展培训，他们也无法胜任教学工作。这些教师要么是由代课教师、民办教师转正而来，要么是当年顶岗接父母班进入教师岗位，要么是由政府安置的复员退伍军人，要么是迫于生活和家庭压力不得不留在当

---

① 付卫东、付义朝：《首届免费师范毕业生就业影响因素变迁研究——基于全国六所部属师范大学的调查》，《复旦教育论坛》2012年第2期。

地任教的教师。由于养老保险、失业保险和医疗保险等社会保障制度不健全，该类教师即使不能胜任教学工作，学校和教育行政管理部门也无可奈何，既不能对他们实行强制性退休，也无法将他们从教师队伍中退出。

第二，从家庭方面来看，乡村社会家庭文化资本影响乡村学生学习。文化资本可分为体制化资本、客体化资本和身体化资本。乡村家庭不仅体制化资本（含学历）等相对较低，客体化资本（含学习条件、学习资料）较少，而且身体化资本（含教育观念、教育行为）也不占优势。如近年乡村学校撤并，不少原设有小学的村庄不再设有小学，学生需要到镇、县甚至更远的地方上学，十分不便。并且，随着大量青壮年劳动力离开乡村，不少学生因家长常年在城市务工成为农村"留守"儿童，缺少父母陪伴及家庭的监督引导，客观上影响学生学习的积极性、主动性。学生不自主学习甚至厌倦学习。随着年级的提升，学生逐渐丧失对学习的兴趣和对知识的渴望，学业成绩达不到国家规定的及格标准。学习成绩落后与兴趣衰减的积累效应与非良性互动，导致学生学习面临更大挑战。

第三，从家校互动方面来看，乡村地区家校合作不紧密，家校互动面临诸多现实困难。如乡村地区"留守"儿童现象呈常态化趋势，留守在家学生多半由爷爷奶奶辈隔代看管抚养，学生家长外出务工增加了家校合作的难度。外出打工家长通常一年半载才回乡一趟，几乎无时间关心子女教育，陪伴子女成长，更无法积极参与家校互动。又如，乡村学生家长受教育水平、文化程度一般较为低下，家庭文化资本相对薄弱等影响，当学校通过发放宣传册、开办专家讲座、召开家长会等家校互动形式将先进的教育理念、教育方法传递给家长时，家长往往难以有效理解、接收，无法取得良好的预期效果。此外，乡村学生家长缺乏教育责任分担意识，普遍认为在子女的教育问题上，教师是主导、是权威专家，家长处于单向服从配合的辅助地位，导致不少乡村教师不仅需要承担教学任务，还要兼顾"家庭教育"职责，对学生开展保姆式的"家庭关爱"与心理疏导，而家长在子女成长中应承担的家庭教育主导角色，也逐渐转化为承担向子女提供基本生活保障的边际角色。

（三）乡村教育发展效益低

中国特色社会主义进入新时代，社会主要矛盾已经转化为人民日益增长的美好生活需要和不平衡不充分的发展之间的矛盾。准确理解和深刻认识我国社会主要矛盾变化的科学内涵,全面把握我国社会主要矛盾变化与乡村教育发展的相互作用关系,是振兴乡村教育的关键。从供给侧来看,受长期以来向城型教育政策的积累性影响,乡村教育发展不平衡不充分。从需求侧来看,人民对优质教育的需求日益强烈,但由于乡村地区人口学特征,乡村小规模学校数量多、占比高,规模效益低,在一定程度上稀释了供给侧努力的积极效果。当相同资源配置到需求侧相同数量学龄人口时,乡村小规模学校的规模效益劣势便体现出来。据统计,2016年,我国农村学校(镇区+村庄)小学和教学点为247890所(个),其中,镇区54689所(个),村庄193203所(个);不足100人的农村小学和教学点120538所(个),其中,镇区12208所(个),村庄108330所(个)[①]。不足100人的小学和教学点占比为48.63%。

进入新时代,乡村小规模学校发展问题被持续关注。无论从历史、理论分析,还是从比较视域来看,都可以发现小规模学校是乡村学校的基本样态。这就决定了在未来相当长的一段时间内,乡村学校规模效益较低的情况将持续存在。作为乡村教育常态化办学形式,该类学校的主要生源为乡村一线地区无力送子女进城求学的家庭子女,是我国乡村教育的最薄弱环节,也是乡村教育底部攻坚及城乡教育优质均衡发展的关键所在。其高质量发展将直接影响乡村振兴的人力资源水平,同时,对城乡一体化发展以及推动我国实现教育现代化具有重要意义。从传统意义来看,乡村小规模学校常态化存在的核心价值在于满足人民群众依法享有的就近上学的教育基本权利。然而,随着乡村振兴战略的实施及城乡一体化进程的加快,该类学校发展面临诸多困难与挑战。乡村小规模学校的办学质量普遍较差,被认为是我国整个义务教育体系的"最短板"及乡村教育高质量发展的关键点。随着大量农村人口进城务工以及迫于乡村教育质量差的困境,以进城上学为目的的教育流动成为乡村一线小规模学校生源流失的新趋势。许多农村家庭只要条件允许,都努力将适龄孩子送至城市学校就学,导致大量乡村一线小规模学校生源不断缩减,面临生源危机及办学萎缩的困境,甚至出现因招生困难、不得不停止办学的状态。该类学校发展还面

[①] 《中国农村教育发展报告2017》,http://k.sina.com.cnlarticle_1726918143_66eeadff02003uhq.html。

临办学经费短缺、基础设施落后、优质师资不足、教学水平及教育质量堪忧诸多问题。特别是对于一些"袖珍型""麻雀型"学校而言，在经费保障、设施供给和优质师资引进等方面更是面临重重困难。

乡村地区教育发展从生均资源来看，需求侧人口密度低等人口地理学特征带来的规模效益低，成为满足人民日益增长的优质教育需求的一个重要的叠加性制约因素。近年，随着我国教育现代化进程的加快，并鉴于乡村学校规模效益较低的现实，国家推动乡村小规模学校发展的力度持续增强，制定出台诸多向乡村教育倾斜的较多利好政策，具体包括：提升乡村教师待遇、职称评审政策倾斜、完善城乡教师交流制度、供给优质信息教学资源等，促进乡村学校政策环境改善，并在一定程度上统一城乡教育资源配置标准。如 2014 年《中央编办教育部财政部关于统一城乡中小学教职工编制标准的通知》印发，结束了城乡教师编制标准倒挂问题。在一些领域，还积极实施城乡教育资源差异化配置政策，如 2012 年《国务院办公厅关于规范农村义务教育学校布局调整的意见》提出，提高村小学和教学点的生均公用经费标准，对学生规模不足 100 人的村小学和教学点按 100 人核定公用经费①。2018 年，《国务院办公厅关于全面加强乡村小规模学校和乡镇寄宿制学校建设的指导意见》，将乡村小规模学校发展提升到乡村振兴重要组成部分的高度。要求对于小规模学校，要通过保障信息化、音体美设施设备和教学仪器、图书配备，设置必要的功能教室，改善生活卫生条件等，改善强化学校办学基本条件②。上述政策背后均考虑到小规模学校的规模效益低这一基本事实，是尊重乡村学校规模效益低、需要更多教育资源的经济学规律的重要努力。但是，从尊重乡村学龄人口的人口地理学特征来看，在尊重乡村学校规模、功能与地理等特征进行资源配置方面，仍有较大改进与提升空间。

二 乡村人才振兴背景下的教育振兴

乡村教育振兴具有重要性与紧迫性：从乡村人才振兴背景来看，振兴

---

① 《国务院办公厅关于规范农村义务教育学校布局调整的意见》，http：//www.gov.cn/zwgk/2012-09/07/content_ 2218779.htm。

② 《国务院办公厅关于全面加强乡村小规模学校和乡镇寄宿制学校建设的指导意见》，http://www.gov.cn/zhengce/content/2018-05/02/content_ 5287465.htm。

乡村教育是乡村人才振兴的迫切要求；从其他多重交叉背景来看，如脱贫攻坚取胜来看，对脱贫攻坚成果巩固具有重要性；从教育现代化来看，乡村教育振兴具有优先性。

（一）乡村人才振兴背景下的教育振兴

2021年2月25日，中国庄严宣告，经过全党全国各族人民共同努力，我国脱贫攻坚战取得了全面胜利，现行标准下9899万农村贫困人口全部脱贫，832个贫困县全部摘帽，128000个贫困村全部出列，区域性整体贫困得到解决，完成了消除绝对贫困的艰巨任务。① 但是，脱贫摘帽不是终点，而是新的起点。我国虽然消除了绝对贫困和区域性整体贫困，但低收入人口的大头仍分布在农村，农村相对贫困问题的解决还需时日。随着贫困县脱贫摘帽，一些挑战也日益显现。客观上，一些脱贫农户抵御风险的能力还不强，一旦遭遇变故可能返贫致贫。一些脱贫村的社会治理对驻村工作队的依赖依然较强。不少脱贫县只是解决了生存基本问题，自我发展能力依然不强。脱贫产业已经结果但还没成为大树，产品附加值还是偏低。主观上，一些地方认为脱贫摘帽就可以"到站下车"了，没有意识到下一站是乡村振兴、农民富裕。一些基层干部对特惠性政策有依赖心理，对摘帽后如何发展考虑不足。

郡县治则天下安，乡村治则国家稳，乡村是国家的基础，只有乡村振兴了，国家才能长治久安，全面建设现代化国家，不能丢了乡村这一头。党的十九届五中全会把"优先发展农业农村，全面推进乡村振兴"作为"十四五"时期我国经济社会发展的重要任务之一，提出"实现巩固拓展脱贫攻坚同乡村振兴的有效衔接"。脱贫攻坚和乡村振兴虽对象一致、工作连续，但前者重点解决农村绝对贫困群体"两不愁三保障"问题，后者主要解决"三农"问题和城乡差距问题，更具综合性、持久性，任务也更艰巨。需要汲取脱贫攻坚战的经验和教训，以脱贫攻坚的办法推进乡村振兴，以乡村振兴的办法巩固脱贫成果，像抓脱贫攻坚一样抓乡村振兴。

乡村振兴战略的最终目标是乡村全面振兴，农业强、农村美、农民富全面实现。教育作用至关重要。要实现乡村振兴，就要把教育放在优先发

---

① 《今天中国人民向全世界庄严宣告：我国脱贫攻坚战取得了全面胜利》，http：//www.163.com/dy/article/G3NAL6D00545PVD4.html。

展的位置，解决好乡村教育发展不均衡问题，推动实现乡村教育高质量发展。作为我国教育的重要组成部分，乡村教育保障的是四千多万乡村学生的基本人权和发展权利，是阻止贫困代际传递的最有效途径。如果乡村教育发展不好，底层群体就无法获得向上流动的机会，这也将直接影响我国教育现代化及全面建成小康社会目标的实现。显然，当前已经从脱贫走进了"振兴"阶段。曾经"教育下乡"为农村脱贫开出一剂良方；如今，要让贫困断"根"，还需要用上"教育""实招"，下大力气、用真功夫解决乡村教育存在的优质教育资源紧缺、教育质量有待提高等普遍性问题，改变乡村教育存在的"不平衡不充分的发展"的状况。不仅需要让农村孩子"有学上"，还要努力让他们"上好学"，逐步破除城乡二元结构，缩小城乡差距，用优质教育为乡村振兴"强筋壮骨"。

在2021年12月召开的乡村振工作领导小组会议上，教育部部长怀进鹏强调，教育系统要"看清楚脱贫攻坚为什么能赢，弄明白乡村振兴怎么兴，统筹推进乡村教育振兴和教育振兴乡村工作"[①]。从振兴乡村视角看，乡村教育是实施乡村振兴的基础工程，乡村产业、人才、文化、生态、组织"五大振兴"均离不开乡村教育。乡村振兴，除了聚焦大力发展、提升乡村经济文化发展水平外，更重要的是要关注、发挥乡村教育事业的基础性、建设性作用，将教育振兴内嵌乡村振兴的整体发展中。乡村产业振兴亟需农民树立新的发展理念，学习新知识，钻研新技术，掌握新本领。乡村人才振兴意味着不仅要大力培养本土人才，强化人才保障措施，还要大力引进人才，为乡村带来更多优质师资与人才队伍，实施"多方聚才"与"就地取才"相结合，解决乡村人才短板问题。乡村生态振兴，意味着要将乡村建设成为生态宜居、富裕繁荣、和谐发展的美丽家园。如果没有一所环境美丽、教育优质的学校，根本谈不上宜居，如果达不到宜居的要求，乡村则留不住人，留不住人就谈不上振兴。乡村文化振兴意味着需要着力提升乡村物质文化和精神文化。乡村体现中华文明，有效地传承中化民族优秀的传统文化，对于形成新时代文明乡风具有重要意义，乡村学校和教师在此方面具有独特优势。乡村组织振兴意味着需要建立健全党委领

---

① 《统筹推进乡村教育振兴和教育振兴工作》，http://www.jyb.cn/rmtzgjyb/202112/t20211224_672014.html。

导、政府负责、社会协同、公众参与、法治保障的现代乡村社会治理体制，亟需更多具有先进管理、治理经验的优秀人才参与乡村社会治理。

综上可见，发展农村教育事业对于乡村振兴战略的重要意义。农民素质高低决定了实施乡村振兴战略的成败；而农民素质的高低则取决于当地教育事业的发展水平。只有提升乡村教育水平，我国乡村未来发展才有保障。只有提升乡村教育质量，才能使更多的乡村学生接受更优质教育，才能吸引更多年轻人从城市来到乡村、回到乡村、扎根乡村，推动乡村经济发展及乡村居民文化素质整体提升。目前农村教育现状仍然不尽如人意，对农村教育规划不到位、农村学校萎缩比较严重、学生流失、教师缺乏、教育质量不高是一种普遍的现象，与乡村全面振兴不相适应。故，聚焦农民素质，培养新一代高素质新型农民，为乡村农业发展和乡村建设提供人才和智力支持是实施乡村振兴战略的应有之义，教育系统责无旁贷。

（二）脱贫攻坚取胜背景下的教育振兴

扶贫必扶智，治贫先治愚。扶智治愚关键靠教育，通过教育扶贫，才能滴水穿石、久久为功，才能解决群众思路不通、眼界不宽的根本问题。摆脱贫困首要的并不是摆脱物质的贫困，而是摆脱意识和思想的贫困。贫穷并不可怕，怕的是智力不足、头脑空空，怕的是知识匮乏、精神颓废。脱贫致富不仅要注意富口袋，更要注意富脑袋。

教育扶贫是阻断贫困代际传递的根本之策。许多贫困家庭的子女通过努力提高受教育水平，获得更高的人力资本和社会资本积累，从而打破贫困恶性循环的链条。从贫困的代际传递来看，父辈的人力资本水平是其家庭获得收入的重要因素，上一代所拥有的人力资本、社会资本可能通过代际传递的方式影响下一代。在扶贫工作中，由于种种原因，许多贫困人口因贫困而失学，又因失学而成为新一代贫困人口。劳动力文化素质低，既是贫困的结果，又是造成贫困的原因。教育扶贫直指贫穷落后的根源，是扶贫开发的重要任务，也是贫困地区人口实现纵向流动、阻断贫困代际传递的重要途径。教育扶贫的根本出发点是扶智和扶志，着力解决贫困的代际传递问题。虽然，当前各种扶贫措施在一定程度上改善和解决了贫困群众的客观生活条件，但贫困群众如果脱贫的内生动力不足，造血功能不强，就容易返贫，落后将一直持续。因此，尤其需要教育精准扶贫，让贫困孩子不再输在起跑线上，让贫困孩子也能公平地接受优质教育，而不再仅将目光放在物质扶贫上。只有精神脱贫，才能从根本上唤醒贫困地区人口脱贫以及通过双手创造美好生活的强烈愿望。教育投入向贫困县、贫困学校及贫困学生倾斜，才能让贫困不再因家庭和环境影响传递下去，让贫困家庭从被动扶贫中主动提升教育程度和文化素质，阻断贫困代际传递，斩断"穷根"。

教育扶贫是培育贫困人口内生动力的重要内容。"扶志"就是将贫困农民自身主动脱贫的志气"扶"起来，增强他们脱贫增收的主观能动性。"扶智"就是在农村基础教育、职业教育、农技推广等方面，通过升学、转换职业等方式实现劳动力转移，实现培育有科技素质、有职业技能、有经营意识与能力的新农民。"扶志"与"扶智"都依靠教育扶贫。教育扶贫不仅可以产生经济效益，而且可以产生精神力量。必须激发贫困主体的内生动力，形成可持续发展动力；必须发挥教育在扶贫开发中的关键性作用，把"外部推动"和"内生动力"有效结合，实现"输血"式扶贫向"造血"式扶贫的转变，才能真正增强扶贫脱贫的动力源泉。教育扶贫是营造扶贫扶志扶智的环境，解决人的素质脱贫，转变一些贫困人群的"等靠要"观念，引导贫困农民家庭主动发展致富。据此，国家明确教育优先的战略定位，贫困地区的教育发展和教育扶贫是优先中的优先，得到了国家政策的大力支持。

教育扶贫是提升脱贫质量和可持续性扶贫的有效路径。教育不仅是一项权利，也是对人口可持续发展能力的投资。不可否认，贫困家庭依赖外部物力投资，在一定时期内可以获得一定程度的经济收入增长。但如果不重视人力投资，人力资本水平得不到提高，当外部力量撤走之后，极易发生"返贫"现象。若此，将严重影响脱贫质量。扶贫脱贫的关键是贫困人口能力的提升，不仅包括生计能力提升，更重要的是发展能力的提升以及适应市场经济发展等综合素质能力的全面提升。唯有如此，扶贫脱贫才具有可持续性，脱贫的质量才会高，才会减少和降低"返贫"现象。因此，从长远来看，要从根本上消除贫困，离不开教育。通过教育，提高贫困地区群众及其子女的文化素质和劳动技术技能，培养扶贫对象的自我发展能力，促进真正实现脱贫致富。贫困地区应当立足"教育精准扶贫不落一人"，将教育作为摆脱贫困的根本之策，才能提升贫困地区及贫困人口脱贫的可持续性。

教育是最根本的精准扶贫。没有贫困地区的小康，没有贫困人口的脱贫，就没有全面建成小康社会。完成全面建成小康社会的目标，就要在拔掉"穷根"上下功夫。站在新时代，需要深刻认识教育扶贫的现实意义和历史意义。贫困地区教育具有很强的正外部性特征，它不仅可以斩断贫困的恶性循环链，还能为贫困地区的经济社会发展输送优质的人力资源，有助于加快贫困地区群众增加收入的步伐，为缩小居民收入差距发挥重要作用。随着贫困地方脱贫摘帽，乡村教育振兴成为重点，这也说明了在脱贫攻坚这一"仗"中，很多地方已经意识到乡村教育振兴的重要性。乡村教育振兴既是改变个人命运的途径，也是改变地区发展的重要方式。个人受教育程度越高，追求幸福生活、谋求创业发展、实现自我价值和服务奉献社会的自觉意识就越强，人生自然就越丰富多彩；反之，不思进取，可能致富无门，最终导致贫困落后。打赢脱贫攻坚这一仗，靠的就是致富人的带头，靠的是知识的运用、科技的加持。这也让更多人更加清醒，有"才"才会有"财"。

（三）乡村教育振兴的教育现代化

中国特色社会主义进入新时代，我国社会主要矛盾已经转化为人民日益增长的美好生活需要和不平衡不充分的发展之间的矛盾。准确理解和深刻认识我国社会主要矛盾变化的科学内涵，全面把握社会主要矛盾变化与我国教育及乡村教育发展的相互作用关系，是振兴乡村教育的关键。

公平是教育发展的重要价值取向。要努力让每个孩子都能享有公平而有质量的教育。其中，有质量是最为突出的方面。随着我国教育事业驶入高质量发展快车道，建设高质量的教育体系，以及满足人民群众对教育质量提升的新期待及对教育公平发展的新需求，是未来教育发展的重要趋势与方向。教育的不公平首先表现在城乡教育资源的分配上。新时代城乡学生受教育的差异性影响仍然存在。传统的城乡二元结构造成优质教育资源集中于城市学校，乡村学校办学条件差、办学资源不足、公共设施落后、尤其是教师资源匮乏，严重影响乡村教育发展和质量提升。

如乡村地区在中小学教育基础设施建设方面远远不及城市，中小学素质教育方针虽然在全国范围内实行，但在乡村地区的实行却具有形式化趋向。就乡村地区中小学素质教育的一般发展情况来看，素质教育实行的过程中，缺乏健全的保障机制和惩处条例，许多中小学仍旧沿用传统教育方式，校舍条件以及相关教具学具配置不齐全，素质教育实施举步维艰。

高质量的师资队伍是有效推动教学发展的重要因素，也是中小学校实行和发展素质教育的重要前提。一般而言，素质水平较高的教师培养的学生在行为习惯及能力水平方面较为优良。然纵观当前我国乡村地区，经济发展水平相对落后，教师任职条件及工资水平较低，交通条件十分不便，工作环境较为恶劣。由此，乡村地区中小学教育难以吸引高素质的学科专业教师任教。特别是乡村地区中小学教育的音、体、美教师普遍匮乏。虽然，大部分学校课表中能够体现课程内容，但在具体的授课过程中却存在较大的问题。课外活动课及音、体、美课程实际教学基本都由文化课替代。专业化任课教师十分缺乏，这也直接反映出我国乡村地区中小学教育师资队伍相对薄弱。与办学条件和师资问题相伴的是课程与教学质量问题。这也导致我国一些乡村地区，经济条件稍好的家庭将子女送至城市就学，甚至在城市买房或租房；经济条件更好的家庭则送子女至省城就学；而经济贫困家庭的子女则只能留在条件越来越差的乡村学校就读。

为基本实现教育现代化，促进教育公平和社会公平，根据我国经济社会发展的实际情况，自 20 世纪 90 年代末期起，党和政府陆续出台系列政策、法规，采取一系列相应改革措施，也取得了显著成效。如将免费义务教育由理想变为现实，实施"国家贫困地区义务教育工程"，"对口支援西部贫困地区学校工程"，农村中小学危房改造工程、农村寄宿制学校建设工程、全国中小学校舍安全工程、农村义务教育薄弱学校改造工程、义务教育学生营养改善计划试点、农村中小学现代远程教育工程，实施"教学点数字教育资源全覆盖项目"，义务教育学校标准化建设项目等。

尽管如此，我国仍是一个经济发展极不平衡且大多数人口分散居住乡村的发展中国家。但教育资源倒挂现象极为严重，越是偏远地区乡村，教育资源配置就越差，乡村学生接受教育越不公平。教育公平是社会公平的基础。没有教育公平，就没有社会公平；没有社会公平，社会分化则因代际传递而加速。乡村教育追求的是公平。教育发展质量关系着乡村学生未来的发展前途。实现教育现代化，难点在经济欠发达地区，短板在经济落后乡村贫困地区。消除乡村教育振兴的短板，确保每个乡村学生都能接受到公平而有质量的教育，让他们都有机会通过教育改变自身命运，是未来乡村教育振兴的重要目标。因此，如何利用乡村学校固有的教育资源与师资力量，打破制约乡村教育质量发展的困境，提高乡村学校质量，为乡村学校发展提供一个更好的教育资源环境，是对我国振兴乡村教育及推动教育现代化实现的积极回应，也是当代教育工作者、研究者亟需思考的重要问题。

三 乡村人才振兴视域下的教育振兴

正确认识和把握乡村人才振兴的战略地位，是推动乡村人才振兴的前提。乡村人才振兴，是实现乡村振兴的关键所在。这一关键地位，主要可从以下几个方面加以理解。在现代化过程中，人的现代化是整个现代化的本质和关键所在。现代化的过程实际上就是人的活动过程，离开了人的现代化就谈不上其它任何现代化。经济现代化、政治现代化、文化现代化、社会现代化、生态文明现代化都需要人力资本予以支撑和保障；另一方面，人的现代化也内在于其它现代化过程之中，相互依存、相互促进、相辅相成。

乡村振兴本质上是乡村发展，是乡村现代化，具体表现为农业现代化和农村现代化。乡村人才振兴本质上就是实现乡村人的现代化，表现为农民现代化。从人的现代化在现代化过程中的一般地位出发，乡村人才振兴、农民现代化，在整个乡村振兴、农业农村现代化过程中占有重要的战略地位，是乡村振兴和农业农村现代化的本质和关键所在。主要表现在以下几个方面：

首先，乡村人才振兴为乡村产业振兴提供劳动力和人力资本保障。推动乡村产业振兴，就是要构建现代农业产业体系、实现农村一二三产业深度融合发展，促进农业内部融合、延伸农业产业链、拓展农业多种功能，发展乡村新产业新业态，壮大乡村产业，扩大农民持续较快增收渠道；构建新型农业生产体系，紧紧围绕发展现代农业，夯实农业生产能力基础，实施农业综合生产能力提升重大工程，确保国家粮食安全和主要农产品有效供给；构建新型农业经营体系，既要培育新型农业经营主体，又不能忽视数以亿计的小农户和普通农民，发展家庭经营、集体经营、合作经营和企业经营。构建现代农业产业体系、生产体系、经营体系，只能依靠各类人才，依靠各类管理人才、生产人才、经营人才。即乡村产业振兴，要以人才振兴为基础。

第一章　研究背景与文献回顾

其次，乡村人才振兴为乡村文化振兴提供组织者和工作对象，是乡村文化振兴的关键。中华文明根植于农耕文化，乡村是中华文明的基本载体。推动乡村文化振兴，需要以乡村公共文化服务体系建设为载体，培育文明乡风、良好家风、淳朴民风；需要让中华优秀文化精髓如邻里守望、诚信重礼、勤俭节约的文明之风在乡村兴盛。乡村文化振兴，一方面需要大量既具有中华优秀传统文化素养又熟悉现代科学文化的文化工作人才；另一方面也需要以各类人才为工作对象，宣传、培育、弘扬社会主义核心价值观，为人才成长发展铸魂；更需要大批乡村优秀文化传承人才、文化产业人才和文化旅游人才。

第三，乡村人才振兴为乡村生态振兴提供建设者和生态产品供给者。推动乡村生态振兴，需要加快农业转型升级，减量并有效使用农业化学投入物，实现农作物秸秆、畜禽粪污等资源化利用和农用薄膜回收利用，充分发挥农业特有的生态功能，让农业成为生态产品的重要供给者。这就需要一批生态环境保护人才，花大气力做好农民工作，将农民转变为生态环境保护者和农业生态产品提供者。推动乡村生态振兴，还需要以绿色发展为引领，推进农业农村绿色发展，加快农村人居环境整治，加强农村污水、垃圾等突出环境问题综合治理，改善农村人居环境，推进农村"厕所革命"，完善农村生活设施，补齐农村生态环境建设短板，让乡村成为生态涵养的主体区。这需要动员广大农民群众积极行动，积极发展绿色农业和整治人居环境。

第四，乡村人才振兴为乡村组织振兴提供各类基层组织人才。推动乡村组织振兴，一是要加强农村基层党组织建设，需要建设好农村基层党组织带头人队伍。只有这样，才能加强农村基层党组织对乡村振兴的全面领导，完善村民自治制度，发展农民合作经济组织，健全乡村治理体系，提高乡村治理能力，让乡村社会充满活力，具有自我管理和自我服务能力，确保广大农民安居乐业、农村社会安定有序。二是必须加强农村基层党组织和党员队伍建设。为此，需要加大从村庄致富能手、外出务工经商人员、本乡本土大学毕业生、复员退伍军人中培养选拔农村党组织带头人力度；加大在青年农民、外出务工人员和妇女中发展党员力度，加强农村党员队伍建设。三是必须进一步完善村民自治制度，规范民主选举程序。这也需要一批能够胜任议事、办事和监事任务，促进自治法治德治等有机结合的村民人才。即乡村组织振兴以乡村人才振兴为核心，二者密不可分。可见，乡村振兴归根结底需要各类人才去振兴、去推动、去担当作为、创新发展。解决人才问题是全面推进乡村振兴战略的关键，是推动农业全面升级、农村全面进步、农民全面发展的内在和必然要求。

乡村人才振兴的重要战略地位，也表现在乡村人才工作的现状问题和挑战之中。长期以来，我国乡村中青年、优质人才持续外流，人才总量不足、结构失衡、素质偏低、老龄化严重等问题较为突出，乡村人才总体发展水平与乡村振兴的要求之间存在较大差距。当前，乡村人才振兴存在的问题和主要挑战：一是相当一些地区村干部年龄老化、结构僵化、青黄不接，村"两委"副职及委员工资、社保未纳入财政预算。二是留守农村劳动力对自身主体地位的认识不足，新型职业农民队伍建设存在内生动力不足、基础条件薄弱、培训效果不佳等问题。三是新型农业经营主体面临用地难、用钱难、用人难"三难"和"小、散、弱"等问题，大宗农产品价格下行与农资、地租、人工等刚性成本上涨并存，导致相当部分经营主体难以为继。四是"三农"工作队伍较为薄弱，人员紧缺、知识匮乏、能力不足等问题突出，尚未形成科技特派员、大学生村官等有效服务于"三农"的长效机制。五是尽管多地出台了关于支持市民下乡、能人回乡、企业兴乡的政策，但由于尚存在一些制度性阻碍，导致"三乡"主体创业创新积极性不高。面对当前实际存在的问题和挑战，实现乡村人才振兴的宏伟目标任务艰巨，更加凸显解决人才问题是全面推进乡村振兴战略的关键，是实现农民富裕、保障农村长治久安和长远发展的内在必然要求。乡村振兴的重要支撑是乡村教育，其内在的逻辑是通过教育的作用提高乡村人力资本的素质，通过在乡村中普及现代化的教育，通过优质的教育资源与服务促成乡村文化的繁荣和正确的价值观，提升乡民的文化素质和劳动者的技能，调动乡民的生产和工作积极性，推动乡村振兴。

第二节 文献回顾

一 乡村教育发展相关研究

当前学界，与乡村教育发展相关研究，主要包括乡村教育均衡发展，乡村教育发展质量，乡村教育发展师资，乡村教育发展学生以及乡村教育发展其他问题等。

（一）乡村教育均衡发展研究

近年，学界集中研究城乡教育发展的不均衡问题，如2019年发布的《教育蓝皮书：中国教育发展报告（2019）》指出，在义务教育县域内教育公平得以改善的同时，县域之间、省域之间的教育差距在加大[1]。随着城市现代化发展，各地加速推进城镇化进程，在这个过程中，城乡发展显现出不均衡的局面，农村教育问题变得日益复杂。学界也聚焦研究乡村教育发展生源流失、教师流失等发展难问题。如郭立场（2016）认为，乡村小学学校一度孕育大量英才，在国人心中留下美好而温情的记忆。然近年来，薄弱乡村小学生存日益艰难，甚至难以为继。城市对乡村教育资源"倒吸"，薄弱乡村学校苦不堪言。偏远地区学生上学日益困难问题加剧了乡土文化断裂，产生了农民负担加重、学生辍学等现象，导致乡村教育及乡村的衰败。薄弱学校的生源流失更加严重，甚至有些薄弱学校的学生几乎跑光，政府不得不对此进行撤点并校。"大树底下不长草"，不得已的撤点并校也未能挽救日渐消沉的乡村教育，乡村小学减员潮正加速席卷全国[2]。如张宇轩（2021）在调研报告中提到，乡村教师陈树辉在敖汉旗四家子镇初级中学工作20多年，向记者回忆起该校往日荣光提到，学校在"鼎盛时期"有1000多名学生，也曾经是全镇排名第一的中学。但如今学校只有600多名学生，学生流失的同时教师也在流失，教师队伍甚至出现了断层[3]。温嘉丽、周盈等（2021）认为，当前我国乡村教育情况复杂，学生发展受限。多数青年教师不愿到乡村就业，乡村学校缺少新的活力，师资得不到改善，教学状况远不如城市；学校生源以当地乡村孩子为主，学生见识不广，思维受限，自觉性差；学校教学硬件设施配套不足，校内外培训机会少等，乡村教育发展艰难。城乡间的生活环境与教育差异影响了大多数乡村学生对未来的选择，他们缺乏远大的目标，也没有足够的能力去实现自身价值。因此，改善乡村教育环境具

---

[1] 《教育蓝皮书：中国教育发展报告（2019）》，http：//www.ssap.com.cn/c/2019-04-29/1076931.shtml。

[2] 郭立场：《"学生都走光了"折射出的乡村教育困境》，《甘肃教育》2016年第16期。

[3] 张宇轩：《乡村教育的"隐秘角落"：流失的学生和教师》，《中国经济周刊》2021年第18期。

有必要性和紧迫性①。

　　学界还研究教育均衡发展监测，如朱德全、李鹏等（2017）建立了涵盖政策机制、经费投入、办学条件、师资队伍等内容的我国义务教育均衡发展的第三方评估内容框架②。李玲、黄宸等（2017年）基于新阶段城乡义务教育一体化发展的政策要求和内在需求，将教育评估指标分为投入、过程和结果三大领域，以及师资配置、经费投入、硬件资源配置、课程教学、学生质量五大维度，构建包含25个指标项目的评估指标体系③。朱德全、李鹏等（2017）通过对苏、鲁、鄂、湘、川、渝等14个省（市、自治区）82个县（区）546所中小学的实证调查，结合2010—2014年义务教育发展的宏观数据和部分省（市、自治区）的典型案例分析，对2010年以来我国义务教育均衡发展状况进行监测评估。研究发现，五年来我国义务教育均衡发展成效显著，不仅从战略任务的高度建立健全义务教育均衡发展保障机制，且不断完善投入机制、加大教育投入，深入推进学校标准化建设成效显著，学校办学条件大幅改善。同时，加强师资队伍建设方面有所进步，均衡配置师资逐步实现。但也存在着义务教育经费投入"中部塌陷"，办学条件"内涵化"差距巨大，农村师资队伍结构性缺编严重，城镇化进程中新挑战不断、教育质量城乡差距甚大等问题④。司晓宏（2020）通过对我国9个省36个县的调研表明，义务教育均衡发展监测过程中存在技术理性思维泛化、监测主体"双重立场"以及监测评估考核工具指向性等问题，是导致冲突与困境形成的主要成因。他提出，义务教育均衡发展监测必须立足于教育的基本目的和规律，坚持工具理性与价值理性的辩证统一；义务教育均衡发展监测的理想选择应坚持"以生为本"的价值取向，秉承"器为人用"的工具理性，兼顾全面发展与个性发展的双

---

① 温嘉丽、周盈、谢芳芳、王楚怡：《乡村振兴背景下乡村学校有效课堂实证研究——以广东山区为例》，《教育教学论坛》2021年第28期。
② 朱德全、李鹏、宋乃庆：《中国义务教育均衡发展报告——基于〈教育规划纲要〉第三方评估的证据》，《华东师范大学学报》（教育科学版）2017年第1期。
③ 李玲、黄宸、薛二勇：《新阶段城乡义务教育——体化发展评估研究》，《教育研究》2017年第3期。
④ 朱德全、李鹏、宋乃庆：《中国义务教育均衡发展报告——基于〈教育规划纲要〉第三方评估的证据》，《华东师范大学学报》（教育科学版）2017年第1期。

重旨归等建议[1]。薛正斌（2020）认为，县域义务教育师资均衡发展指标体系对推进我国义务教育均衡发展具有重要的理论和实践价值。他依据指标体系理论基础，并结合已有相关研究及国家和地方政府相关文件，构建县域义务教育师资均衡发展的评价指标体系，具体包括：教师数量、教师质量、师资结构和师资稳定等4个一级指标、12个二级指标和10个三级指标[2]。

学界也研究国外教育均衡发展实践探索。如郝俊杰、董珍（2009）认为，国外统筹城乡教育发展主要靠深入人心的公平公正教育理念、充分保障的教育财政制度、扶弱助贫的教育政策、城乡办学软硬件措施统筹得力、城乡教师待遇制度到位以及重视农村教学内容实用性等[3]。王正青（2011）从宏观政策层面、中观学校层面、微观教学层面对美国、日本、韩国等多个国家推进城乡教育均衡发展措施进行归纳总结，并据此对我国城乡教育一体化发展提出政策建议[4]。李潮海（2012）对美、日、韩三国在城乡教育一体化发展方面的共性特征进行归纳总结，认为上述国家在推进城乡教育一体化中政策倾向于农村教育[5]。金香花（2012）对韩国政府发展农村教育的支持性政策进行研究[6]，乌云特娜（2013）对波兰农村教育存在的问题及其策略开展研究[7]。李涛、邓泽军（2012）对国际统筹城乡教育综合改革模式进行归纳总结，认为当前国际统筹城乡教育综合改革的模式大致为日本的法律建构型，韩国的政策驱动型，新加坡和美国的公共统筹型，芬兰和瑞典的市民私域型，马来西亚、尼泊尔、印度三国的生存统筹型，同时，认为越南、巴西、印度尼西亚是发展统筹型的国家[8]。

---

[1] 司晓宏：《义务教育均衡发展监测的理性困境及其超越》，《教育研究》2020年第11期。
[2] 薛正斌：《县域义务教育师资均衡发展指标体系建构》，《教育与经济》2020年第4期。
[3] 郝俊杰、董珍：《国外统筹城乡教育发展的经验及启示》，《重庆工商大学学报》（社会科学版）2009年第1期。
[4] 王正青：《国外推进城乡教育均衡发展新趋势——社会生态系统的理论框架》，《中国教育学刊》2011年第1期。
[5] 李潮海：《美日韩城乡教育一体化发展的经验与启示》，《沈阳师范大学学报》（社会科学版）2012年第6期。
[6] 金香花：《韩国政府发展农渔村教育的支持性政策评析》，《教育评论》2012年第2期。
[7] 乌云特娜：《波兰农村教育发展中的问题及其政策分析》，《外国教育研究》2013年第2期。
[8] 李涛、邓泽军：《国际统筹城乡教育综合改革：发展脉络、治理模式与决策参考》，《江淮论坛》2012年第1期。

(二) 乡村教育发展质量研究

1. 乡村教育教学质量问题研究

学界研究乡村教育教学质量问题，如赵丹、赵阔（2020）提出，在义务教育优质均衡发展新时期，提升小规模学校教育质量是弥补乡村教育短板、保障偏远乡村儿童接受优质教育的关键。他们采用有效学习理论分析小规模学校教育质量问题。基于该理论，研究从学校支持性输入、学校教育过程和教育输出结果三个维度剖析小规模学校教学质量困境，主要包括：生源较多来自弱势群体家庭或者本身为弱势群体、社区支持不足、教育资源短缺、校长领导力水平参差不齐、校园文化建设水平较低、教学策略单一、学生成绩和自信心水平较低等。由此，他们提出，各级政府应加大教育资源投入，将教育质量隐性因素纳入评估体系，激活小规模学校特色优势、促进学校—社区合作和优质资源共享，全面提升小规模学校教育质量[①]。学界还研究与乡村教学质量问题紧密相关的"有效课堂"问题。虽然学界对我国有效课堂的研究已经进入了繁盛阶段，部分研究成果也得到教育界的认可与运用，但是，山区教育特殊性，如教育资源匮乏、师资力量薄弱、"留守"儿童较多等影响着乡村教育教学建设，乡村办学质量提升，间接导致有效课堂实施难以高效稳步进行、教学效果不明显，学生无法得到有效培养。近年来，国家出台相关措施落实乡村振兴战略规划，乡村学校改革有法可依，各级部门为乡村教育发展保驾护航。如温嘉丽、周盈（2021）等指出，大部分乡村小学学校教师意识到教学质量提升的必然性，开始着眼探求有效教学的建设途径，积极提升自身相应技能。但受现实条件限制，部分教师对有效课堂认识不深、操作不当、提升缓慢，仍处于摸索阶段、转型艰难，他们正努力适应变革[②]。

学界对国外教育质量开展研究。如 Rossi 等研究调查澳大利亚部分乡村及偏远地区的乡村教师生存发展状态，发现偏远地区的生活和工作需要特殊的技能和专业知识，乡村教师处于较为不利的社会生存空间之中，这

---

① 赵丹、赵阔：《乡村小规模学校教育质量困境及其突破——基于有效学校理论框架的个案剖析》，《现代教育论丛》2020 年第 6 期。

② 温嘉丽、周盈、谢芳芳、王楚怡：《乡村振兴背景下乡村学校有效课堂实证研究——以广东山区为例》，《教育教学论坛》2021 年第 28 期。

对乡村教师的日常教学实践、专业成长与发展以及职业晋升等产生负面影响[①]。

学界还开展乡村教师专业教学实践如何影响学生学习水平和能力提升的研究。如 Brookhart 等通过观察 6 名乡村辅导阅读课的教师参与一种"意义学习的教学"的专业发展形式,发现乡村教师自身的阅读教学水平直接影响乡村学生的阅读能力发展程度,并呈现显著正相关趋势[②]。Collins 等通过量化调查相关性分析等检验某地区乡村教师在词汇教学方面的能力水平与乡村学生所获得的词汇逻辑推理能力之间的关系和影响,发现二者之间存在显著的正相关影响,即乡村教师自身的词汇教学能力水平越高,其学生的词汇推理技能越强[③]。Mollenkopf 分析美国 3 所师范学校教学联盟实施不同培养模式下的乡村教师培养方案案例,从方案中的培养对象、目标、课程规划等方面进行对比分析,并结合实际培养的乡村教师教学水平反馈分析培养成效[④]。

2. 乡村教育质量提升对策研究

学界研究乡村教育发展质量的对策,聚焦研究教育信息化发展模式,如杨松林(2020)在对广元市开展调研基础上发现,广元市地处四川北部盆周山区、秦巴山连片贫困地区,7 个县区均为贫困县,其中,3 个为国家级贫困县。全市农村贫困人口 353700 人,贫困发生率达 15.46%。广元市农村教育体量大、分布广,面临学校小、学生少、教师缺、发展难等问题。广元市积极推进"智慧广元"教育信息化建设,以教育信息化构建城乡教育优质均衡发展体系。在基本建成"三通两平台"基础上,建设专递课堂、名师课堂、名校网络课堂"三个课堂",通过"纵带横联",努力

[①] Rossi Tony, King Sheila, Motley Emma, "An Investigation of Early Career Teachers' Perceptions of Professional Development Opportunities and Career Advancement for Teachers in Rural and Remote Queensland", *Education in Rural Australia*, No. 1, 2005, pp. 54 – 64.

[②] Brookhart Susan M., Moss Connie M., Long Beverly A., "Teacher Inquiry Into Formative Assessment Practices in Remedial Reading Classrooms", *Assessment in Education: Principles, Policy & Practice*, No. 1, 2010, pp. 41 – 58.

[③] Collins Ginger G., Goforth Anisan, Ambrose Lauram, "The Effects of Teacher Professional Development on Rural Students' Lexical Inferencing Skills", *Rural Special Education Quarterly*, No. 3, 2016, pp. 20 – 29.

[④] Mollenkopf D. L., "Creating Highly Qualified Teachers: Maximizing University Resources to Provide Professional Development in Rural Areas", *The Rural Educator*, No. 3, 2009, pp. 34 – 39.

"提末补短",解决乡村教育发展难题,推进城乡教育优质均衡发展[①]。王鉴、谢雨宸(2022)认为,乡村学前教育高质量发展需要重塑乡村学前教育质量观,完善乡村学前教育资源分配制度,深化乡村学前教育特色化课程与教学改革,创建"家园社"三级联动体系,最终形成乡村学前教育高质量发展的长效机制[②]。学界还探讨乡村教育"在地化"对策,如丁学森、邬志辉等(2019)认为,乡村教育可持续发展是推动城乡义务教育一体化、实现城乡基本公共服务均等化的关键因素。当前,乡村教育存在教育质量低下、学生身份认同感淡漠、教师身份迷失及学校社区失联等危机,"在地化"教育理论与实践的引入对该问题的破解具有借鉴意义。基于此,他们认为加强乡村教育改造的"在地化"教育理论研究,以生态素养教育提升乡村学生身份认同感,依靠"在地化"教学归正乡村教师身份迷失,以及基于"在地化"教育理念与行动消解乡村学校社区失联,将成为有效消解乡村教育危机、促进乡村教育可持续发展的有效路径[③]。学界也研究国外乡村教育质量提升对策,如 Bansilal 等通过调查研究南非某所高校教育服务项目中的 41 名乡村教师如何在其教学实践中提升自身专业水平,其中包括对不同教学情境中的教学设计、教学教改中的问题解决以及教学反思后的策略改进等[④]。

3. 乡村教育扶贫质量监测问题研究

学界研究乡村教育扶贫质量监测研究,如檀慧玲、李文燕等(2018)提出利用质量监测促进基础教育精准扶贫的建议,即结合全国贫困地区数据库、国家扶贫办公室建档立卡信息档案数据库、教育部基础教育质量监测信息数据库等三大数据库,创建基础教育质量监测与基础教育精准扶贫的数据互通、资源共享信息平台,为精准描绘贫困儿童青少年发展状况以

[①] 杨松林:《建设智慧课堂,推动乡村教育高质量发展》,《四川教育》2020 年第 Z1 期。

[②] 王鉴、谢雨宸:《乡村学前教育高质量发展的内涵、逻辑与长效机制》,《东北师大学报》(哲学社会科学版)2022 年第 2 期。

[③] 丁学森、邬志辉、薛春燕:《论我国乡村教育的潜藏性危机及其消解——基于在地化教育视角》,《教育研究与实验》2019 年第 6 期。

[④] Bansilal, Sarah, T. Rosenberg, "South African Rural Teachers' Reflections on Their Problems of Practice: Taking Modest Steps Inprofessional Development", *Mathematics Education Research Journal*, No. 23, 2011, pp. 107–127.

及各相关影响因素具体情况提供数据支撑[①]。向延平、陈友莲（2016）以湖南省为例，开展教育精准扶贫绩效评价研究。他们采用 Delphi 法、层次分析法（AHP）筛选、确定教育精准扶贫绩效评价指标并赋予权重，构建教育精准扶贫绩效评价指标体系。具体如下：第一层即目标层，是教育精准扶贫绩效评价；第二层即准则层，从学生教育、师资教育、继续教育、教育条件、个人能力、社会能力等六个方面综合评价教育精准扶贫绩效；第三层即指标层，包括入学率、教育层次等 21 个具体的定性和定量评价指标[②]。袁利平、丁雅施（2019）结合教育扶贫方式目标手段依附性、教育回报长远性、主体角色能动性等教育性特征，参考已有评估工具，借鉴层次分析法的体系构建与指标权重测算方法，构建由"教育投入、过程保障、教育产出和教育脱贫"四个维度组成的教育扶贫政策实施效果评估指标体系。对教育扶贫政策实施效果进行全面评估，通过计算指标权重和建立教育扶贫政策实施具体绩效分值公式，探讨指标体系的应用性和可行性，构建科学动态的监测评估指标体系[③]。阿海曲洛（2018）在对西部少数民族地区教育扶贫政策内容分析基础上，结合对公共政策绩效评估相关理论的分析，建立一套适合西部少数民族地区的教育扶贫政策绩效评估指标体系，并以凉山彝族自治州美姑县作为案例对该指标体系进行运用，力图用实证的方式考察该指标体系在西部少数民族地区中的实用性和可行性[④]。此外，学界还研究发达国家经验，如张彩云、傅王倩（2016）认为我国推进教育精准扶贫应加强立法，为贫困地区教育发展提供强有力的法律保障；应实施差异性的经费分配制度，建立贫困学校进入和退出机制，确保扶贫资金使用和扶贫对象精准；应加强对教师的人文关怀，确保师资保障精准；应完善教育扶贫项目的监管制度，实行分层评估，确保扶贫成效[⑤]。张

[①] 檀慧玲、李文燕、罗良：《关于利用质量监测促进基础教育精准扶贫的思考》，《教育研究》2018 年第 1 期。
[②] 向延平、陈友莲：《教育精准扶贫绩效评价研究：以湖南省为例》，《中州大学学报》2016 年第 5 期。
[③] 袁利平、丁雅施：《教育扶贫政策实施效果评估指标体系构建》，《教育研究》2019 年第 8 期。
[④] 阿海曲洛：《西部少数民族地区教育扶贫政策绩效评估指标体系构建研究——以凉山彝族自治州美姑县为例》，《四川师范大学学报》（社会科学版）2018 年第 4 期。
[⑤] 张彩云、傅王倩：《发达国家贫困地区教育支持政策及对我国教育精准扶贫的启示》，《比较教育研究》2016 年第 6 期。

琦、史志乐（2018）综合国内外教育发展指标体系，认为应借鉴多维贫困思路，从基础巩固、能力提升、通道流动、空间协作、社会支持五个向度出发，构建反映贫困地区教育发展的根基性、保障性、支撑性、拓展性等方面的教育脱贫工作绩效指标体系，以提升政策的针对性、有效性，促进我国教育脱贫工作顺利开展[①]。

（三）乡村教育发展师资研究

乡村教师作为乡村教育发展的中坚力量，在推进乡村振兴战略、促进城乡教育均衡发展中肩负着重要的历史使命。进入 21 世纪以来，乡村教师已成为国内教师教育研究领域的热点问题之一。伴随《乡村教师支持计划（2015—2020 年）》《教师教育振兴行动计划（2018—2022 年）》等政策文件的颁布，乡村教师这一特殊群体越来越获得学术界关注，相关议题的理论探索及实证研究取得了较多成果，具体涉及乡村教师政策实施现状及困境、乡村教师教育与专业发展、乡村教师生存发展、乡村教师队伍建设等内容[②]。

学界聚焦研究乡村教师，关注乡村教师发展，是对我国建设教育强国和农村社会和谐发展现实呼唤的有效回应。如简世德、占娟娟（2021）认为，目前我国乡村师资配置不均衡问题较为突出，解决问题需要借助互联网的技术优势。她以衡阳为例，分析乡村教育师资发展困局，强调在教育达到基本均衡并向优质均衡迈进的基础上应充分把握"互联网＋教育"的优势，破解乡村学校师资配置不均衡困境，为推进现阶段及未来教育优质均衡发展提供借鉴[③]。陈川、周兴平等（2020）回顾近二十年我国乡村教师研究取得的学术成果，从乡村教师研究知识图谱和文献内容的视角发现，我国乡村教师研究经历了制度建设探索期、教师专业发展成长期、振兴乡村教育成熟期等三个阶段；乡村教师研究主要围绕教师专业发展、教师身份认同与职业倦怠、教育公平与均衡发展等三个方面。为增强乡村教师研究生命力，应凝聚多方力量，构建乡村教师研究共同体；聚焦乡村教育振兴，深化乡村教师研究内容；融合信息技术手段，拓宽乡村教师研究

---

① 张琦、史志乐：《加强东西部协作扶贫携手助力脱贫攻坚》，《光明日报》2018 年 7 月 19 日。
② 张慧、王艳玲：《21 世纪以来我国乡村教师研究现状及发展趋势——基于 2000—2019 年 CNKI 期刊文献计量与可视化分析》，《昆明学院学报》2021 年第 1 期。
③ 简世德、占娟娟：《"互联网＋教育"下乡村师资均衡发展研究——以衡阳市为例》，《中国集体经济》2021 年第 21 期。

视域①。李梦婷、李朗（2021）认为，乡村教育的高质量发展受到国家重视，应充分发挥乡村教师队伍建设在此过程中的关键作用。目前，乡村教师队伍建设面临"教不好""招不满""留不住"的现实困境，不利于乡村教育的高质量发展。为此，他们提出，需要通过有效措施强化乡村教师队伍，提升乡村教育质量。如提升乡村教师综合待遇，优化职称评审制度；加强乡村教师培训和培养，坚持"国培计划"和"特岗计划"；培养教师乡土情怀，增强乡村认同感；利用"互联网+"平台，加强城乡教师队伍互联互通等②。

学界也对国外的乡村教育发展情况展开研究，如 Croucha Michael 等通过考察乡村学校条件和学生择校交叉点的流失率，发现乡村教师的教师特征、学校特征和教师流动性主要依据学校的城市化程度以及学校是公立学校还是特殊乡村学校的不同程度而呈现差异，新手乡村教师的流失率比处于职业中段的、拥有一定教学业绩的乡村教师的流失率低，影响因素主要包括其自身的人口信息、资质特点以及生源等问题③。Lassig Carly，Doherty Catherine Ann 等发现教育的市场化趋势让部分乡村教师心理受到影响，为子女的受教育条件而选择流动，从而影响了乡村地区的乡村教师资源配置，建议通过一定的政策调控教育市场并化解乡村教师的焦虑④。Acheson Kris 等通过对美国 5 位乡村外语教师的情感劳动调查分析，发现囿于职业倦怠感导致的教学效能偏低情况是阻滞乡村教师留任的重要影响因素，并强调相关机构和学校所在社区等部门给予乡村教师专业工作开展和日常生活所需的必要支持，可以显著地减缓当地乡村教师的流失率⑤。Yvonne D.

---

① 陈川、周兴平、叶阳梅：《近二十年我国乡村教师研究现状、热点及展望——基于知识图谱及文献可视化分析》，《教育探索》2020 年第 8 期。

② 李梦婷、李朗：《教育高质量发展加强乡村教师队伍建设》，《教育教学论坛》2021 年第 29 期。

③ Croucha Michael, T. D. Nguyen, "Examining Teacher Characteristics, School Conditions, and Attrition Rates at the Intersection of School Choice and Rural Education", *Journal of School Choice*, No. 10, 2020, pp. 1 – 27.

④ Lassig Carly, Doherty Catherine Ann, Moore Keith, "The Private Problem with Public Service: Rural Teachers in Educational Markets", *Journal of Educational Administration and History*, No. 2, 2015, pp. 117 – 139.

⑤ Acheson Kris, J. Taylor, K. Luna, "The Burnout Spiral: The Emotion Labor of Five Rural U. S., Foreign Language Teachers", *Modern Language Journal*, No. 2, 2016, pp. 522 – 537.

Coates 采用问卷和访谈等调查，辅以统计分析方法，对乡村教师的补充政策制定和激励方式进行深入研究，发现对身处于不同职业发展阶段的乡村教师而言，财政激励和职业发展激励（即更多受教育的机会，以提高教师现在的教学技能）都将影响教师是否留在职业中的决定。因此，根据教师需要制定差异化激励机制，为乡村教师提供专业成长机会是增加其留任率的重要举措[①]。Tahir Lokman Mohd，Mohammed Borhandden Musah 采用混合方法调查马来西亚某地区的 338 名乡村小学教师是否对其专业学习共同体的实施感到满意以及在乡村环境中的实用性和适宜性。调查结果显示，乡村地区小学教师对其内部专业学习共同体的实施感到满意，并将其作为职业发展有效计划的一部分。如设立教师团队文化与项目支持教师团队合作的能力，增强了专业发展积极性，促进科学有效进行知识共享和教学质量提升[②]。

与我国乡村师资队伍建设过程中面临的问题一样，美国也面临着乡村师资队伍流动流失等问题。美国的乡村学区学校在双语、数学和科学、特殊教育等领域师资短缺情况严重，且教师在入职的前五年流动率最高[③]。研究认为，美国为了解决乡村教师短缺的问题，从提高教师职业的薪酬竞争力、助推教师专业成长、提倡教师本土培养、改善教师工作环境四个方面，留住乡村教师[④]。而我国面对的是 9000 多万名乡村儿童，在增加新教师的同时留住老教师，并且关注入职前五年新教师的成长，成为乡村教师队伍建设工作中的重点。与我国隔海相望的日本，也为保障乡村教师队伍稳定建立了一套完善的乡村教师师资保障体系，从工资待遇、职称晋升、师资管理和进修深造四大方面给予保障[⑤]。日本将乡村教师纳入公务员管理

[①] Yvonne D. , Coates, "A Focused Analysis of Incentives Affecting Teacher Retention：What Might Work And Why", American University, 2009, pp. 100–116.

[②] Tahir, Lokman Mohd, Mohammed Borhandden Musah, "Implementing Professional Learning Community in Rural Malaysian Primary Schools：Exploring Teacher Feedback", International Journal of Management in Education, No. 4, 2020, pp. 422–451.

[③] Barley Z. A. , "Preparing Teachers for Rural Appointments：Lessons from the Mid-Continent", The Rural Educator, No. 30, 2009, pp. 10–15.

[④] 刘丽群：《乡村教师如何"下得去"和"留得住"：美国经验与中国启示》，《教师教育研究》2019 年第 1 期。

[⑤] 闻竞：《日本乡村教师的师资保障机制》，《学习时报》2015 年 12 月 24 日。

体系内且免评职称,政府负责教师的招聘培训与管理,同时乡村教师必须参加对应每个任职年限设立的培训和进修。作为世界上教师流动率较低的国家之一,加拿大乡村教师队伍建设的经验值得借鉴。首先,加拿大政府对财力低于全国标准的地区进行无条件的财政资助,促进贫困地区的经济发展。其次,通过聘任文化督导、课程专家、各类代课教师、教学助手改善乡村教师短缺现状。再次,在乡村教师培养培训方面,加拿大高校为偏远地区培养原住民教师,同时注重民族地区教师的历史、文化和传统价值的学习,注重新入职教师的培训和针对乡村教师开设的网络课程与函授课程[①]。

澳大利亚和印度尼西亚等国家也同样面临农村教师数量短缺的困境。在澳大利亚 Gippsland 的农村地区,教师供需参考小组在 2008 年的一份报告中阐述了农村学校职位空缺的重要问题。报告指出,在偏远地区,由于许多教师不愿迁往农村地区,学校很难吸引到合适人选。2006 年教师招聘普查提供的数据表明,在 Gippsland 的 151 所学校中,有 90 所学校回应他们在学年开始时有空缺,相当于 263 个全日制教学职位空缺或者大约 20%的缺口。2009 年人口普查数据显示,教师短缺的情况并未得到改善,在 149 所学校中有 100 所在学年开始时出现空缺,相当于 269 个全日制教学职位空缺[②],由于工作环境艰苦、教学压力大等因素,印度农村初等教育教师也面临数量短缺、结构失调等困境[③]。在印度尼西亚 Papuan 省的农村和偏远地区的调查研究表明,农村学校的教师数量处于危急状态。由于教师短缺,教师不得不在多个班级任教,并且教师的学术背景与所教科目也不匹配[④]。根据对全美农村地区抽取的 597 名监督员的调查可知,大约 90%的农村地区每年只有不到 10%的教师职位空缺,其中大约一半的学校

[①] 石娟、巫娜、刘义兵:《加拿大偏远地区乡村教师队伍建设及其借鉴》,《比较教育研究》2017 年第 2 期。

[②] Plunkett M., Dyson M., "Becoming a Teacher and Staying One: Examining the Complex Ecologies Associated with Educating and Retaining New Teachers in Rural Australian", *Australian Journal of Teacher Education*, No. 1, 2011, pp. 32–47.

[③] 董静、于海波:《印度农村初等教育教师:短缺现状、补充策略及启示》,《外国教育研究》2014 年第 5 期。

[④] Febriana M., Karlina Y., Nurkamto J., et al., "Teacher Absenteeism in Rural Indonesian Schools: A Dilemma", English Language and Literature International Conference (ELLiC) Proceedings, No. 2, 2018, pp. 47–51.

只有不到5%的教师职位需要填补。但是农村地区在招聘和保留资源专业人员（特殊教育领域、咨询师等）、与数学有关的科目以及科学方面最为困难。这些地区的中学在人员配备比小学困难，分别约有11%和29%的人表示初中和高中招聘教师非常困难[1]。Stocking等指出，在比利时，超过40%的乡村青年教师的任职年限较短，流动性大，多数青年教师不满五年便离职[2]。高流失率也是美国、澳大利亚等国家的农村教育长期面临的困难。诸多研究表明，初任教师进入教师行业后并未下定决心留任。有一项针对102名毕业于澳大利亚一所重点大学的农村学校新教师的研究，旨在确定毕业生在该行业工作的长期和短期目标和愿望。虽然多数受访者表示倾向于留在目前的职位，但合同制的雇佣契约性质阻碍了教师和学校关系的发展，并成为影响教师留在该职业的干扰因素[3]。

学界对国外影响乡村教师流失的研究大多集中在教师自身发展需求的满足上。如乔雪峰、杨佳露等（2018）对澳大利亚高达66%的乡村教师流失原因分析发现，澳大利亚教师流失高风险地区主要是沙漠和荒漠地区学校，主要流出原因为恶劣环境导致乡村教师缺少归属感，出现严重的情感荒漠。其次是繁重的教学工作压力，使乡村教师无法获得专业成长。因此，澳大利亚政府希望通过差异地区高额补偿，破解教师在情感和工作上遇到的困境[4]。Luschei T. F.等（2017）在印度、墨西哥和坦桑尼亚的研究中发现，在偏远、恶劣环境中任教的教师无法按时获得工资，他们不得不积极寻求机会转移到更理想的职位[5]。为了避免该问题不断发生，当地政府开始强力保

---

[1] Hammer P. C., Hughes G., Mcclure C., et al., "Rural Teacher Recruitment and Retention Practices: A Review of the Research Literature, National Survey of Rural Superintendents, and Case Studies of Programs in Virginia", *Appalachia Educational Laboratory at Edvantia*, No.2, 2005, pp.185 – 198.

[2] Stocking K., Leenders F., De Jong J., "From Student to Teacher: Reducing Practice Shock and Early Dropout in the Teaching Profession", *European Journal of Teachers Education*, No.3, 2003, p.26.

[3] Plunkett M., Dyson M., "Becoming a Teacher and Staying One: Examining the Complex Ecologies Associated With Educating and Retaining New Teachers in Rural Australia?", *Australian Journal of Teacher Education*, No.1, 2011, pp.31 – 47.

[4] 乔雪峰、杨佳露、卢乃桂：《澳大利亚乡村教师支持路径转变：从"不足模式"到"拟合模式"》，《比较教育研究》2018年第5期。

[5] Luschei T. F., Chudgar A., "Supply-side Explanations for Inequitable Teacher Distiibution", Tercher Distribution in Developing Countries, 2016, pp.87 – 107.

障教师工资。还有学者从培养层次提出如何促进青年教师适应乡村,如Hudson P(2003)通过对澳大利亚17位农村教师的职前经历调查发现,这些教师在入职前均参与过农村生活,他们在当地政府的支持下提前进入农村学校,并被安排住在农户家,这种短暂的前适应训练,不仅对教师理解和认识农村的现实生活状况有帮助,而且对于这些教师选择留在农村任教有着非常重要的影响[1]。马娥(2013)在对美国乡村教师培养计划的研究中指出,美国不同州、不同大学根据所在地区农村教师队伍构成情况采取的不同策略不仅集中力量解决了差异需求,而且集约了教育资源[2]。秦玉友(2007)指出,日本实施破解农村教师流失问题中的"定期流动政策"不仅解决了乡村教师在专业、年龄、资格、性别比例上的失调问题,而且通过在农村地区兴建各种住宅区、提供各类特殊津贴、奖学金或其他鼓励措施,有效吸引和挽留了一部分愿意留在农村的教师继续留任[3]。周玉秀(2013)指出,俄罗斯通过教育立法、保障供给等措施解决乡村地区教师老龄化问题[4]。可见,各国都以问题为导向,试图通过出台一系列政策,包括财政与非财政性措施并管齐下,职前与职后统筹兼顾,特殊性与共性相互补充等,解决或缓解乡村教师的合理性需求。

学界研究国外影响农村教师职业生涯发展的重要因素,希望通过考察不同影响动因对教师生涯发展的关键影响和边界影响,探讨如何更好地延长教师职业生涯周期,破解乡村教师流失、数量不足问题。Blackburn(2008)研究美国肯塔基州教师职业效能感中指出,学生的课堂实践表现、课堂教学,以及教师的组织管理对教师自我效能感有显著影响,这些影响因素对教师选择长期留任农村从教有关键影响[5]。Watson(2014)等在苏

---

[1] Hudson P., Hudson S., "Sustainable Futures for Rural Education: Changing Preservice Teachers' Attitudes for Teaching in Rural Schools", *Australian Journal of Teacher Education*, No. 4, 2008, pp. 67 – 77.

[2] 马娥:《我国农村学前教师的供给困境与消解策略——来自美国农村教师培训计划的启示》,《内蒙古师范大学学报》(教育科学版)2013年第8期。

[3] 秦玉友:《美国、印度、日本农村教育发展中的主要问题及启示》,《外国教育研究》2007年第12期。

[4] 周玉秀:《俄罗斯农村教师队伍建设的问题及对策》,《语文学刊》2013年第1期。

[5] Blackburn, J. J. S., "Assesing Teacher Self-efficacy and Job Satisfaction of Eraly Career Agriculture Teachers in Kentucky", *Journal of Agricultural Education*, No. 3, 2008, pp. 1 – 11.

格兰终身教育政策研究中指出，专业身份认证对于教师终身从教具有必要，他还指出专业认证可以激励教师不断通过专业学习提升自身[①]。Booth J. 等通过对经合组织2018年度教师保留数据的调查分析发现，教师在职业生涯发展中期离职的主要原因是家庭责任动机和追求较高发展空间的需求无法在所在学校获得合理满足，导致他们不得不在职业生涯发展中期选择离开。为有效解决该问题，需要提高具备一定教学经验和专业素养优质教师的留任率，他提出通过灵活的工作方式缓解执教中期教师在家庭责任需求和工作关系中的冲突，为他们提供有效的时间保障，以提高留任率[②]。

学界研究国外减少乡村教师的对策，如LiL（2019）提出韩国从20世纪70年代开始实施城乡教师流动制度，在四十多年的尝试和努力中，韩国教师流动制度在一定程度上缓解了乡村教师短缺的问题，同时满足了一部分因教师生涯发展需求无法满足想要离岗教师的流动需求[③]。实际上，从各个国家乡村教师生命成长需求的相关研究成果可见，关系乡村教师生命成长需求的相关因素不仅涉及乡村教育的发展境况，而且涉及整个社会教育生态和人民对教育发展的认识水平。从总体情况看，国外乡村教师生命成长的需求境况处于满足不充分的现实，如发达国家的乡村教师需求相较于发展中国家乡村教师的需求而言，已经从现实物质层面转移到更细致、更精微的生命整全成长需求，即人的内在发展需求。从影响教师流失和教师生涯发展的研究中可见，各个国家都面临农村教师的短缺问题，他们在不同程度上都制定了非常具有吸引力的政策，以期合理满足教师的最大需求，从而留住教师。

针对农村师资短缺问题，印度、澳大利亚、美国等国家都制定与实施了多项教师招募与保留政策。其中，美国各州政府在制定地方教师招募政

---

① Watson C., Fox A., "Professional Re-accreditation: Constructing Educational Policy for Career-long Teacher Professional Learning", *Journal of Education Policy*, No. 1, 2015, pp. 132–144.

② Booth J., Cddwellin, Muller L. M., Perry E., Zuccollo J., "Mid-Career Teachers: Amixed Methods Scoping Study of Professional Development", Career Progression and Retention, *Education Sciences*, No. 11, 2021, p. 11.

③ Li L., "The Enlightenment of South Korean Elementary and Middle School Teachers' Urban-Rural Mobility System to teacher Mobility under the Background of China's Double Reduction Policy", *Open Access Library Journal*, No. 8, 2021, pp. 1–9.

策上享有自主权。印度政府通过合理配置师资稳定师资来源，譬如，利用降低生师比和建立优秀合同教师转正制度来应对农村师资短缺困境①。如通过职前培训提供专业发展支持。美国实施了教师准备计划，提供职前培训与职业生涯追踪，打通教师的流通机制②。美国各州政府出台了家乡教师项目和新教师指导项目等多类教师培训项目③。澳大利亚也充分发挥高校在农村学校师资供给上的重要作用。在西澳大利亚，参与教师教育研究的四所公立大学之间合作开展 ALTC 项目，专注于提高农村和偏远地区教师职前培训的质量。该项目将通过开发农村、偏远地区的职前教师实习模式，在教与学的理论与实践之间建立联系④。从 2008 年起就连续实施了"农村和偏远地区教师教育变革"、"革新农村地区教师教育课程"等项目，在此基础上建构出"为农村准备教师"模型⑤。在入职教育方面，波兰与英国对初任教师的指导、罗马尼亚的"导师制"等在培育新教师，强化教师的"专业忠诚"方面颇有成效；在继续教育方面，芬兰强调教师在改革中的话语权，倡导教师参与或决定教师培训的项目及其行动方向⑥，以凸显教师发展的自主性与超越性在提升职业吸引力中的关键作用。学者们提出加强乡村教师的住房保障对策。印度政府为吸引更多教师投身于乡村教育，加大对基础设施的投入，改善教师工作环境。自 2010 年起，将每年的基础教育学校经费划分为三类，分别是学校维修经费、学校发展经费和教师学习材料经费。同时，提出基础设施建设的基本标准，将配有各类图书资料的图书馆，班级必备教师学习材料作为每所学校的

---

① 付卫东、刘源：《农村教师招募与保留政策的国际比较及启示——以美国、澳大利亚和印度为例》，《教师教育论坛》2019 年第 3 期。

② 邱艳萍、王媛媛：《美国"尊重项目"及其对我国乡村教育的启示》，《教学与管理》2019 年第 1 期。

③ 付卫东、刘源：《农村教师招募与保留政策的国际比较及启示——以美国、澳大利亚和印度为例》，《教师教育论坛》2019 年第 3 期。

④ Trinidad S., Sharplin E., Lock G., et al., "Developing Strategies at the Pre-service Level to Address Critical Teacher Attraction and Retention Issues in Australian Rural, Regional and Remote Schools", *Education in Rural Australia*, No. 1, 2011, pp. 111–120.

⑤ Anju Saigal, "Demonstrating a Situated Learning Approach for In-service Teacher Education in Rural India: The Quality Eduation Programme in Rajasthan", *Teaching and Teacher Education*, No. 28, 2012, pp. 1009–1017.

⑥ 杨明刚、于思琪、唐松林：《如何提升教师吸引力：欧盟的经验与启示》，《湖南师范大学教育科学学报》2018 年第 4 期。

基本配置①。此外，其他国家通过向偏远地区教师提供住房或者工作补贴、生活补贴等方式激发教师到农村工作的热情。美国出台了专门法案即《农村教师住房法案》，规定联邦政府每年提供5000万美元专门资助农村教师，同时州政府须按照联邦资助金额数的20%配套，用于农村教师购买住房，或建设新的住房等②。德国、荷兰等国家在确立教师崇高地位方面采取了有效措施，通过宣传高质量的、吸引人的薪酬待遇，凸显教师的崇高地位。此外，国外通过媒体开展教师职业展览和教师庆典活动，帮助教师树立正面形象③。如英国的"年度教师奖"、美国的"国家年度教师"等，极大提升了教师的社会影响力④。

（四）乡村教育发展学生研究

教育是打破贫困代际传递、破除贫困文化对学生发展制约的重要手段。在教育扶贫中，由"扶生存之贫"转向"扶学习质量之贫"是促进贫困学生在人生起点积累人力资本、获得可持续发展能力的关键。学界还研究乡村教育发展中的学生问题，具体包括乡村学生学习质量、乡村学生创新素养等问题。如赵丹、林晨一（2021）基于西部4省12县的调查，采用比较分析方法，从家校学习支持度、学习挑战度、学习经验丰富度等方面研究贫困儿童学习质量存在的问题，并提出"后扶贫时代"持续提升贫困儿童学习质量的对策建议，具体包括：精准监测相对贫困儿童学习质量，为教育脱贫提供科学依据；优化乡村学校布局和资源配置，提升乡村教师资源水平；促进乡村学校与社区有效互动等⑤。郑程月、张文宇（2022）认为，乡村教育事业的发展是乡村振兴战略的重要支点，乡村创新人才培育是推进乡村振兴的源头活水。乡村学生创新素养培育应瞄准乡

---

① 董静、于海波：《印度农村初等教育教师：短缺现状、补充策略及启示》，《外国教育研究》2014年第5期。

② 付卫东、刘源：《农村教师招募与保留政策的国际比较及启示——以美国、澳大利亚和印度为例》，《教师教育论坛》2019年第3期。

③ 杨明刚、于思琪、唐松林：《如何提升教师吸引力：欧盟的经验与启示》，《湖南师范大学教育科学学报》2018年第4期。

④ Patricia Cahape Hammer, "Rural Teacher Recruitment and Retention Practices: A Review of the Research Literature, National Survey of Rural Superintendents and Case Studies of Programs in Virginia", Appala chia Educational Laboratory, 2005, p. 10.

⑤ 赵丹、林晨一：《教育扶贫背景下乡村贫困儿童学习质量困境与对策研究》，《现代教育论丛》2021年第4期。

村振兴的实际需要，着眼学生创新人格的养成，以创新品格与创造能力为目标指向，以人人创新与差异创新为生态旨趣，以分层创新与协同创新为实践向度。乡村振兴战略下，乡村学生创新素养的培育呈现出迫切性、开放性、内生性和协同性等时代特征。但实践中，乡村学生创新素养的培育面临观念革新、方式变革、评价体系优化等多方面困境。他们认为突破困境的关键应为坚持"以学生为本、为生活而教、以乡土为根"的培育导向，促进科学的顶层设计彰显实效；扎根乡土，促进乡村的创新元素充分释放；多主体协同，打造乡村学生创新素养培育共同体，把乡村学生创新素养培育成为加速乡村教育振兴的新引擎等[①]。

学界还研究提升乡村学生学习质量的路径。如王晓生、邬志辉（2021）认为，新时代提高乡村学生学习质量具有多维价值。目前乡村学生学习质量"提升难"有多种原因，包括乡村家庭教育支持少，教养方式不科学；乡村教育环境刺激弱，语言表达机会少；乡村教师专业水平低，教育干预不恰当等。认为已有研究主要从家庭因素和学校层面探讨乡村学生学习质量提升面临的困境，却忽视了二者之间的关系。他们认为，除了现有的以资源分配为主导的策略以外，聚焦乡村学校与乡村学生家庭文化的一致性，基于乡村社会的资源并尊重乡村学生原有的生活经验与认知基础，以课程的"在地化"为载体并实施文化回应性教学，是提高乡村学生学习质量的重要路径[②]。

（五）乡村教育发展其他问题研究

学界还研究乡村教育发展其他问题，包括学前教育、社区教育、职业教育及高等教育对乡村振兴的重要性等。学前教育研究方面，乡村学前教育高质量发展是指乡村学前教育系统的内生发展，它不仅需要与城市学前教育一体化发展，而且需要突出乡村生态与文化特色，形成内涵丰富、特色鲜明的跨越式发展。如王鉴，谢雨宸（2022）认为，乡村学前教育高质量发展需要重塑乡村学前教育质量观、完善乡村学前教育资源分配制度、深化乡村学前教育特色化课程与教学改革、创建"家园社"三级联动体

[①] 郑程月、张文宇：《乡村学生创新素养培育的逻辑内涵、现实困境与实践路径》，《当代教育科学》2022年第3期。

[②] 王晓生、邬志辉：《乡村学生学习质量提高的价值、困境与路径》，《现代基础教育研究》2021年第1期。

系，最终形成乡村学前教育高质量发展长效机制[1]。学界对乡村学前教育高质量发展的理论逻辑、实践逻辑和政策逻辑与研究确立了乡村学前教育高质量发展的重要性与必要性。

推进农村社区教育不仅是乡村教育高质量发展的必然要求和发展趋势，也是乡村振兴战略的重要组成部分。如段俊霞（2011）认为，文化变迁为乡村教育的发展提供了机遇，同时，也使乡村教育面临新的挑战[2]。聂玉霞，汪圣（2022）在调研山东青岛市、潍坊市、泰安市的基础上，梳理了三地农村社区教育的实践理路，发现农村社区教育仍然面临诸多困境，包括发展空间失衡、理性认知和参与不足、工作队伍人员匮乏及整体素质有待提高、数字化发展较为落后、教育评价体系尚未成熟等。为此，他们提出应基于政策供给和人力物力财力支持，强化教育理念和内生动力，开展人才引进和培训，提供数字化平台和技术，完善评价体系等，多措并举优化农村社区教育[3]。

职业教育发展是振兴乡村的重要路径。国外已积累较多农村职业教育经验和模式。如，美国、英国等发达国家实施合理定位农村职业教育、创建农村职业教育发展体系、深化内部改革、创造农村发展条件等措施[4]。发达国家实践制定经费支持、国家资格证等发展农村职业教育制度，并针对不同类型农村发展多样化职业教育办学模式[5]。与此同时，发达国家还实施灵活的农村职业教育办学机制，重视人才培养质量[6]。发展中国家职业教育帮扶主要以印度的"南亚模式"和墨西哥的"南美模式"为典型。其中，印度重视农村职业教育基础设施建设和办学经费投入，注重农村职业教育与国家扶贫政策全面协同发展。墨西哥重视农村职业教育法治建

---

[1] 王鉴、谢雨宸：《乡村学前教育高质量发展的内涵、逻辑与长效机制》，《东北师范大学学报》（哲学社会科学版）2022年第2期。

[2] 段俊霞：《文化变迁与乡村教育发展：机遇与挑战——以河南省偃师市为例》，《教育探索》2011年第6期。

[3] 聂玉霞、汪圣：《乡村振兴视域下农村社区教育的实践理路、现实困境及优化策略》，《教育与职业》2022年第10期。

[4] 邓宏宝：《国外发展农村职业技术教育的主要经验》，《外国教育研究》1999年第1期。

[5] 田占慧、刘继广、钟利军：《发达国家农村职业教育新模式比较分析》，《成人教育》2008年第1期。

[6] 范安平、张释元：《发达国家的农村职业教育：经验与借鉴》，《教育学术月刊》2009年第11期。

设，依法保护农村职业教育发展，更重视协同发展农村职业教育与国家惠农政策等[1]。尼日利亚在职业教育发展的行政管理、课程设置和师资队伍建设等方面积累了较多的经验[2]。当前我国中西部地区、经济落后地区等区域的职业教育帮扶已取得较多成效。如，中部地区农村职业教育具有面向"三农"、实施联合办学，加强党政统筹，协调基础教育、职业教育和成人教育发展，重视和保护农业职业教育等成效[3]；西部云南边疆少数民族地区的职业教育发展主要立足于当地资源，重视职业教育专业建设，以全面素质人才为人才培养目标[4]，滇西职业教育帮扶形成参与主体多元、注重激发内生动力、促进东西优势互补、以就业脱贫为导向的模式[5]。总体上，当前学界主要从国际视野和我国本土行动两个方面对农村职业教育帮扶开展研究，既侧重发达国家也观照发展中国家的农村职业教育帮扶实践研究，既聚焦研究我国宏观层面农村职业教育帮扶顶层制度设计也集中研究我国落后地区、中西部地区等区域农村职业教育帮扶实践。

乡村高等教育发展对乡村振兴战略具有重要意义，解涛（2016）认为，知识是农村建设和发展的核心要素，高校作为知识的生产者和创造者，应为社会主义新农村建设承担重要使命[6]。夏涛、李蔓（2022）认为新时期来临之际，国家脱贫攻坚战所取得全面性胜利成果，促使我国新农村建设发展重点整体转向如何推动乡村振兴战略的贯彻落实。高素质技术型人才作为推进现代化农业发展的重要动力，在加快实现乡村振兴目标过程中有着不可替代的积极作用与地位。高等职业教育是培养优质复合型技术人才的主要途径，其发展水平对乡村振兴战略具体实践运行产生深远影响[7]。

学界研究国外的教育投入重要性，主要聚焦于某一地区、某一学校中

---

[1] 朱容皋：《发展中国家农村职业教育反贫困的典型模式比较》，《新余高专学报》2009年第3期。

[2] 王国光：《发展中国家职业教育反贫困的路径分析——基于尼日利亚的实践》，《职教论坛》2016年第33期。

[3] 肖化移：《中部地区农村职业教育发展的基本经验》，《中国职业技术教育》1999年第3期。

[4] 果红：《云南边疆少数民族地区职教存在的问题和特色研究》，《云南师范大学学报》（教育科学版）2000年第2期。

[5] 李尧磊、韩承鹏：《东西部职业教育协作参与滇西扶贫的模式研究》，《中国职业技术教育》2018年第9期。

[6] 解涛：《高校对农村知识溢出机理及溢出绩效研究》，博士学位论文，江苏大学，2016年。

[7] 夏涛、李蔓：《新时期高等职业教育发展助力乡村振兴》，《核农学报》2022年第7期。

发生的突出问题,并借此反映乡村教育发展的重要社会价值,也反映出学者们对教育投入增加的殷切期盼。如 Shaikh Shahriar Mahmud 等(2018)调查了教育在孟加拉国城乡收入不平等中的作用,发现由于大部分公民没有受过教育,政府需要扩大初等教育的机会和质量。这不仅可以减少城乡教育差距,而且可以减少城乡教育不平等现象。由于城乡和教育群体之间的收入差距很小,超过 90% 的总收入不平等是教育群体内部不平等的结果,政府需要出台政策,减少这些群体内部的不平等。在城市地区,需要制定有助于减少劳动力市场技能不匹配的政策,而非农业就业可能需要促进,以便缓解农村收入不平等[①]。Pedro Carneiro 等(2019)使用了一个随机实验,分析塞内加尔一所学校补助计划(该计划允许学校为他们选择的教学改进申请资金)对学生成绩的影响发现,这些补助计划的积极影响集中发生在那些将资金主要用在人力资源改善,而不是学校物质资源投放上的学校,这也表明教师和校长的成长是学校质量提升的核心决定因素[②]。Emily Midouhas 等(2015)在关于城乡教育差异的儿童认知能力方面的调查研究发现,英国农村学生的学业水平往往表现突出、高于城市学生,主要源于优质教育资源和教师主要在农村地区,这一结果也反映出不同国家农村居住人口的差异性,如英国贫困往往存在于城市中,而在美国贫困可能发生在农村[③]。Christine Lidde 等(2001)关于南非农村儿童留级率的研究报告指出,南非农村儿童留级率的不断增长,直接造成农村教育资源经费紧张。农村教育改革应该避免用考试成绩来衡量学生的学业水平绝对能力,改变留级政策规定、减少留级学生人数,也可以缓解因学生留级给农村家庭和社会带来的教育负担[④]。Alina Simona 等(2017)通过对罗马尼亚

[①] Shaikh Shahriar Mahmud, Takahiro Akita, "Urban and Rural Dimensions of the Role of Education in income inequality in Bangladesh", *Review of Urban & Regional Development Studies*, No. 3, 2018, pp. 169 – 183.

[②] Pedro Carneiro et al. , "School Grants and Education Quality: Experimental Evidence from Senegal", *Economica*, No. 87, 2020, pp. 28 – 51.

[③] Emily Midouhas, Eirini Flouri, "Rural/Urban Area Differences in the Cognitive Abilities of Primary School Children in England", *Population, Space and Place*, No. 2, 2015, pp. 157 – 170.

[④] Christine Liddell, Gordon Rae, "Predicting Early Grade Retention: A Longitudinal Investigation of Primary School Progress in a Sample of Rural South African Children", *British Journal of Educational Psychology*, No. 3, 2010, pp. 413 – 428.

农村教育的个案研究指出，罗马尼亚农村学校的学生人数正在急剧下降。农村人力资源的严重流失不仅给农村家庭带来经济危机，同时给社会造成教育资源紧张。笔者分析可能与人口家庭的社会经济发展水平、距离、获取前沿信息的有限性以及移民到附近城市有关[1]。郑太年（2018）在美国教育基础性制度的分析研究中指出美国有两万余学区，2013 到 2014 学年就有两万余个基本教育决策机构，这种分散的权力中心各自独立不受中央管控，主要由学区家长来决定学区的发展，其次是由教师工会投票决定学区的改变。这种非自上而下的管理模式虽然给学区发展带来了更大的自主权和发展权，但从全国来看，也带来了教育的极大不公平，反映出资本主义社会私有财富在教育公共资源占有中的不平衡，尤其是学科老师的留任、减员和外移继续困扰着教育学者、政治实体和一般公众[2]。Verwimp Philip（1999）对埃塞俄比亚农村学校进行数量、质量权衡，发现班级规模不是相关变量。相反，教师的时间分配是决定学校发展的相关变量。为此，研究又从埃塞俄比亚农村学校主管的访谈中发现，学校质量与入学率的增加呈正相关，但教学质量与师生比的增加呈负相关[3]。

进入新世纪以后，在地化教育实践倡导者更多回应了环境教育、生态教育以及户外教育的时代要求。如在地化教育得到澳大利亚农村教育提供协会的强烈支持，并越来越多地出现在澳大利亚环境教育协会等专业组织的会议主题上以及与地方文学、教学和面向社区的学校教育研究项目中[4]，以及葡萄牙地方发展协会与教育社区协会合作开展的为期 15 个月的"发现农村世界"项目[5]。目前，在地化教育越来越受欢迎，已经在美国和世界其他

---

[1] Alina Simona TECAU, "Particularities of the Romanian Rural Education", Bulletin of the Transilvania University of Bras, ov Series V: Economic Sciences, No. 2, 2017, pp. 65 – 72.

[2] 郑太年：《美国教育的基础性制度和发展战略的嬗变》，《教育发展研究》2018 年第 11 期。

[3] Verwimp Philip, "Estimating Returns to Education in Off-Farm Activities in Rural Ethiopia", Ethiopian Journal of Economics, No. 2, 1999, pp. 101 – 101.

[4] Mcinerney, P., Smyth, J., Down, B., " 'Coming to a Place Near You?' The Politics and Possibilities Of a Critical Pedagogy of Place-Based Education", Asia-Pacific Journal of Teacher Education, No. 1, 2011, pp. 3 – 16.

[5] Lucio, J., Ferreira, F., "Rural Schools and Local Development in Portugal: Rehabilitation, Participation and Socio-educational Innovation", Australian and International Journal of Rural Education, No. 2, 2017, pp. 122 – 135.

国家的特许学校、私立学校甚至一些公立学校的教室里得到应用[1]。在课程实施上，Smith，G. A. 描述了五种在地化的学习方法：地方文化学习、地方自然学习、当地实习和创业、问题调查以及解决问题和社区决策，这些方法均包含了学校和社区、教师和家长、教师和学生之间的合作[2]。Sobel，D. 构建了一个基于生态环境的在地化课程发展框架，认为"如果我们想让孩子们茁壮成长，真正获得能力，那么应该先让他们热爱地球，然后再要求他们拯救地球"[3]。他强调课程设计应遵循从培养学生对熟悉的人的同情心开始，到对家庭范围的探索，继而引导社会行动和恢复的逻辑次序展开[4]。在实践中，在地化课程的实施，一部分是在学科内进行的，如加拿大不列颠哥伦比亚省一个偏远乡村社区为6—12年级学生实施的音乐项目，通过组建学生乐队、演出活动，加强了乐队成员、教师和学生、家长和学生之间的交流，培养了学生的音乐素养，通过演出活动加强了学生对家乡以外世界的联系和认识，为学生与外界的联结提供了一条途径[5]。还有一部分课程是通过学年主题的方式在多学科进行，如美国俄勒冈州波特兰市的环境中学提出了一个以河流、山脉和森林为主题的课程。整个学年中社会研究、科学、语言艺术和数学的课程都将从中选择主题作为教学组织单元，学生们不仅对自然环境有了深入的了解，而且参与到野外环境治理中，并在校外创建了生态实验室[6]。此外，还有针对提升学生就业机会的在地化课程实践，如美国加利福尼亚州的弗里蒙特高中媒体学院，通过学生为当地办报纸、发布公告和新闻等形式，一方面增加了学生的就业

---

[1] Deringer, S. Anthony, "Mindful Place-Based Education: Mapping the Literature", *Journal of Experiential Education*, No. 4, 2017, pp. 1–16.

[2] Smith, G. A., "Place-Based Education: Learning to Be Where We Are", *Phi Delta Kappan*, No. 8, 2002, pp. 584–294.

[3] Sobel, D., "Beyond Ecophobia: Reclaiming the Heart in Nature Education", *Nature Study*, No. 49, 1999, pp. 4–12.

[4] Gruenewald, D. A., "The Best of Both Worlds: A Critical Pedagogy of Place", *Environmental Education Research*, No. 3, 2008, pp. 308–324.

[5] Brook, J., "Placed-Based Music Education: A Case Study of a Rural Canadian School", *Action, Criticism & Theory for Music Education*, No. 4, 2016, pp. 104–126.

[6] Smith, G. A., "Place-Based Education: Learning to Be Where We Are", *Phi Delta Kappan*, No. 8, 2002, pp. 584–594.

机会,另一方面发展了学生对文化有效性的责任感,促进了学生生活与社区的可持续性发展[①]。围绕"关系"要素展开的教育改进行动,是以"学生行动域"为基点,旨在提升学校效能的家庭、学校和社区的教育合作体系。现代社会的高复杂性和不确定性使得个体或单方面力量应对社会风险的能力和成功概率减弱,通过合作治理构建人类命运共同体是大变革时代的必然趋势,尤其是进入 21 世纪之后,合作治理与社会变迁的契恰性日益明显。深嵌于社会变迁和国家结构之中的学校,尝试通过学校内部改进或变革提升学校效能的道路并没有收到良好的效果,越来越多的研究者和实践者认识到"拆除学校围墙"的重要性。加拿大学者迈克尔·富兰(Michael Fullan)在《变革的力量》中提到,学校变革的复杂性决定了与外界环境建立联系的重要意义[②],学校变革已由关注学校内部治理转向对所处的整个教育生态系统的关注,加强学校与社会的联系与沟通已经成为中外学者的共同话语。当前,加强学校与家庭、社区之间的教育整合与互动已经成为世界基础教育改革的一大趋势,经济合作与发展组织(OECD)实施的"国际学校改进项目"以及美国、英国、加拿大、新加坡、日本等国的学校与社区互动实践已经积累了一定的改革经验,对如何理解家校社之间的内在联系,建立良好的合作关系,如何提升家校社合作的规范程度和实施效果,解决乡村社区与乡村学校互动过程中存在的问题具有一定的参考价值。

综上,虽然当前学界对乡村教育发展的各方面内容都有所研究,既涉及学前、基础教育,也涉及高中、中职等内容,但缺乏从全国层面开展乡村教育发展研究。尤其是缺乏从县域的角度研究全国乡村教育振兴问题。

二 乡村人才振兴相关研究

乡村人才振兴相关研究主要包括乡村振兴人才队伍类型研究、乡村人才队伍建设重要性研究、乡村振兴人才队伍发展困境研究、乡村振兴人才队伍建设对策研究等内容,具体如下:

---

① Evans, R. T., Kilin Emin, "History of Place-Based Education in the Socail Studies Field", *Journal of Socail Sciences/Sosyal Bilimler Dergisi*, No. 14, 2013, pp. 263–280.

② 迈克尔·富兰:《变革的力量——透视教育变革》,中央教育科学研究所、加拿大多伦多国际学院译,教育科学出版社 2015 年版,第 50—51 页。

(一) 乡村振兴人才队伍类型

国内学术界对乡村振兴中的人才队伍进行广泛研究，并针对人才队伍的类型提出多种解读。如龚毓烨（2019）从创新型、技能型、新型职业农民的角度对乡村振兴急需的人才类型进行阐述①。刘玉娟、丁威（2018）立足于乡村人才作为领头雁须带动村民共同振兴乡村的职能，将人才分为乡村基层干部、乡贤和致富能手三种类型展开研究②。刘晓峰（2019）认为乡村人才具有空间属性，并据此划分出"在乡、返乡、下乡"三种类型乡村人才③。郜亮亮、杜志雄（2017）通过梳理政策文件，将新型职业农民和乡贤等各类人才统称为农业农村人才④。郑军（2018）将乡村振兴人才分为管理人才、经营人才、科技人才、实用人才、新型职业农民、教育卫生人才、社会服务人才、综合执法人才等类型⑤。钱再见、汪加焰基于对人才资源对乡村振兴的影响和学术界对人才振兴的研究，认为当前乡村振兴中人才资源研究主要围绕需求提出建议，缺乏从类型学角度对乡村振兴中的人才进行有效的分类，缺乏针对各类人才提出有效的人才振兴路径⑥。

(二) 乡村人才队伍建设的重要性研究

乡村人才培育在乡村振兴中极为重要，加强乡村人才队伍建设必须不断更新、提升人才的知识和素质，以便在不断变化的社会形势下持续推动乡村振兴战略的全面实施。我国学者自20世纪初就从教育学和社会学等学科角度关注农民教育问题。如晏阳初（1900）提出平民教育思想，主张通过教育来提高劳动人民大众的文化知识，从而提高社会参与能力⑦。梁漱溟（1933）提出以农立国的观点，强调农村和农业在社会发展中的基础地位，认为只有提高乡村一般农民的文化，我国社会才有进步⑧。赵帮宏

---

① 龚毓烨：《乡村振兴急需人才类型分析》，《求知》2019年第4期。
② 刘玉娟、丁威：《乡村振兴战略中乡村人才作用发挥探析》，《大连干部学刊》2018年第8期。
③ 刘晓峰：《乡村人才：从概念建构到建设路径》，《人口与社会》2019年第3期。
④ 郜亮亮、杜志雄：《中国农业农村人才：概念界定、政策变迁和实践探索》，《中国井冈山干部学院学报》2017年第1期。
⑤ 郑军：《探索乡村振兴人才培养新路径》，《乡村科技》2018年第23期。
⑥ 钱再见、汪加焰："人才下乡"：新乡贤助力乡村振兴的人才流入机制研究——基于江苏省L市G区的调研分析》，《中国行政管理》2019年第2期。
⑦ 晏阳初：《晏阳初文集》，四川教育出版社1990年版，第5页。
⑧ 梁漱溟：《中国民族自救运动之最后觉悟》，中华书局1933年版，第238页。

等认为（2011）必须重视乡村教育，实施农民再造工程，才能使我国走向民主科学，实现强国之梦①。熊新山（2001）认为，农业产业化发展需要大批懂技术、善管理的高素质劳动者，要抓好农业教育和人才培养基础性工作，巩固农业教育和农业科研在农业产业化中的基础地位②。陶少刚（2002）指出，农民文化素质是制约收入水平、影响劳动生产率的重要因素，加大教育投入开发人力资源，提高农村劳动力素质，可极大程度提高农业生产率③。李恺等（2004）认为，低素质剩余劳动力已无法满足我国农村城市化、经济现代化发展需要，必须依靠接受过良好教育、训练有素、拥有劳动技能的高素质劳动者④。

（三）乡村振兴人才队伍发展困境研究

人才振兴作为乡村振兴战略的一项重要内容，自党的十九大胜利召开后的短短几年时间内，全国各地都结合实际情况探索实施路径，在此过程中，面临各种发展困境，学界对此开展相应研究。如李晓南、王磊、闫琳琳（2019）认为，乡村人才建设中的突出问题主要表现为全面推进乡村各项事业发展振兴的内在需求难以得到满足⑤。刘雯（2015）指出，乡村发展建设的关键问题在于改善农村人才流失状况⑥。关振国（2019）提出，制约人才振兴的困境是引才、激励、发展、支持等机制方面的缺失⑦。周晓光（2019）认为，乡村人才振兴存在"引、借、育、用、留"方面的困境，需要多措并举、系统推进加以解决⑧。王喜红（2019）认为急需破解乡村振兴中人才不足和素质不匹配的问题⑨。

---

① 赵帮宏、张亮、张润清：《我国新型职业农民培训模式研究》，《高等农业教育》2013年第4期。

② 熊新山：《培育农民身份的大学生是新时代高等农业教育的重要使命》，《黑龙江高教研究》2001年第2期。

③ 陶少刚：《应加快我国农村人力资源开发》，《农业经济问题》2002年第3期。

④ 李恺、项朝阳、李崇光：《我国农村人力资源开发现状及对策取向》，《农村经济》2004年第6期。

⑤ 李晓南、王磊、闫琳琳：《乡村振兴背景下人才队伍建设的策略研究——以辽宁省为例》，《中国商论》2019年第5期。

⑥ 刘雯：《我国农村人才流失的原因及对策建议》，《人才资源开发》2015年第10期。

⑦ 关振国：《破除乡村振兴中人才发展的"紧箍咒"》，《人民论坛》2019年第16期。

⑧ 周晓光：《实施乡村振兴战略的人才瓶颈及对策建议》，《世界农业》2019年第4期。

⑨ 王喜红：《乡村振兴人才队伍建设问题研究——以山东烟台市为例》，《山东行政学院学报》2019年第5期。

（四）乡村振兴人才队伍建设对策研究

学界关于乡村振兴人才队伍建设对策建议的研究较为丰富，为人才振兴提出诸多具有一定价值的对策建议，具体如下：

一是人才队伍建设法律保障研究方面，在推动乡村各项事业发展振兴中，人才队伍建设离不开健全的法律制度保障和规范。如陈建武、张向前（2015）认为需要通过完善人才市场、户籍管理、社会保障等法律法规营造人才创新活动的社会环境[1]；陆爱弟、李翔（2019）认为，需要通过建立和完善法律法规规范农村人才开发各个环节的管理[2]。

二是人才队伍建设资金保障研究方面，经济基础决定上层建筑，充足的资金支持是切实做好人才队伍建设的重要前提。子明高（2016）认为，需要设立人才建设专用资金、加大乡村人才建设财政支持力度[3]。张华忠（2019）提出，需要积极实施投资补助、贷款贴息等方式给予人才建设财政金融支持；需要鼓励金融机构创新金融产品和服务方式助力人才创业[4]。

三是乡村人才建设服务保障研究方面，完善的后勤服务保障是推动乡村各项事业发展、振兴人才队伍建设的重要基石。如宋海山（2019）认为，应重视当地经济实力的提升，缩小与发达地区的差距以更好保障人才发展需要[5]。向朝阳、陈吉等（2019）认为，完善产业发展基础，增强乡村对各类人才的吸引力[6]。陆爱弟、李翔（2019）指出，需要打破城乡二元结构，完善基本公共设施，提高公共服务水平，推进公共服务均等化[7]。

四是社会认同研究方面，社会群众对人才的广泛认同和支持是做好乡村振兴人才队伍建设的重要基础。李晓南、王磊、闫琳琳（2019）提出，需要通过多种途径强化宣传乡村振兴战略及乡村人才发展的意义和成果，

---

[1] 陈建武、张向前：《我国"十三五"期间科技人才创新驱动保障机制研究》，《科技进步与对策》2015年第10期。
[2] 陆爱弟、李翔：《乡村振兴视野下的人力资源研究》，《人力资源》2019年第6期。
[3] 子明高：《云南省农业农村人才队伍建设思考》，《云南农业》2016年第8期。
[4] 张华忠：《乡村振兴背景下农村人才队伍建设的思考》，《职业》2019年第2期。
[5] 宋海山：《乡村振兴战略下黑龙江省农业人才队伍建设问题研究》，《河南农业》2019年第29期。
[6] 向朝阳、陈吉、胡越：《对推进乡村人才振兴的几点思考——基于基层联系点山西省平泉市五家村的调研》，《农村工作通讯》2019年第1期。
[7] 陆爱弟、李翔：《乡村振兴视野下的人力资源研究》，《人力资源》2019年第6期。

不断扩大社会影响力[1]；刘祖钊、李真爱等（2019）认为，需要强化宣传力度，最大化争取群众对人才兴农的支持和认可[2]；石学军、王绍芳（2019）认为，社会中良好的尊才、爱才氛围是人才成长所必需[3]；陈建武、张向前（2015）认为，需要采取精神和物质相结合的奖励形式，营造有利于人才发展的社会氛围[4]。

五是教育培训研究方面，学界普遍认为，促进农民参与乡村建设和农业发展的素质和能力提升需要加强农业教育和培训。如陈佩瑶（2019）研究乡村振兴背景下农民教育问题，认为农民教育对乡村振兴的实施至关重要，开展农民群体教育培训是乡村振兴的题中之义和根本要求[5]；李秋红、田世野（2016年）认为，应该完善体制机制从而推进农民教育制度化[6]；张凯（1999）认为，应该加强操作能力和实际工作能力教育，培养农业生产领域适用人才[7]；赵秀玲（2018）认为，需要加大创办党校、职业学校、夜校等"第二学校"，助力人才队伍建设[8]。

六是人才吸引研究方面，乡村振兴人才队伍建设不仅需要培养本土人才，更需要吸引外来优秀人才加入。只有将培育本土人才和吸引外来优秀人才相结合，才能真正做到人才振兴。如莫广刚（2019）认为，需要建立完善乡村人才流动机制，加快人才引进力度，广泛吸纳各类精英扎根乡村，为乡村振兴做贡献[9]；张萌、张秀平（2018）认为，需要加大对引进

---

[1] 李晓南、王磊、闫琳琳：《乡村振兴背景下人才队伍建设的策略研究——以辽宁省为例》，《中国商论》2019年第5期。
[2] 刘祖钊、李真爱、李堃：《乡村振兴背景下推进人才强农战略路径分析》，《农村经济与科技》2019年第10期。
[3] 石学军、王绍芳：《新时代视阈下乡村人才成长机理与振兴路径选择》，《辽宁工业大学学报》（社会科学版）2020年第1期。
[4] 陈建武、张向前：《我国"十三五"期间科技人才创新驱动保障机制研究》，《科技进步与对策》2015年第10期。
[5] 陈佩瑶：《乡村振兴战略实施中农民教育问题研究》，硕士学位论文，华中农业大学，2019年。
[6] 李秋红、田世野：《农业人才供给侧改革与新农村建设》，《理论与改革》2016年第4期。
[7] 张凯：《国外培养农业人才的经验及对我国的启示》，《科学学与科学技术管理》1999年第3期。
[8] 赵秀玲：《乡村振兴下的人才发展战略构想》，《江汉论坛》2018年第4期。
[9] 莫广刚：《以乡村人才振兴促进乡村全面振兴》，《农学学报》2019年第12期。

人才的财政支持倾斜力度，切实解决其后顾之忧，助力人才潜能发挥[1]；杨宁、陈晓暾等（2019）认为，需要破除要素约束，加强乡村扶贫产业发展和完善人才薪资机制，提升乡村对人才的吸引力[2]。此外，周晓光（2019）提出人才振兴的具体政策，认为加强乡村人才建设必须就地取"才"、多方聚"才"、实践育"才"、重用贤"才"[3]。蒲实、孙文营（2018）以人才下乡陈述新乡贤助力乡村振兴的人才流入机制，提出构建新乡贤人才孵化机制、创新新乡贤人才使用机制、形塑新乡贤人才涵育机制[4]。

现有研究较多从乡村振兴人才队伍类型、建设的重要性、发展困境、队伍建设对策等开展乡村人才振兴研究，较少基于乡村教育振兴开展乡村人才振兴研究。本研究基于乡村教育振兴开展乡村人才振兴研究，从而探索乡村人才振兴与乡村教育振兴两者之间的双向逻辑，为乡村教育振兴提供指导与发展方向，以及为乡村人才振兴提出有效的路径建议。

第三节 小结与讨论

本章第一节主要是研究问题。研究问题是乡村教育振兴难问题，具体体现为：一是城乡教育发展不平衡问题。大中城市和东部城市地区教育资源丰富，出现部分中、小一线城市教育水平已接近甚至达到发达国家水平。经济落后的东部、中部、西部乡村地区，义务教育目前仅获得数量上保障，只能以完成基本的义务教育培养目标为限度。二是乡村内部教育发展不充分问题。主要表现为乡村教育质量不高。制约乡村教育质量提升的因素，主要来自家庭、学校及家校互动等方面的因素。从学校方面来看，优秀毕业生不愿去乡村、优秀教师留不住、不合格教师无法退出；从家庭方面来看，乡村家庭文化资本影响学生学习；从家校互动方面来看，乡村地区家校合作不紧密，家校互动面临诸多现实困难。三是乡村教育发展规

---

[1] 张萌、张秀平：《以人才振兴助力乡村振兴》，《合作经济与科技》2019年第4期。
[2] 杨宁、陈晓暾、白帆：《乡村振兴战略下农村人才振兴的探究》，《现代营销》2019年第6期。
[3] 周晓光：《实施乡村振兴战略的人才瓶颈及对策建议》，《世界农业》2019年第4期。
[4] 蒲实、孙文营：《实施乡村振兴战略背景下乡村人才建设政策研究》，《中国行政管理》2018年第11期。

模效益低。从供给侧来看，受长期以来向城型教育政策的积累性影响，乡村教育发展不平衡不充分；从需求侧来看，人民对优质教育的需求日益强烈，但受乡村地区人口学特征的影响，乡村学校规模效益低，在一定程度上稀释了供给侧努力的积极效果。

本节描述多重背景重叠交叉下乡村教育振兴。一是从乡村振兴战略实施背景来看，振兴乡村教育事业对于乡村振兴战略实施具有重要意义。只有发展乡村教育，才能使更多乡村学生接受更优质教育，才能吸引更多年轻人从城市至乡村、扎根乡村，推动乡村经济社会发展。二是从脱贫攻坚取胜背景来看，振兴乡村教育具有重要性，依然需要发展乡村教育，促进乡村经济社会发展。三是从教育现代化背景来看，乡村教育发展具有优先性。消除乡村教育短板，确保每个乡村学生都能够接受公平而有质量的教育，需要优先发展乡村教育。

本章第二节主要是文献回顾。当前乡村教育发展相关研究具体包括：一是乡村教育均衡发展研究，主要研究城乡教育发展不平衡问题，以及研究教育均衡发展的监测。二是乡村教育发展质量研究。乡村教育教学质量问题、教学质量提升对策以及质量监测等内容都是研究的重点。三是乡村教育发展师资研究。进入21世纪，乡村教师已成为国内教育研究领域热点问题之一。学界聚焦研究乡村教师，关注乡村教师发展。四是乡村教育发展学生研究。主要关注乡村教育发展中学生学习质量、学生创新素养以及提升学生学习质量的路径等内容。五是乡村教育发展其他问题研究，包括研究学前教育、社区教育及高等教育对乡村振兴的重要性等。

本节描述乡村人才振兴的相关研究。一是乡村振兴人才队伍类型研究。学界对乡村各事业振兴中的人才队伍进行广泛研究，针对人才队伍的类型提出多种解读。二是乡村人才队伍建设的重要性研究。学界自20世纪初就从教育学和社会学等学科角度关注农民教育问题。三是乡村振兴人才队伍发展困境研究。党的十九大胜利召开后的短短几年内，全国各地都结合实际情况探索乡村人才队伍振兴有效路径，在此过程中面临各种困境，学界对此开展相应研究。四是乡村振兴人才队伍建设对策研究。学界关于人才队伍建设对策建议的研究较为丰富，也为人才振兴提出诸多具有实际价值的对策建议，具体包括法律保障、资金保障、服务保障、社会认同、教育培训以及人才吸引等方面的对策建议。

第二章 研究设计

第一节 研究方法

一 个案研究法

个案研究，又称案例研究或个案研究法，作为一种研究方法，已经有100多年的历史，源头可溯及19世纪中期法国社会学领域社会学家利普雷。他通过对工人阶级家庭状况的研究发展出该研究方法。人类学家马林诺夫斯基在特罗布恩德群岛进行的田野研究，就是个案研究的一个典型实例。19世纪末20世纪初，芝加哥学派社会学学者将个案研究作为重要的研究工具应用于工业化、都市移民等相关问题研究领域。他们主张研究者应该进入研究问题的场域，并应用个案研究法对问题开展客观和全面的理解与研究。随后，个案研究法被广泛应用于历史学、心理学和管理学等研究领域。

乡村教育振兴是一个"事件"过程，该过程的微观、动态特性使得研究难以通过定量研究方法全面收集资料与科学开展分析，更难以得出准确的研究结论。这也决定了研究更适合采用个案研究法。本研究从我国中、东、西、南和北五大地理区域中选取东部的福建省和西部的甘肃省两省份开展研究。再依据经济社会发展情况选取福建省ND市JC区、XP县、FA县、FD县、ZR县、SN县、ZZ市XC区、NJ县、PH县，以及甘肃LX州LX市、LX县、YJ县、DX县、JSS县、GH县、HZ县、KL县等17个县市区"县域"个案，开展乡村教育振兴研究。

本研究采用田野调查、参与观察、座谈会以及访谈法等资料收集方法，近距离、严密考察个案乡村教育振兴真实情境，翔实收集各"县域"县市区研究对象的个案资料。除了获取各县市区教育局、对口办等政府相关部门振兴乡村教育外，也收集教育个人及基金会、爱心企业等个体及社会组织振兴乡村教育的相关事实，以及企业、商业集团等市场力量振兴乡村教育真实情况，同时还收集乡村教育基础设施建设、师资振兴和质量振兴等，以及收集乡村教育振兴学生客体及相应帮扶与教育资料，从而呈现一幅完整的"县域"县市区乡村教育振兴真实图景，全面科学把握研究个案的现实资料。

个案研究的逻辑基础是从个案上升至理论的分析性扩大推理，分析性扩大推理要求个案研究需要摆脱微观场景的束缚，迈向宏大景观。当前学界认为，个案研究要体现典型性必须外推，并且外推范围越大，个案价值就越大；个案研究越是能够抓住共性，就越具有外推的价值。本研究主要通过说明研究个案自身，从而全面透视全国层面乡村教育振兴的现实情况。关于个案研究的代表性问题，本研究认为，所谓代表性，是指样本能够再现总体结构和属性的程度。任何样本的出现都是以样本总体的范围和边界的清晰为前提。样本是从研究总体中以某种规则抽取出来，抽取样本的目的，就是以经济、较少投入的原则来达到对总体的科学认识。为了达到这个目的，样本就必须具有代表性，才能科学再现总体。本研究中，关于乡村教育振兴的个案研究并没有明确的研究总体，或者说该研究总体的边界不清晰，但是，这并不影响本研究的代表性问题。

我国土地广袤，幅员辽阔，按照地理范围可以将我国划分为中部、东部、西部、南部和北部等五大区域。本研究选取我国东、西部地区的福建省和甘肃省。具体选取甘肃省的LX市、LX县、DX县、HZ县、KL县、YJ县、GH县、JSS县，福建省的NJ县、PH县、XC区、SN县、ZR县、FA市、FD县、JC区等17个县市区。本研究将县市区按照经济社会发展情况，分为经济发达县、脱贫县、乡村振兴重点帮扶县和其他类县市区等四个类型。因经济发达县市区的教育发展城乡二元分化特征并不明显，故该类型县市区不列入本研究单位范畴。本研究单位的范畴主要包括脱贫县、乡村振兴重点帮扶县和其他类型县市区。具体为：DX县、HZ县、KL县、YJ县、GH县、JSS县等主要为脱贫县，同时也为乡村振兴帮扶县，FA市、JC区、XC区、FD县等主要为其他类县市区。本研究选取的县市区基本能够反映"县域"县市区乡村教育振兴事实，也是我国乡村教育振兴的缩影与样本。同时，本研究还可以通过读者的认同实现推广，即读者在阅读本研究的过程中，将其与自身的经验进行对照，接受其中相一致的内容，从而实现研究的推广价值。此外，依托上述个案开展研究，对经济发达县区市也具有重要的总结与反思作用,对"乡村"县域乡村教育振兴具有借鉴价值与参考意义。

二 "县域"研究单位

以往对我国农村的研究主要选择以村庄为研究单位。20世纪30年代,费孝通、吴文藻等著名学者将民族志方法应用于我国村落研究,提出著名的"社区范式",掀起了村落社区研究高潮(申端锋,2006)[①]。但自60年代开始,社区研究单位因无法解答如何化解宏观和微观的对立,以及如何在两者之间自由沟通的问题而遭受学界大量的批评。其中,以施坚雅为代表,他认为乡土中国的基本研究单位是"以集市为中心的农村经济社会网络",他在《中国农村的集市与社会结构》一书中分析了市场在社会结构中的整合功能,并建构了基层"市场共同体"理论[②]。虽然他提出的研究单位富有启发性意义,但仍不能解决所谓的代表性问题(申端锋,2006)[③]。真正自觉地反思以乡镇作为我国农村研究基本单位的学者是日本福武直,他提出"乡镇共同体"概念,虽然他未能就此开展有效的研究,但值得本研究参考与借鉴。

本研究中的"县域"研究单位"县域"与"乡村"之间并不等同,县域可能大于乡村、也可能小于乡村,但在某种程度上两者之间存在交集,如"县域"县市区中的脱贫县、乡村振兴重点帮扶县及其他类型县市区,即为我国乡村的构成部分,因经济社会发展水平低下、滞后于城市,呈现明显城乡"二元"化特征,尤其是在教育发展水平方面,呈现出明显的城乡不均衡性;在该类"县域"内部还存在发展不充分问题。因此,本研究选取"县域"开展乡村教育振兴研究具有科学性。本研究中的县域"乡村"不仅是脱贫县、乡村振兴重点帮扶县及其他类型县市区,也是一个政府行政层级,更是一个大致的地理区位,是相对城市而言。

三 田野调查与访谈法

法国学者布迪厄认为,理论不大可能产生于与其他纯理论的碰撞,而

[①] 申端锋:《农村研究的区域转向:从社区到区域》,《社会科学辑刊》2006年第1期。
[②] 申端锋:《农村研究的区域转向:从社区到区域》,《社会科学辑刊》2006年第1期。
[③] 申端锋:《农村研究的区域转向:从社区到区域》,《社会科学辑刊》2006年第1期。

第二章 研究设计

是产生于与常新的经验论对象的冲突[①]。因此，只有真正深入地扎根于具体的实践现实，才能最终获得理论创新的资源，理论创新的源泉在于实践。田野调查是实证研究中最基本的研究方法之一，是定性研究常用的方法，王铭铭认为，田野调查是参与当地人的生活，在一个有严格定义的空间和时间的范围内，体验人们的日常生活与思想境界，通过记录人们生活的方方面面，来展示不同文化如何满足人们的普遍的基本需求、社会如何构成[②]。质性研究就是深度的体验与感悟，本研究属于个案质性研究，笔者在三年多内通过对"县域"内17个县市区开展田野调查，采用半结构访谈法、座谈会、参与观察法等资料收集方法，获取乡村教育振兴的个案事实资料，实现对个案"深描"和"厚描"。具体为：

2019年8月至今三年多内，笔者先后选取到我国东部福建省XM市的SM区、TA区、HC区、XA区和JM区等五区开展其对甘肃省LX州各脱贫县等的教育对口帮扶实践；到脱贫县、重点帮扶县和其他类型"县域"乡村的PH县、NJ县、XC区、JC区、XP县、FA县、ZR县、SN县、FD县等9个县市区开展调查，以及到LX市、LX县、DX县、JSS县、YJ县、GH县、KL县、HZ县等8个县市区开展调查，收集政府、社会和市场等多主体振兴乡村教育基础设施、师资队伍和质量，以及帮扶关爱及培养教育各特殊困难类型学生等的个案相关数据和发展事实资料。

2020年7月始，笔者深入XM市调研XM市对口办、教育局以及TA区、SM区、XA区、HC区和JM区五区教育局等相关政府部门对口支援甘肃省LX州教育发展情况，获得LX州各州县振兴教育及其成效等"感性"资料。同时，深度访谈上述XM市五区教育局相关科室干部以及各区各类学校管理干部、教师等群体对口支援LX州教育振兴的看法、意见和对策。笔者于同年8月至LX州各州县开展乡村教育振兴田野调查，实地走访LX市、LX县、JSS县、YN县、DX县、KL县、GH县、HZ县等8州县多所幼儿园、小学、初中、高中和职业院校，以及重点走访多所"扶贫车间"女工"周末学堂"。深度访谈上述LX州州县教育局相关科室负责人、各类

[①] [法]皮埃尔·布迪厄：《实践理性：关于行为理论》，谭立德译，生活·读书·新知三联书店2007年版，第43页。

[②] 王铭铭：《从"当地知识"到"世界思想"》，《西北民族研究》2008年第4期。

49

学校管理干部、教师,以及学校所在地干部、重点访谈 XM 市对口帮扶 LX 州的扶贫干部、支援 LX 州的教师(简称"支教")以及医生(简称"支医"),深度访谈他们对乡村教育振兴的现状、问题及对策等的看法和建议。

2020 年 8 月始,笔者到 JC 区、XP 县、SN 县、ZR 县、FA 县、FD 县等 6 县市区开展乡村教育振兴田野调查,掌握该"县域"乡村教育振兴主体、内容和客体等总体情况。2021 年 7 月始笔者到 XC 区、NJ 县、PH 县等 3 县市区教育局以及各类学校调查乡村教育振兴实践,获得该"县域"乡村教育振兴的现状、问题等数据及文献资料;2021 年 9 月始,笔者重点选取 XP 县深入调查各主体振兴乡村教育情况、乡村教育振兴的内容以及乡村教育学生客体情况。笔者在走访调查中,深度访谈教育局相关科室干部、各类学校管理者及教师,学生及家长、村干部等,掌握乡村教育振兴的主体、内容及客体的现状、问题及对策等事实资料。"县域"县市区振兴乡村教育情况有所差异,但正是这些差异性构成了一幅完整的"县域"乡村教育振兴全貌。

四 研究定义

(一) 乡村

乡村是对以农业为经济活动基本内容的一类聚落的总称,又称农村。农村是相对于城市称谓而言,指农业区,有集镇、村落,以农业产业(自然经济和第一产业)为主,包括各种农场(畜牧和水产养殖场)、林场、园艺和蔬菜生产等。相较人口集中的城镇而言,农村人口呈散落居住。事实上,在进入工业化社会之前,社会中的大部分人口都居住在农村。农村生活节奏慢、压力相对于城市而言较小,一般风景宜人、空气清新、民风淳朴。

广义上,乡村又称非城市化地区。通常指社会生产力发展到一定阶段产生的、相对独立的、具有特定的经济、社会和自然景观特点的地区综合体。在我国,乡村主要指县城以下的广大地区,具体包括县市区、乡镇街以及村落区域。本研究中的乡村主要指脱贫县、乡村振兴重点帮扶县及其他类型县市区,不包括经济发达县市区。

国内外对乡村概念的理解和划分标准不尽相同,一般认为乡村的人口密度低,聚居规模较小,以农业生产为主要经济基础,社会结构相对简单、类同,居民生活方式及景观上与城市具有明显差别等。

乡村真正开始于新石器时代,当时农业和畜牧业开始分离,由以农业为主要生计的氏族定居下来。按照乡村的经济活动内容,可分为农业村(种植业)、林业村、牧村和渔村,也有农林、农牧、农渔等兼业村落。同时,根据乡村是否具有行政含义,可分为行政村、自然村。行政村是行政实体、自然村是村落实体。一个行政村可以包含1个或几个小自然村,一个自然村可设1个或几个行政村。

(二)乡村教育

通常,乡村教育指在乡村开展的各种正式或非正式的教育活动,旨在从教育乡村村民着手,改进乡村村民生活,推进乡村建设,通常为以乡村人口为主要服务对象。本研究中的乡村教育,主要指学前教育、小学和初中教育、高中教育、职业教育等,涉及公办、民办属性教育类以及非城区教学点等。实际上,近代对我国乡村教育关注始于20世纪初,真正意义上研究乡村教育始于20世纪20年代。

(三)教育振兴

教育振兴指振兴教育,即通过物质手段改善乡村教育条件,提高乡村教育水平,如为乡村地区修建学校、捐赠课桌椅等学习用品、资助乡村家庭经济困难学生上学等。同时,教育振兴还包含另外一层含义,即指通过教育振兴乡村地区人民,帮助他们学习新的知识和技能,提升他们的科学文化水平,激发他们的发展内生动力,改变他们的陈旧思想观念及落后生活方式,从而振兴乡村人才,带动乡村地区的生态振兴、产业振兴、组织振兴、文化振兴等,促进乡村人民过上物质和精神富足的幸福生活、助推乡村振兴。

第二节 个案概况

一 "县域"乡村教育振兴概况

(一)ND市经济社会发展简况

福建省ND市(以下简称ND市)地处东经118°32′—120°43′,北纬26°18′—27°40′之间。东西横距235公里,南北纵距153公里。全市陆地面积为13500平方公里,海域面积为44600平方公里。2021年末,全市常住人口合计315万人,其中,城镇常住人口为1959300人,占总人口的62.2%。ND市辖XC区、FA市、FD市、XP县、GT县、PN县、SN县、ZN县、ZR县等9个县(市、区),有43个乡(含9个民族乡)、69个镇、14个街道办事处、196个居委会、2137个村委会。

教育,历来是ND市社会事业发展的短板,也是薄弱环节。经济总量小,财政困难,教育投入相对不足等,使得20世纪80年代末ND地区教育发展举步维艰,教育资源配置不合理,优质教育供给严重不足,如2004年全地区仅有幼儿园197所,普通中学103所、特殊教育学校1所,高等学校仅有ND师范专科学校1所且学生不足1200人;基础设施设备差,农村尤其是边远山岛办学条件落后,全地区普通中小学和职业中学校舍总面积仅为1373100平方米,其中,危房就达218300平方米;职业教育层次不高,师资力量和实训基地建设薄弱,各类职业教育专任教师仅有471人;劳动者总体素质不高,文盲、半文盲占少、青、壮年人口总数的9.2%[①]。

教育是关系ND市社会经济发展的一件头等大事。ND市贫困的本质是人的素质差,表现在人们的观念陈旧、知识贫困、人才奇缺。而人的素质差必然要造成新的贫困,形成一种难以摆脱的恶性循环的链条,这值得深思和警醒。过去经济的发展与教育紧密相连,未来的发展更离不开教育的综合发展。ND市历届党委、政府始终坚持"扶贫先扶智,治贫先治愚"的指导思想,秉承滴水穿石的精神,以"弱鸟先飞"的进取意识,迎难而上,挤出财力办教育,从基本解决"一无二有"(指无危房,有教室、有课桌椅)到"两基"(指基本实施九年义务教育和基本扫除青壮年文盲)达标、到提前一年完成"双高普九"(指高水平、高质量的普及九年义务制教育)、到目前9个县市区中已有8个通过"义务教育发展基本均衡县"国家评估认定,办学条件和教学质量得到显著改善。特别是近年,随着ND市"双高普九"和"义务教育标准校"目标的实现,全市各级党委、政府高度重视农村教育事业发展,全面落实农村教育政策,优化农村教育布局、加大农村教育资金投入和教学质量提升等。至2016年底,全市幼儿园数量从原有的197所增加到443所;普通中学由原有的103所增加到173所;特殊教育学校从原有的1所增加到6所,在校生也从203人增加

[①] 访谈资料来自2021年12月9日在ND市扶贫办对扶贫办工作人员WF的访谈。

到3061人；高等教育从仅有1所师范类专科学校发展为1所本科高校、1所高职院校，在校生从原有不足1200人发展为11325名学生；基本扫除文盲。普通中小学、职业中学校舍总面积从原有的1373100平方米增加到3718300平方米，危房的占比从原有15.9%下降到9.21%。甚至2021年，全年高等学校招生6692人，在校生19700人，毕业生3979人；普通高中招生19300人，在校生55700人，毕业生15600人；初中招生44700人，在校生124200人，毕业生34200人，初中净入学率99.1%；普通小学招生47000人，在校生277000人，毕业生44600人，小学净入学率99.98%。九年义务教育巩固率为102.9%。学前教育在园幼儿116400人，学前教育普及率为91.7%。特殊教育招生525人，在校生3457人，毕业生633人。全市已审批设立民办中小学、幼儿园合计358所[①]。

1. JC区乡村教育振兴简况

JC区隶属ND市，地处福建省东北部的鹫峰山南麓、SDA之滨，东西宽70公里，南北长50公里，总面积为1664.53平方公里，海域总面积为280平方公里。JC区是ND市政治、经济、金融、文化、信息和交通中心。第七次全国人口普查结果显示，区人口数量为623800人。

近年，JC区坚持教育优先发展战略，大力推进教育均衡发展，教育事业呈现健康发展良好态势。如2015年，通过国家"义务教育发展基本均衡区"评估验收，获得"全国义务教育发展基本均衡区"称号，获得福建省政府授予的"教育工作先进区"荣誉称号；2018年，获评第二批"全国中小学校责任督学挂牌督导创新区"。该区调动一切可以调动的力量，从"发展、安全、质量"三个维度持续发力，在办好人民满意的教育上下功夫，取得明显成效[②]。如2020年秋季，全区校园学生达81171人；通过规划引领，新（改、扩）建学校建设项目18个，投入资金17.47亿，新增学位25140个；公办幼儿园在园幼儿占在园总人数的50.23%，普及性学前教育覆盖率90.13%，全市率先达到福建省省定目标要求[③]。

[①] 访谈资料来自2021年12月9日在ND市扶贫办对扶贫办工作人员WF的访谈。
[②] 访谈资料来自2021年12月9日在ND市扶贫办对扶贫办工作人员WF的访谈。
[③] 访谈资料来自2021年12月9日在ND市扶贫办对扶贫办工作人员WF的访谈。

2. XP县乡村教育振兴简况

XP县隶属ND市。全县陆地面积1489.6平方公里,海域面积29592.6平方公里。2021年,该县经济社会持续发展,综合实力增强。2021年,全县常住人口467000人,其中,城镇常住人口230200人,占常住人口比重为49.3%。县设有3个街道,12个乡镇。

近年,该县提升教育发展质量,有25所学校通过省级"义务教育管理标准化学校"评估验收,15所学校被评为省级课改示范校;优质高中教育资源稳步增加,如XP一中为省一级达标学校,HX中学、六中、七中顺利通过省二级达标校复评,HX高级中学创建一级达标校,XP一中被确认为省示范性高中建设学校;职业教育快速发展,产教融合速度加大,如2019年,该县职业教育中心被认定为省规范化中等职业学校;终身教育深入发展,如2019年,省电大XP学院获得ND市唯一一个县级"福建省终身教育工作先进单位"荣誉称号;民办教育快速成长,如XP县HX中学通过省二级达标验收①。到2020年,该县学前三年幼儿入园率达98.14%以上,省级示范幼儿园达3所、市级示范幼儿园达8所,所有乡镇中心幼儿园达到县示范幼儿园标准。义务教育阶段适龄儿童少年入学率达100%,初中在校生巩固率达98.46%以上,普通高中按时毕业率达到97.90%,高中学生学业水平考试合格率达98.8%。职业教育毕业生就业率达95%以上,"双师型"教师比例达54.4%,普职招生比例为4.7∶5.3②。2021年,该县发展有223所学校。其中,1所寄宿学校、1所电大、1所职业中专、1所高级中学及1所特教,其余的学校均为初中、小学和幼儿园。全县有1758名普通中学教师和146名中等职业学校教师;有20649名普通中学学生、1692名中等职业学校学生,有6205名中学毕业生、236名中等职业学校毕业生;有小学49所,小学教师2027人,小学生41495人,生师比为20.5∶1③。

3. SN县乡村教育振兴简况

SN县地处闽浙交界,素有"两省门户、五县通衢"之称,县域面积

---

① 访谈资料来自2021年12月13日在XP县扶贫办对扶贫办工作人员LSY的访谈。
② 访谈资料来自2021年12月13日在XP县扶贫办对扶贫办工作人员LSY的访谈。
③ 访谈资料来自2021年12月13日在XP县扶贫办对扶贫办工作人员LSY的访谈。

1433平方公里，辖8镇6乡，205个村（社区）。第七次全国人口普查结果显示，该县人口数量为178000人，该县曾是省级扶贫开发重点县之一。近年，该县坚持教育优先发展战略，树立"再穷不能穷教育、小县要办大教育"的理念，以实施"1+N"教育发展综合改革为主要内容，以提升教育教学质量为抓手，不断加大教育投入，强化师资队伍建设，深入推进均衡发展。实现学前教育优质普惠发展稳步推进，高中阶段教育普及水平巩固提升，乡村教育基本公共服务全覆盖，各教育阶段学生从入学到毕业应助尽助。该县教育总体发展水平显著提升，2021年有普通完中2所，职业学校1所，初级中学13所，九年一贯制学校1所，小学80所，幼儿园23所，成人中专、教师进修学校、电大工作站各1所。中小学生24980人，高级职称教师256人，中级职称教师1075人[①]。

4. FD市乡村教育振兴简况

FD市隶属ND市，位于福建省东北部。陆地面积1461.7平方公里，海域面积14959.7平方公里。该县有3个街道、13个乡镇，49个社区居委会、258个村民委员会。2021年，常住人口554000人，城镇人口358400人，占总人口的64.70%；农村人口195600人，占总人口的35.30%。

近年，该市进一步强化党的领导，提升教育工作质量，教育改革创新取得突破，服务群众能力增强，基本能够满足不同阶段、不同人群的教育需求，教育工作核心竞争力提升。具体包括职业教育水平不断提升，产教深度融合加快，民办和终身教育发展机制逐步完善，特殊教育条件不断改善。如2021年，该市学前教育三年幼儿入园率达到98.32%，普惠性幼儿园覆盖率达91.87%；义务教育小学学龄人口入学率稳定在99.99%以上，小学六年巩固率达100%，初中三年巩固率达99.66%[②]。

5. ZR县乡村教育振兴简况

ZR县隶属ND市，位于福建省东北部，南联闽中、北接浙南，是典型的山区县城，曾经是福建省23个重点扶贫县之一。县域面积538平方公里，辖两个镇7个乡117个建制村（社区），2021年，常住人口约93000

[①] 访谈资料来自2021年12月15日在SN县扶贫办对教育局工作人员LY的访谈。
[②] 访谈资料来自2021年12月18日在FD市扶贫办对教育局工作人员GXL的访谈。

人，是革命老区、省级扶贫开发工作重点县。教育扶贫工作曾是该县重点工作，如2016年，该县17700名在校生中，贫困户家庭子女在校生就有900多人，涉及700多户①。近年，该县县委、县政府高度重视教育振兴工作，提出"小县大教育"的发展理念，以落实教育惠民政策、提升资助保障水平、提高资助覆盖面为重点，以探索创办职业教育扶贫班为突破口，以改善贫困地区薄弱学校办学条件为基础，全面推进教育扶贫，取得了良好成效。

6. FA市乡村教育振兴简况

FA市隶属ND市，位于福建省东北部，辖2个省级经济开发区、13个镇、5个乡、4个街道，是全国及福建省畲族人口最多的县份。2021年，该市总人口673704人。其中，城镇人口264370人，农村人口409334人。有各级各类学校217所，教职工8701人（含在职公办教职工5749人），在校生124109人。其中，普通中学27所，小学89所，幼儿园94所（其中，民办园79所），中等职业学校1所，特殊教育学校1所，进修校、电大各1所②。先后荣获"国家级农村职业教育和成人教育示范县"、全国第二批"全国中小学校责任督学挂牌督导创新县"等称号。

（二）ZZ市经济社会发展简况

ZZ市地处福建南部，介于XM、ST两特区之间，与我国TW地区隔海相望。全市辖八个县一个市两区，陆地面积12600平方公里，海域面积18600平方公里，总人口450多万人。常住人口507万人，其中，城镇常住人口318900人，城镇化率为62.9%。

近年，该市大力发展教育事业。至2021年新建、改扩建学校186所，新聘教师1700人，新建、改扩建校舍面积105万平方米。有普通高等学校7所，中等职业教育学校14所，普通高中75所，普通初中134所，普通小学825所，成人高等学校1所。普通高等学校专任教师4371人，中等职业教育学校专任教师1726人，普通高中专任教师7378人，普通初中专任教师14779人，普通小学专任教师23167人。普通高等教育招生27951人，在校生95758人，毕业生22673人；中等职业教育招生14381人，在

---

① 访谈资料来自2021年12月21日在ZR县扶贫办对教育局工作人员HT的访谈。
② 访谈资料来自2021年12月25日在FA市扶贫办对教育局工作人员LWH的访谈。

校生35868人，毕业生8210人；普通高中招生30509人，在校生87784人，毕业生24932人；普通初中招生61222人，在校生185029人，毕业生58712人；普通小学招生82020人，在校生420391人，毕业生60113人；成人高等教育招生6111人，在校生12748人，毕业生1541人。特殊教育在校生1450人。幼儿园在园幼儿215619人①。

1. PH县乡村教育振兴简况

PH县隶属ZZ市，是原中央苏区县、省重点革命老区县。全境面积2309.57平方公里。2020年末，该县总人口612600人，常住人口455000人。辖17个乡镇，240个村，16个居委会。该县大力振兴乡村教育，2021年义务教育学校合计有44所。其中，中学20所、小学20所、"九年一贯"教育学校3所、私立学校1所。公立学校教师约为4700人，具体为中学公立教师1900人，小学公立教师2800人。中小学私立学校主要为正兴学校，该学校小学学生约为6000人、中学学生约为5000人，即在校生合计有11000人。每个乡镇都至少建设有1所中学、1所小学，县城中、小学学生大致有5至6万人②。

2. NJ县乡村教育振兴简况

NJ县隶属ZZ市，地处ZZ市西北部，面积1961.86平方千米、人口362400人、辖11个镇、18个社区、183行政村；该县革命历史悠久，是原中央苏区县、福建省重点老区县。2021年，常驻人口354100人，其中，城镇人口153800人，农村人口200300人。

近年，NJ县委、县政府围绕"科教兴县"和"工业立县"战略目标，认真贯彻落实国务院和福建省、ZZ市《关于基础教育改革与发展的决定》精神，《关于加快实施"科教兴县"战略的决定》等一系列优先发展教育战略，把教育事业纳入社会和经济发展规划，不断加大投入，促进教育与社会经济健康快速协调发展。目前，该县已形成以基础教育为主，拥有学前教育、义务教育、职业教育、特殊教育、继续教育等布局合理、规模适当的多方位教育体系，共有中学23所，其中，完全中学5所，中等职业技术学校2所；小学154所（包括教学点21个），幼儿园164所，开智学

---

① 访谈资料来自2021年11月7日在ZZ市扶贫办对教育局工作人员LL的访谈。
② 访谈资料来自2021年11月9日在PH县扶贫办对教育局工作人员FZZ的访谈。

校、教师进修学校、成人中专和电大工作站各1所。全年各类中等职业教育招生1197人，在校生3041人，毕业生825人；初中招生2552人，在校生7966人，毕业生2618人；高中招生1581人，在校生4654人，毕业生1063人；普通小学招生3069人，在校生18017人，毕业生2648人；特殊教育招生10人，在校生99人；幼儿园在园幼儿9147人①。

3. XC区乡村教育振兴简况

XC区隶属ZZ市，是ZZ市政治、经济、文化中心，也是全国著名历史文化古城之一。辖8个街道办事处、两个镇、1个管委会。2021年常住人口为638060人。近年，该区区委、区政府重视教育发展事业，着力办好人民满意的教育，成立教育发展基金会，推进集团化办学，落实"双减"政策，减轻学生负担，实现义务教育阶段课后延时服务全覆盖。该区计划未来三年投入25.16亿元，新改扩建中小学幼儿园项目43个，建设面积51万平方米、新增学位31609个②。

（三）甘肃省LX州经济社会发展概况

LX回族自治州隶属甘肃省、位于黄河上游，甘肃省中部西南面，地处青藏高原与黄土高原过渡地带。介于东经102′41—103′40，北纬34′57—36′12之间，东西长136公里，南北长183.6公里，总面积8169平方公里。是全国两个回族自治州之一，辖LX市、LX县、YJ县、KL县、HZ县、GH县、DX县、JSS县等一市五县、两个自治县，共139个乡镇街、1090个行政村、102个社区，有回、汉、东乡、保安、撒拉等42个民族，回族在该州境内的总人口约61万，东乡族、保安族是以该州为主要聚居区的甘肃特有少数民族。2019年，该州脱贫攻坚战取得决定性胜利，人民生活持续改善，社会事业繁荣发展。2021年全州常住人口为2071400人。其中，城镇人口76.73万人，城镇化率为37.04%。全州教育事业稳步发展，有各级各类学校2522所，其中，幼儿园1282所，小学1114所，九年一贯制学校21所，初级中学71所，完全中学6所，高级中学14所，中职学校11所，电大分校（州教师培训中心）1所，特殊教育学校1所，高职

---

① 访谈资料来自2021年11月13日在NJ县扶贫办对教育局工作人员XMH的访谈。
② 访谈资料来自2021年11月15日在XC区教育局对教育局工作人员GRR的访谈。

院校1所①。

1. LX市乡村教育振兴简况

LX市隶属LX州，地处黄河上游，位于甘肃省西南部，是LX州府所在地，是州政治、经济、文化和商旅中心，区域总面积88.6平方公里。辖4个镇、7个街道、35个行政村、43个社区。总人口48万人，境内有汉、回、东乡、保安、撒拉等18个民族，少数民族人口占总人口的53%。现有各类学校153所，其中，幼儿园91所，小学48所，学前在园幼儿19272人，义务教育阶段在校生44309人，九年义务教育巩固率为99.27%②。

2. LX县乡村教育振兴简况

LX县隶属LX市，位于甘肃省中部、LX州西南部，总面积1212.4平方公里，辖16个乡、9个镇、218个行政村、7个社区，有回、汉、东乡、保安、撒拉、土、藏、蒙古、哈萨克等多个民族。近年，该县经济稳步发展，教育事业发展提升，如2019年，实施薄弱学校改造65所，新建、改造幼儿园7所，177所义务教育阶段学校达到标准化建设要求；招录事业单位和特岗教师494名，调剂221名教师到紧缺学校任教；通过国家义务教育均衡县创建验收③。

3. YJ县乡村教育振兴简况

YJ县隶属于LX州，位于黄河上游，甘肃省中西部。全县总面积1863.6平方公里，曾是国家级贫困县。如2018年全县贫困人口5426户21500人，贫困面高达25.24%，其中，74.6%的贫困人口集中在东西山区。东西山区的11个乡（镇）自然条件十分严酷，山大沟深，十年九旱，是典型的雨养农业区。辖17个乡镇、134个村居。2021年总人口为212685人，少数民族人口占总人口的14.36%；非农人口48073人，占总人口的22.6%；农业人口164612人，占总人口的77.4%。该县近年教育事业稳步发展。现有中小学156所，其中：完全小学78所，教学点64个，独立高中两所，独立初中6所，职业中学1所，九年一贯制学校5所，

---

① 访谈资料来自2021年11月9日在LX州教育局对教育局工作人员BL的访谈。
② 访谈资料来自2021年11月12日在LX市教育局对教育局工作人员GX的访谈。
③ 访谈资料来自2021年11月14日在LX县教育局对教育局工作人员WPS的访谈。

幼儿园111所；在校学生23254人，其中，高中4949人、初中5725人、小学12580人。全县适龄儿童入学率为99.5%，九年义务教育巩固率为97.81%，高中阶段学生毛入学率为95.68%[①]。

4. GH县乡村教育振兴简况

GH县隶属LX州，地处黄土高原丘陵沟壑地带，位于甘肃省中部西南，LX州东南部，全县辖6个镇、3个乡、102个行政村、1121个合作社，总面积538平方公里，总耕地42万亩，总人口301600人，其中农业人口243600人，回、东乡等少数民族人口占总人口的98%。2019年该县整县脱贫摘帽，2020年底，该县累计脱贫13640户、75160名，51个贫困村全部出列。

近年，该县着眼决战脱贫攻坚、决胜全面建成小康社会，把教育事业摆在更加突出的位置发展，全力推进教育扶贫，举全县之力抓控辍保学工作，补齐脱贫攻坚工作中最突出、最薄弱的短板；持续加大教育投入，全力支持教育基础设施和教师队伍建设，有效解决了实施易地搬迁、控辍保学后学生"入园难""上学难""大班额"等问题，汇聚全县上下抓教育的强大共识和磅礴力量，推动教育事业取得明显进步。该县树立系统思维、协调发展理念，坚持学前教育抓普惠优质、义务教育抓均衡公平、高中教育抓提质增效、职业教育抓统筹推进，全面提高教育教学质量，全县上下形成人人关心教育、人人重视教育、人人支持教育的良好氛围。

5. HZ县乡村教育振兴简况

HZ县隶属LX州，位于LX州南部，总面积960平方公里，辖9个镇、4个乡、122个行政村。2021年总人口243000人，有汉、回、东乡等多个民族，耕地面积375600亩。有初级中学8所，小学72所，教学点42所，普通高级中学1所，中专及职业技术学校1所，幼儿园126所。普通中学在校学生7890人，其中，高中2063人、初中5827人。小学在校学生19838人，幼儿园在校学生8436人，中专及职校在校学生142人。全县中专及职校专任教师33人、高中专任教师194人、初中专任教师585人、小学专任教师1332人、幼儿园专任教师430人。小学入学率100%、巩固率

---

① 访谈资料来自2021年10月17日在YJ县教育局对教育局工作人员WZZ的访谈。

100%。初中入学率99.2%、巩固率99.2%、高中毛入学率60.1%[①]。

6. KL县乡村教育振兴简况

KL县隶属LX州，位于甘肃省中南部，LX州东南端，总面积1083平方千米。2020年，常住人口为255955人。2020年，该县退出贫困县。辖5个镇、10个乡。近年，该县把教育作为最大的民生工程来抓，从加强教育基础设施建设、改善学校办学条件、建立健全学生全面健康发展育人体系等方面入手，探索改革创新，直面教育基础薄弱短板，系统规划教育布局、高效配置教育资源，努力实现城乡教育均衡一体化，推动教育质量稳步提升，举全县之力，集全社会之智，促进教育提质增效。全县上下以提高教育教学质量为核心，以强化教育教学管理为着力点，全方位提高教育发展层次和水平，推动"学有所教"向"学有优教"转变，更好满足人民群众对教育高质量发展的期望。现有中学15所，小学17所（包括直属、乡镇中心小学），幼儿园16所（包括直属、乡镇中心幼儿园）[②]。

7. DX县乡村教育振兴简况

DX县位于甘肃省中部西南面，LX州东面。总面积1510平方千米，常住人口为290034人，是我国东乡族相对集中居住的民族自治县。2020年该县退出贫困县序列。辖16个乡、8个镇、229个行政村、1893个合作社。

该县始终把教育事业摆在优先发展的突出位置，不断创新思路，强化工作措施，教育事业得到稳步发展。如2018年，对全县乡村学校、幼儿园办学条件进行全面升级改造，新建幼儿园36所，改造薄弱学校15所；提升师资队伍水平，选派教师参加中小学（幼儿园）教师国家培训295人次，省级培训366人次，县级心理咨询师资格培训100人次、安全管理员培训200人次，知名专家专题培训100人次，XM市HL区帮扶培训480人次；全面改善义务教育学校基础设施，先后投入628万元，更新配备农村义务教育学校信息化设备，为106所学校配备图书、实验仪器、电子白板、音体美器材、录播室等教学设备，购置课桌椅4万多套，全县61所学校完成标准化学校州级验收；扩大寄宿制办学规模，全县建设寄宿制学

[①] 访谈资料来自2021年10月19日在HZ县教育局对教育局工作人员LJS的访谈。
[②] 访谈资料来自2021年10月23日在KL县教育局对教育局工作人员WGS的访谈。

校达21所，寄宿学生有8672名；拓展社会帮扶渠道，积极动员社会各界为183所薄弱学校捐赠教育教学设备。①

8.JSS县乡村教育振兴简况

JSS县隶属LX州，位于甘肃省西南部，LX州西北角小积石山东麓，总面积909.97平方千米。有保安、东乡、撒拉、回、汉、土、藏等十多个民族，是甘肃省唯一的多民族自治县，也是全国唯一的保安族聚居地。辖4个镇、13个乡、共145个行政村、6个社区、1296个村民小组。2020年退出贫困县，2021年户籍总人口28万人，常住人口239000人。该县教育事业稳步发展，现有各级各类学校183所。其中，独立高中1所，完全中学2所，初级中学5所，小学171所（合教学点33个），教师进修学校1所，幼儿园2所（含民办幼儿园1所），职教中心1个②。

第三节 本书篇章结构

本书按照教育发展的客观规律及实践现实设计分析框架，教育发展需要相应的人力、物力和财力等投入，除了政府主体建设专项经费投入制度、学校发展规划制度等外，基于全国各地教育事业发展具有差异性和不均衡不充分问题，需要社会、市场力量参与发展，这是教育发展的构成主体。同时，政府、市场和社会等多主体参与乡村学前教育、义务教育、高中教育和职业教育等发展中，不仅需要建设各级各类学校基础设施，还需要建设相应师资队伍以及提升各类教育质量。此外，乡村教育发展还需要关注到教育发展客体的现实情况，乡村教育发展学生客体与城市学生客体具有差异性，乡村各类"留守""单亲"家庭和经济困难等特殊困难学生较多，不仅需要给予物质支持和精神关爱等帮扶，还需要依据乡村、学生等特殊情况设计教育课程。因此，本书按照乡村教育发展主体、发展内容和发展客体等三个方面内容设计乡村教育发展研究分析框架，这也是本研究的第一重分析逻辑维度。本研究中的乡村教育振兴主体，主要包括政府、社会和市场三元主体，具体包括扶贫办、对口办、教育局等"县域"

---

① 访谈资料来自2021年10月25日在DX县教育局对教育局工作人员HDP的访谈。
② 访谈资料来自2021年10月27日在JSS县教育局对教育局工作人员ZWZ的访谈。

县市区乡村相关部门的政府主体，参与教育振兴的教育基金会、商会等社会组织机构社会主体，以及参与学前教育、小学、初中等乡村教育振兴的商业集团等市场主体。乡村教育振兴的内容，主要包括乡村教育基础设施建设、师资建设、管理及教学质量等。乡村教育振兴客体，主要为各类接受教育的农村学生，包括家庭经济困难学生、残障学生、"留守"儿童等，对各类特殊困难学生实施的帮扶及关爱，以及乡村教育各类课程开设及改革等现实情况。

乡村教育振兴是乡村人才培养和发展的重要途径和手段，在乡村振兴中处于先导性的战略地位，乡村人才振兴是乡村振兴的基础与要件。因此，本书从学前教育、小学和初中义务教育、高中教育、职业教育等方面的政府、市场和社会参与主体，教育基础设施、师资建设和教育质量，以及教育客体对象学生类型和人才培养课程设置等方面入手，分析当前我国"县域"县市区乡村教育振兴的现状、问题及对策，为全国乡村各级各层次人才的培养与发展提供借鉴与参考，为乡村产业振兴、组织振兴、生态振兴、文化振兴等提供人才保障，这是本研究框架设计的第二重逻辑维度。本书合计由六章组成，具体为：

第一章为研究问题与文献回顾。第一节主要描述乡村教育振兴问题和乡村教育振兴背景。乡村教育振兴的人才振兴视域，乡村教育振兴存在的主要问题是乡村教育师资缺乏、教学质量低下、学生素质不高等，凸显本研究的问题意识。乡村教育振兴背景主要围绕新时期我国社会主要矛盾变化引起的乡村教育高质量发展需要、教育扶贫迈向教育振兴发展需要、以及教育振兴助推乡村振兴需要等多方面对乡村教育振兴提出的需求，从而多维度及聚焦展现乡村教育发展背景以及乡村人才振兴对乡村各类人才培养的需求。本章的第二节为文献回顾，从乡村教育振兴的师资研究，教学质量研究，学生研究等方面梳理文献，展示相关研究前沿动态。此外，本研究创新之处在于将乡村人才振兴应用于分析乡村教育发展实践，从而凸显乡村教育发展的重要性以及丰富乡村教育发展的内涵。

第二章研究设计。第一节主要描述研究方面，主要采用个案研究的质性研究方法，选取脱贫县、乡村振兴重点帮扶县和其他类型县等"县域"县市区研究单位开展研究，选用田野调查法、深度访谈法、座谈会等资料收集方法。第二节主要介绍个案概况，具体介绍 LX 市、GH 县、PH 县和

XP县等17个我国东、西部"县域"乡村经济社会发展尤其是教育振兴简况。第三节主要介绍本书的篇章框架，具体包括六章。包括研究问题与文献回顾、研究设计、乡村教育振兴主体、乡村教育振兴内容、乡村教育振兴客体、总结与讨论等。

第三章为乡村教育振兴主体。第一节为乡村教育振兴的政府主体，包括政府履行制定振兴乡村教育的政策制度、监督和管理等职责；第二节为社会参与乡村教育振兴，包括个体及企业设立发展各类教育基金会的方式；第三节市场参与各类教育振兴情况，包括个体、企业及集团等创办公、民办幼儿园、小学、初中和职业教育学校等，从而完整呈现当前"县域"脱贫县、乡村振兴重点县等乡村教育振兴情况。

第四章为乡村教育振兴内容。第一节为乡村教育振兴的基础设施建设，包括校园建筑基础设施建设以及信息化建设等；第二节为乡村教育振兴师资建设，包含乡村教师编制、培训、待遇、数量和质量等建设情况；第三节为乡村教育振兴质量建设，包括教学方式方法、教学研究等管理实践及质量情况。

第五章为乡村教育振兴客体。第一节为乡村教育振兴的客体为"留守"儿童、"单亲"家庭学生、经济困难学生等各类特殊困难学生，以及实施相应的帮扶与关爱措施；第二节为乡村教育客体学生的教育培养，包括德智体美劳课程设置等素质教育实施。

第六章为结论与讨论。第一节为乡村教育振兴研究结论，包括乡村教育振兴的主体、内容和客体等实践现实总结；第二节为乡村教育振兴存在的问题以及相应原因分析，包括教育振兴参与主体不足，侧重基础设施建设，以及客体帮扶不足，素质教育有待深化落实等。第三节为乡村教育振兴的优化路径与保障，包括教育振兴相关政策制度完善、教育质量提升等。第四节为展望，探讨未来乡村教育振兴走向及其如何助力乡村人才振兴乃至乡村振兴的路径。

第四节　小结与讨论

本章第一节主要描述研究方法。描述本研究实施个案研究法，乡村教育振兴是一个"事件"过程，该过程的微观、动态特性决定了更适合采用个案研究法。研究从我国中、东、西、南和北五大区域中选取东部的福建省和西部的甘肃省两省份，再依据经济社会发展情况选取福建省 ND 市 JC 区、XP 县、ZZ 市 XC 区、以及 LX 州 LX 市、KL 县等 17 个"县域"县市区个案开展研究。研究采用田野调查、参与观察、座谈会以及访谈法等资料收集方法，翔实收集各"县域"县市区研究个案资料。除了获取各"县域"县市区教育局、对口办等政府相关部门振兴乡村教育资料外，也收集教育基金会、爱心企业及个人等社会组织及个体振兴乡村教育相关事实资料，以及企业、商业集团等市场力量振兴乡村教育情况，同时收集乡村教育基础设施建设、师资振兴和教育质量振兴等，收集乡村教育振兴学生客体及相应帮扶与教育等资料，完整呈现一幅"县域"县市区乡村教育振兴的真实图景，全面科学把握研究个案现实资料，据此透视全国层面乡村教育振兴的现实情况。研究将县市区按照经济社会发展情况，将其划分为经济发达县、脱贫县、乡村振兴重点帮扶县和其他类县市区等四个类型。因经济发达县市区的教育发展城乡"二元"分化特征不明显，故该类型县市区不列入本研究的对象范畴，本研究的"县域"对象范畴主要包括脱贫县、乡村振兴重点帮扶县和其他类县市区等三个类型，基本能够反映"县域"乡村教育振兴事实，也是我国乡村教育振兴的缩影与样本。

本节描述"县域"研究单位。"县域"与"乡村"之间并不等同，但在某种程度上两者之间存在交集，如"县域"县市区中的脱贫县、乡村振兴重点帮扶县及其他类型县市区，因经济社会发展水平低下、滞后于城市，呈现明显城乡"二元"化特征，尤其是在教育发展水平方面，呈现出城乡不均衡性，同时，该类"县域"内部还存在发展不充分问题。因此，本研究选取此类"县域"，研究选取的"县域"单位与乡村存在交叉重叠之处，开展乡村教育振兴研究具有科学性。研究中的"乡村"不仅指脱贫县、乡村振兴重点帮扶县及其他类型县市区，而且也是一个政府行政层级，更是一个大致的地理区位，是相对城市而言。

本节描述田野调查与访谈法。研究属个案质性研究，笔者在三年多内通过对 17 个"县域"县市区开展田野调查，采用半结构访谈法、座谈会、参与观察法等资料收集方法，获取乡村教育振兴的个案事实资料，实现对个案"深描"和"厚描"。研究访谈各县市区教育局相关科室干部、各类学校管理者及教师，学生及家长、村干部等，掌握乡村教育振兴的主体、内容及客体的现状、问题及对策等事实资料。"县域"各县市区振兴乡村教育情况有所差异，但正是这些差异性构成一幅完整的"县域"乡村振兴教育全貌。

本节描述研究定义。乡村广义上又称非城市化地区，通常指社会生产力发展到一定阶段产生的、相对独立的、具有特定的经济、社会和自然景观特点的地区综合体。在我国，乡村主要指县城以下的广大地区，具体包括县市区、乡镇街以及村落区域。本研究中的乡村主要指脱贫县、乡村振兴重点帮扶县及其他类型县市区，不包含经济发达县市区。本研究的乡村教育，主要指学前教育、小学和初中义务教育、高中教育、职业教育等，涉及公办、民办属性类教育以及非城区教学点等。教育振兴也指振兴教育，即通过物资手段改善乡村教育条件，提高乡村教育水平，也指通过教育振兴乡村地区人民，帮助他们学习新的知识和技能，提升他们的科学文化水平，激发他们的发展内生动力，改变他们的陈旧思想观念及落后生活方式，从而振兴乡村人才，带动乡村地区生态振兴、产业振兴、组织振兴、文化振兴等，助推乡村振兴。

本章第二节主要描述个案概况。描述研究个案"县域"县市区乡村教育振兴概况，包括描述东部"县域"福建省ND市、ZZ市经济社会发展及教育振兴概况，以及西部甘肃省LL州经济社会发展及教育振兴简况，"深描"脱贫县、乡村振兴重点帮扶县市区的SN县、ZR县、DX县等，以及其他类型县市区的XC区、FA市等经济社会发展及教育振兴概况。

本章第三节主要描述本书的篇章结构。描述本书的双重分析逻辑维度，第一重逻辑维度为乡村教育振兴的主体、内容和客体，第二重逻辑维度为乡村人才振兴乡村。即教育发展需要相应的人力、物力和财力等投入，除了政府主体建设专项经费投入、学校发展规划等制度外，还需要社会、市场力量参与发展，这是教育发展的主体。同时，政府、市场和社会等多元主体参与乡村学前教育、义务教育、高中教育和职业教育等发展中，不仅需要建设各级各类学校基础设施，还需要建设相应师资队伍以及提升各类教育质量。此外，乡村教育发展还需要关注教育发展客体的客观现实，乡村各类"留守""单亲"家庭和经济困难等特殊困难学生群体较多，不仅需要给予物质支持和精神关爱等帮扶，还需要依乡村、学生等特殊情况设计素质教育。因此，本书按照乡村教育发展主体、发展内容和发展客体等三个方面内容设计乡村教育发展第一重分析框架。乡村教育振兴是乡村人才培养和发展的重要途径和手段，在乡村振兴中处于先导性的战略地位，乡村人才振兴是乡村振兴的基础与要件。本书从学前教育、小学和初中义务教育、高中教育、职业教育等方面的政府、市场和社会参与主体，教育基础设施、师资建设和教育质量，以及教育客体对象学生类型和人才培养素质教育等方面入手，分析当前我国"县域"县市区乡村教育振兴的现状、问题及对策，为全国乡村各级各层次人才的培养与发展提供借鉴与参考，为乡村产业振兴、组织振兴、生态振兴、文化振兴等提供人才保障，这是本书框架设计的第二重逻辑维度。本书合计由六章组成，具体为：第一章为研究问题与文献回顾。第二章为研究设计。第三章为乡村教育振兴主体。第四章为乡村教育振兴内容。第五章为乡村教育振兴客体。第六章为研究结论与讨论。

第三章　乡村教育振兴主体

第一节　政府振兴乡村教育

党的十八大以来，党中央、国务院空前重视乡村振兴工作，以习近平同志为核心的党中央亲力亲为、全力推进，把扶贫开发工作纳入"四个全面"战略布局，实施精准扶贫、精准脱贫，作为实现第一个百年奋斗目标的重点工作，摆在更加突出的位置。从中央到地方相继出台了一系列政策推进扶贫工作。2015 年末，《中共中央国务院关于打赢脱贫攻坚战的决定》正式发布，对脱贫攻坚工作全面部署，其中，着力强调加强教育脱贫，让贫困家庭子女都能接受公平有质量的教育，阻断贫困代际传递[1]。地方各级政府高度重视乡村教育发展，制定出台乡村教育基础设施建设、教学质量提升、师资振兴以及学生资助等制度；不断加大监督、整改乡村教育振兴工作；加强乡村教育振兴宣传等，推进乡村教育振兴。

一　政府制定落实振兴乡村教育相关制度

（一）建设发展乡村教育基础设施建设制度

基础设施建设是乡村教育振兴的前提，具体包括规划乡村学校设施规划、建设以及危房改造、薄弱学校改造等。本研究"县域"县市区中的地方政府制定落实乡村教育基础设施建设制度。

设施建设规划布局对乡村教育振兴至关重要。一些县市区不断优化教育设施规划布局。以 XP 县为典型，该县不断优化教育设施规划布局。福

---

[1] 《中共中央国务院关于打赢脱贫攻坚战的决定》，https：//www.gov.cn/gongbao/content/2015/content_ 2978250.htm。

建省近年基于全局战略高度，加大扶贫攻坚力度，省委、省政府制定出台《关于进一步支持省级扶贫开发工作重点县加快发展的若干意见》、《关于加快推进现代农业发展的若干意见》等指导性文件，ND 市市委、市政府出台《关于进一步扶持省级扶贫开发工作重点县加快发展的实施意见》和《关于贯彻落实习近平总书记重要批示精神 加快科学扶贫精准扶贫的工作意见》等。在此形势下，XP 县全面落实教育优先发展，把教育摆在优先发展的战略地位。以教育现代化建设为统领，实施"科教兴县"战略，做好教育事业发展的顶层设计，根据国家、福建省以及 ND 市制定的相关标准，结合自身实际情况，考虑区域人口变化发展趋势以及城镇化发展趋势，调整和优化乡村学校设施规划布局，出台了《中共 XP 县委 XP 县人民政府关于加快教育事业发展的实施意见》《XP 县人民政府关于统筹推进县域内城乡义务教育一体化改革发展的实施意见》等系列制度，全面建成小康社会的先行工程、基础工程和重点工程，强化教育发展保障，做到经济社会发展规划优先安排教育发展，财政资金优先保障教育投入，公共资源优先满足教育和人力资源开发需要。如，"十三五"期间，该县投入教育经费，保障了教育事业持续健康发展。同时还编制了《XP 县"十三五"中小学布局专项规划》《XP 县中心城区教育设施专项规划（2016—2030）》等规划文件，依法落实城镇新建居住区配套标准化学校设施建设制度，配套学校设施建设与住宅建设首期项目同步规划、同步建设、同步交付使用。该县还实施教育补短板项目规划建设，按规划标准预留足够的学校用地，并采取新建、改建、补建、迁建等方式完善区域学校布局，科学规划建设相应规模的学前教育、义务教育、职业教育等各级各类学校。如在"十三五"期间，该县新征建设用地 300 多亩，在城区实施建设 XP 第四小学等 16 个项目。[①]

"县域" LX 州县市区积极建设乡村教育学校设施制度。"十四五"时期是国家实施乡村振兴战略的关键阶段，是黄河流域高质量发展得以落实的五年，也是 LX 州全面实现教育现代化的重要阶段。LX 州根据《LX 州国民经济和社会发展"十四五"规划基本思路》，结合《甘肃教育现代化2035 规划纲要》，立足区域教育事业发展实际，以实现该州教育现代化为

---

① 访谈资料来自 2021 年 12 月 13 日在 XP 县扶贫办对扶贫办工作人员 LSY 的访谈。

目标，精心测算、认真分析、初步确定州教育事业"十四五"发展思路，指引和推动州教育事业发展。具体包括重点普及发展学前教育，着力解决城区幼儿园学位供需不平衡突出问题；均衡发展义务教育，推进县域内义务教育一体化发展；优质发展高中教育，促进高中教育均衡发展；加快发展职业教育，提升职业教育办学水平；融合发展特殊教育，形成完备的特殊教育体系；加强建设教师队伍，造就一支符合教育现代化要求的教师队伍。并计划至2035年，州学前三年教育毛入园率和九年义务教育巩固率均达99%以上，高中阶段教育毛入学率达95%以上，高中阶段教育在校生职普比达5∶5；职业教育、特殊教育、民办教育发展水平总体达到该省平均水平；专任教师学历合格率达到100%。同时，实施黄河流域高质量教育建设项目。规划实施450个教育类项目，包括幼儿园建设项目、义务教育学校提升改造项目、中小学幼儿园温暖工程、寄宿制学校建设项目、教师周转宿舍建设项目及其他教育重点建设项目，全面改善该州各级各类学校办学条件，为该州教育事业发展提供硬件保障[①]。

  一些县市区在优化完善乡村学校设施建设规划的基础上，出台及落实乡村教育各类学校基础设施建设相关文件，为乡村教育振兴奠定良好的硬件基础。如ND市完善及落实农村教育基础设施建设相关制度，推进义务教育均衡发展。落实农村义务教育薄弱学校改造计划，全面提高农村教育质量，从2010年起，实施农村义务教育薄弱学校改造计划，为设施设备短缺的农村义务教育学校配齐图书、教学实验仪器设备、音体美器材；改善农村学校就餐条件；完善农村学校寄宿设施，改善寄宿条件。为提高中小学校舍防震减灾能力，实现城乡中小学校舍安全达标，该市还落实及建设福建省2009年起全省实施的中小学校舍安全工程，重点支持农村基础设施薄弱学校建设等的相关制度[②]。

（二）制定落实乡村教师振兴制度

  乡村教师振兴是乡村教育振兴的关键，"县域"县市区实施多种类型的乡村教师振兴制度。包括乡村紧缺师资代偿学费计划、名师名校长培养制度、乡村教师评聘制度、编制配备制度以及培训经费制度等，各县市区

[①] 访谈资料来自2021年10月9日在LX州教育局对教育局工作人员BL的访谈。
[②] 访谈资料来自2021年12月9日在ND市扶贫办对扶贫办工作人员WF的访谈。

还制定完善乡村教师振兴制度。具体为：

1. 制定落实乡村紧缺师资代偿学费计划

全国各省积极实施乡村紧缺师资代偿学费计划，稳定乡村教师队伍。如，为推动经济困难县及时补充新教师，福建省于2009年开始实施农村紧缺师资代偿学费计划，对20个经济困难县补充农村义务教育学校教师工资性支出补助经费。2014年，福建省还将补助范围调整为每年补助23个省级扶贫开发工作重点县新补充教师，包括幼儿园、中小学学校、特殊教育学校、中职学校的教师工资性支出；对每位教师补助，连续补助3年，有效解决农村学校师资总量不足和结构不合理等问题[①]。ND市为满足农村学校师资队伍建设需要，引导和鼓励大学毕业生到农村任教，在此基础上，该市还落实完善农村紧缺师资代偿学费机制，落实经济困难县新补充农村学校教师补助经费，促进区域农村教师队伍整体素质提升[②]。FA市把握大势、抢抓机遇，用足用好用活中央、福建省和ND市的政策，促进良好政策叠加效应释放，将把扶贫开发工作作为工作重中之重，有计划、有步骤推进，先后制定出台《FA市贯彻落实中国农村扶贫开发纲要（2011—2020年）若干意见》、《FA市进一步加强扶贫开发意见》、《FA市进一步加快推进扶贫开发实施意见》和《FA市贯彻落实习近平总书记重要批示精神，加快推进科学扶贫精准扶贫工作的实施意见》等十多份文件。尤其是进一步优化师资队伍建设，制定出台《"十四五"中小学（幼儿园）名师名校长培养工程实施方案》，聘请名师名校长培养工程专家顾问，成立中小学教师信息技术应用能力提升工程2.0执行办公室等，为教师队伍整体素质和专业水平提升提供支撑。同时，该市对农村教师实施"一评就聘"制度，持续实施农村"特岗教师行动"，落实"7+1"特岗教师政策即特岗补贴、后备干部培养、培训及课题研究、进城招聘、评优评先及职称聘任、子女进城就读、一年一次健康体检等7项奖励政策，以及制定落实该市FK、XY、SL3个山区乡镇特岗教师每人每年补贴取暖费的特殊制度，保障乡村师资队伍稳定性[③]。SN县为改善乡村教师待遇，落

---

① 访谈资料来自2021年12月9日在ND市扶贫办对扶贫办工作人员WF的访谈。
② 访谈资料来自2021年12月9日在ND市扶贫办对扶贫办工作人员WF的访谈。
③ 访谈资料来自2021年12月25日在FA市扶贫办对教育局工作人员LWH的访谈。

实福建省教育厅要求，2018年提高乡村教师生活补助标准；2019年每次提高乡村教师生活补助标准，并实施分上半年、下半年两次登记上报乡村教师生活补助、边远乡镇工作津贴信息等做法。该县加大保障教师工资收入力度，落实国家规定"教师平均工资收入水平不低于公务员"的相关制度要求，追加教师绩效发放，并全部拨付到位。[①]

2. 制定落实乡村教师配备制度

县市区落实优化乡村教师配备制度，包括实施教学点教师专项招聘制度，乡村校长助力提升工程和乡村教师素质提升工程等制度，提高乡村师资队伍水平。以SN县为例，该县调配、优化师资队伍，加强农村及薄弱学校音乐、美术、体育等技能学科教师配备，2021年，为均衡"县域"乡村内部的师资配备，该县将新招聘45名中的39名教师均衡补充至乡镇任教；提升农村教师学历水平，优化农村教师学历结构，实施加大引进研究生教师力度的措施。为有效解决长期存在的借用城区学校教师历史遗留问题，解决"县域"县市区乡村内部师资不充分问题，该县制定出台《2021年SN县城区借用教师选调考试工作方案》，实施择优措施，合计选调35名一线紧缺学科乡村一线教师到城区缺编学校。该县制定落实教师"支教""援教"及"跟岗"交流工作制度，从DA、QY、QY等多个乡镇学校选派20名富余学科教师到四中、FY、PX等其他乡镇师资紧缺学校开展"支教""援教"和"跟岗"交流工作，有效缓解乡村师资结构性紧缺问题[②]。实际上，各类学校内部也存在教师紧缺问题，该县针对高级学校教师紧缺问题，教育局动员组织3名具有高中资格证的教师进行改岗任教。以XP县为例，该县完善中小学教师专业技术水平评价标准，建设与事业单位岗位管理制度和聘用制度相衔接、符合教师职业特点的中小学教师职称系列制度，调动教师教书育人的积极性和创造性。如该县在"十三五"期间，合计新招聘教师602名，培养名校长18名，其中，市级2名、县级16名；名教师26名，其中，省级2名、市级5名、县级19名；学科带头人116名，其中，省级19名、市级3名、县级94名；县级名班主任16名。提高了全县教师学历层次，如全县小学幼儿教师中，具有专科以上

[①] 访谈资料来自2021年12月15日在SN县扶贫办对教育局工作人员LY的访谈。
[②] 访谈资料来自2021年12月15日在SN县扶贫办对教育局工作人员LY的访谈。

学历的比例达93.16%；初中教师中，具有本科及以上学历的比例达88.44%；高中、中等职业学校教师中，具有研究生学历的比例达6.47%；中等职业学校中，"双师型"教师比例达61.45%[①]。

3. 制定落实乡村教师管理制度

县市区加大制定落实乡村教师管理制度。以XP县为例，该县深化教师人事制度改革，建立常态化教师补充机制，促进教师逐渐实现由"学校人"转变为"区域人"，如实施"县管校用"的义务教育教师管理制度。同时，加强对教师职业理想和职业道德教育，提升教师师德师风水平。健全多层次、全方位的教师培训体系制度，提高教师专业水平和教学能力，确保新任教师岗前培训、在职教师岗位培训和骨干教师研修业务能力提升；实施"名师工程"制度，加强对特级教师、教学名师、学科带头人、教学能手等的管理，做实名师工作室，发挥骨干教师的示范、引领和辐射作用，造就教学名师和学科领军人才，完善骨干教师队伍体系。以SN县为例，2021年，该县实施教师全员免费培训制度，提升教学水平。落实教师继续教育经费占教职工工资总额一定比例的标准纳入财政预算制度，对全体教师进行培训，合计组织有2名教师参加国家级培训、408名教师参加省级培训、236名教师参加市级培训、6918名教师参加县级培训，有力提高全县教师教育水平[②]。

（三）制定落实乡村学生教育关爱制度

乡村教育振兴需要乡村学生帮扶及教育等相应制度支撑。县域县市区制定落实相应的经济、关爱以及教育等帮扶制度，具体如下：

1. 制定落实学生"控辍保学"制度

县市区乡村教育振兴紧盯教育最薄弱领域和最贫困群体，坚持发展教育脱贫一批，努力阻断贫困代际传递。以YJ县为例，该县县委县政府先后出台《YJ县控辍保学攻坚实施方案》《YJ县加强困境儿童和留守儿童保障关爱工作实施方案》等。严格落实"政府主导、部门联动、齐抓共管"的控辍保学联控联保机制。该县制定《YJ县脱贫攻坚领导小组办公室关于印发YJ县2020年脱贫攻坚"3+1+1"冲刺清零后续行动方案的通知》

[①] 访谈资料来自2021年12月13日在XP县扶贫办对扶贫办工作人员LSY的访谈。
[②] 访谈资料来自2021年12月15日在SN县扶贫办对教育局工作人员LY的访谈。

和《义务教育有保障冲刺清零后续行动方案》等，落实"双线四级八包"责任制和"三天责任清单"制度，紧盯重点乡村、重点人群，采取"一对一、人盯人"办法，防止再次辍学和新的失辍学。强化督查抓落实，制定《YJ县教育局关于印发〈YJ县教育脱贫攻坚挂牌作战行动实施方案〉的通知》，县教育局选派7个督察组对全县各学校挂牌督战，全面核查开学、疫情防控和控辍保学等工作。开展"百千万"家访强保学，如2020年春季开学前，该县制定《YJ县做好控辍保学教师家访工作实施方案》，义务教育阶段学校教职工开展为期5天的百名校长千名教师家访万名学生行动，对义务教育阶段18000多名在校学生全面进行家访[1]。同时，以SN县为例，该县强化控辍保学工作，实施建档立卡贫困家庭学生台账化精准控辍，坚持优先帮扶、精准帮扶，确保每位适龄儿童不因贫困失学。不断加大乡村特殊学生群体支持制度的建设力度。如，构建适龄残疾儿童青少年教育全覆盖的特殊教育体系，实施从学前到高中阶段的15年免费特殊教育；建立健全"一人一案"安置机制，完善以特教学校（特教班）和随班就读为基础，"送教上门"为补充的教育模式；健全"留守"儿童关爱保护政策，构建家庭、学校、政府和社会力量相衔接的留守儿童关爱服务体系制度[2]。

2. 制定落实乡村教育帮扶制度

县市区振兴乡村教育，加大制定落实乡村义务教育减免、资助等帮扶制度。如福建省于2008年春季学期开始实施免费为农村义务教育阶段公办学校学生提供教科书，并在开学前将免费教科书发送至各农村中小学的制度，确保学生"课前到书、人手一册"。同时，从2012年春季学期起，实施免费为农村义务教育阶段公办学校学生提供作业本制度。福建省还实施农村义务教育阶段学生营养改善工程制度，从2014年秋季学期起，对所有在农村公办义务教育寄宿制学校就读的寄宿生，将每生每天营养改善补助标准提高；对享受农村最低生活保障待遇家庭的寄宿生，提高小学生、初中生每生每天营养改善补助标准。此外，对所有在农村公办义务教育寄宿制学校就读的非寄宿低保学生，给予每生每天营养午餐补助。ND

---

[1] 访谈资料来自2021年10月17日在YJ县教育局对教育局工作人员WZZ的访谈。
[2] 访谈资料来自2021年12月15日在SN县扶贫办对教育局工作人员LY的访谈。

市落实福建省教育政策制度，具体为：学前教育方面，政府助学金按照一档、二档类型给予补助。

义务教育方面，农村义务教育寄宿制学校营养改善计划，主要用于学生在校住宿期间的营养改善，区域内县市区均在福建省定的标准基础上，加大投入力度，超标准实施营养改善计划。其中，投入力度较大的有XP县、FD市、JC区和FA市。一些县市区投入力度有所提升，如ZR县、SN县，后者在2018—2019学年期间，受助学生合计有13554人。义务教育家庭经济困难学生生活补助方面。2019年秋季学期开始执行的情况为：一是对家庭经济困难小学、初中寄宿生进行生活补助；二是对家庭经济困难的小学、初中非寄宿生进行生活补助。义务教育免费提供作业本方面，其中，2017年秋季学期开始执行免费为所有公、民办义务学校学生提供作业本。2018年至2019学年期间，ND市提供免费作业本合计达697492套。三，普通高中方面，据统计，2018至2019学年期间，该市发放助学金、受惠学生达5345人，免学杂费受助学生有1978人。四，中等职业教育方面，2012年秋季学期开始执行的中职免学费情况为，对一、二、三年级所有在校生实行免学费政策；2015年秋季学期开始执行的中职国家助学金情况，对一、二年级困难学生和涉农专业学生开展国家助学金补助。

一些县市区在落实乡村教育振兴资助政策中，形成了典型做法，以SN县为例，该县对贫困户实施全方位帮扶，为阻断贫困代际传递，加大教育帮扶力度，落实福建省制定普通高中生均经费标准，完善福建省资金奖补机制，健全普通高中经费投入保障机制。健全学生资助体系，落实各学段学生资助政策，确保建档立卡等家庭经济困难学生资助全覆盖；完善义务教育家庭经济困难学生生活补助政策；完善少数民族学生资助政策；采用信息化手段，利用建档立卡学生信息比对系统，加强信息比对，确保学生资助政策全覆盖。如2017年制定出台《2017年SN县教育精准扶贫工作实施方案》，方案涉及对建档立卡贫困户等家庭经济困难家庭子女从学前教育、义务教育、普通高中、中职教育、高等教育等各阶段就学进行全面资助。合计资助贫困学生2896人。2019年，该县落实教育帮扶政策，制定出台《SN县教育脱贫攻坚三年行动方案》，其中，对建档立卡贫困户等经济困难家庭子女各阶段就学进行全面资助，当年在县级和国家资助方面合计资助贫困学生有7100多人次。2019年，在学前教育方面，该县对建档立卡家庭经济困难幼儿、低保家庭（含特困家庭）幼儿、孤儿或残疾幼儿、烈士子女或优抚家庭子女予以资助。在义务教育方面，对农村义务教育公办寄宿制学校寄宿生和城乡寄宿制学校中建档立卡家庭、低保家庭（含特困家庭）的寄午餐学生，按一定标准进行营养餐补助；对未在学校寄宿的建档立卡对象家庭学生，县财政给予每生每年一定的生活补助费。在普通高中教育方面，对建档立卡等家庭经济困难学生、低保家庭（含特困家庭）学生、孤儿或残疾学生、烈士和优抚对象子女免除学杂费，同时按每生每年国家助学金标准资助，该县财政再给予每生每年一定的生活补助。在中职教育方面，对建档立卡家庭经济困难学生、低保家庭（含特困家庭）学生、家庭经济困难残疾学生免除学费，同时按每生每年国家助学金标准资助，县财政再给予每生每年一定的生活补助费；给予就读中职三年级的建档立卡学生每生每年补助。该县还加强完善少数民族助学金政策。对属建档立卡少数民族学生，除给予享受国家资助政策外，该县财政还每年补助初中、高中生。①2020年，该县继续制定落实学生资助制度，对接受各级教育的相关学生补助标准等具体如下：

一是对在公立幼儿园和民办合格园接受学前教育的建档立卡、低保等家庭经济困难幼儿给予补助，2020年春季学期合计补助338人（其中，建档立卡幼儿209人）。二是落实城乡义务教育阶段学生享受"四免一补"政策，即免除学杂费、免费提供教科书、作业本，寄宿生免住宿费，同时，对建档立卡、低保等家庭经济困难学生进行生活补助，2020年春季学期共补助1825人（其中，建档立卡学生1037人）。该县积极落实营养改善计划，在落实上级每生每年补助的制度基础上，该县财政再给予补助，真正做到寄宿生全免费就餐。三是对建档立卡、低保等家庭经济困难高中学生期初报名开辟绿色通道，免入学学费。同时，按标准进行资助，2020年春季学期共减免学费297人（其中，建档立卡学生161人）；发放助学金307人（其中，建档立卡学生161人）。四是落实中职教育全免除学杂费政策，对建档立卡、低保等家庭经济困难学生按标准进行资助。2020年春季学期共资助中职一、二年级学生51人（其中，建档立卡学生26人）。五是立足县情，加大补助。制定出台《SN县教育脱贫攻坚三年行动方案》文件，除落实各学段学生国

---

① 访谈资料来自2021年12月15日在SN县扶贫办对教育局工作人员LY的访谈。

家资助政策外，县财政还对全县建档立卡、低保等家庭经济困学生补助，2020年县财政拨付资金到乡镇，各乡镇发放落实资金，惠及建档立卡等家庭经济困难学生合计3000多人。六是面向异地，一个不漏。根据ND地区的相关文件精神，该县教育局会同扶贫办、各乡镇对义务教育阶段异地就读的建档立卡学生资助政策落实情况开展跟踪排查，如2020年6月份之内，合计向外省发出函件93份，已回函33份。异地就读已经接受生活补助费资助的学生有188人，15人自愿放弃资助。七是建立临时救助机制。对因国家资助政策覆盖不到位，临时因病、因灾等出现家庭经济困难的学生给予资助，2020年共资助4人[①]。

ZR县在落实福建省及ND市寄宿生营养改善计划资金，义务教育阶段免费提供国家课程教科书资金、义务教育阶段免作业本费等各项教育发展惠民制度外，还制定乡村学生教育应急救助制度，如出台《ZR县学生资助应急救助暂行办法》，对遭遇突发事件、意外伤害、重大疾病等，导致生活陷入困境的困难学生给予应急救助；扎实做好营养餐工作，制定《ZR县农村义务教育学校营养餐财务管理实施办法》，规范营养餐工作，截至2018年，该县享受营养改善计划学生总人数为3345人次。同时，ZR县落实中职生免除学费、中职国家助学金等制度。落实普通高中国家助学金制度，以及幼儿政府助学金制度等，学生受益面广，达到数万人次。FA市有效执行教育资助政策，落实家庭经济困难学生补助制度、实施大学生生源地助学贷款等制度，曾多年实现新生贷、续贷在人数和总量上持续位居福建省全省第一。

振兴乡村教育需要优先向民族地区和贫困地区倾斜，尽快缩小乡村内部教育平均水平差距，实现教育充分发展。为切实解决中小学大班额和进城务工随迁子女"上学难"的问题，福建省省级财政对接受农民工子女的城市义务教育阶段中小学校，特别安排消除大班额和改善办学条件的扩容改造专项补助资金。以FA市为例，该市建立保障"留守"儿童和进城务工人员随迁子女接受义务教育的制度，建立"留守"儿童档案，健全关爱教育网络。坚持"两个为主"原则，即以流入地区政府管理为主，以全日制公办中小学为主，统筹安排进城务工人员随迁子女入学，把外来务工子

---

① 访谈资料来自2021年12月15日在SN县扶贫办对教育局工作人员LY的访谈。

女的入学工作纳入学校的招生计划，确保辖区内外来务工子女都能在市属公办学校平等接受义务教育。

二 政府统筹管理、监督乡村教育振兴

国家、省及"县域"政府加强对乡村教育振兴的统筹、管理和监督等工作，尤其加强对教育振兴工作以及干部履职的统筹，对专项教育扶贫资金、控辍保学工作等工作制度管理、监督等，切实提升乡村教育振兴成效。

（一）统筹乡村教育振兴

县市区级党委、政府发挥统筹领导作用，深入推进乡村教育振兴。以SN县为例，该县加强党委统筹领导，成立由教育局书记、局长为组长的教育精准脱贫攻坚工作领导小组，领导小组下设办公室，把打好教育脱贫攻坚战作为重大政治任务，摆上重要议事日程，提升认识、强化政治担当。建立健全教育脱贫工作领导机制和有效运行工作机制，统筹协调，明确职责分工，细化政策措施，形成强大合力，确保教育脱贫各项任务落到实处。同时，加强部门之间协作，如该县教育局负责牵头实施教育脱贫攻坚工作，财政局负责落实教育脱贫攻坚资金保障，扶贫办负责业务指导和审核把关。

县市区领导干部加强教育振兴履职，实施脱贫攻坚挂牌督战。以LX州为例，2020年，按照LX州"拼命三个月 大干九十天 勠力夺取脱贫攻坚战全面胜利"统一要求，对当年拟脱贫摘帽的LX县、DX县义务教育有保障进行挂牌督战。对照贫困人口脱贫、贫困村退出、贫困县摘帽的教育脱贫标准，组织LX州相关局机关人员对DX县的38个挂牌督战村和LX县的38个包抓村"义务教育有保障"任务进行再比对、再梳理，并针对存在的问题，研究制定该州教育局教育扶贫挂牌督战计划，确立目标任务、靠实工作责任，全力做好挂牌督战工作。严防产生新的贫困户或脱贫户再次返贫，巩固提升脱贫攻坚成果。该州抓好问题整改工作，根据中央、省州及各有关部门反馈的教育脱贫攻坚中存在的问题，坚持问题导向，制定整改方案，强化工作措施，明确完成时限[①]。

（二）管理监督乡村教育振兴等

县市区提升乡村教育振兴管理，促进乡村教育发展水平提升。以XP

---

① 访谈资料来自2021年10月9日在LL州教育局对教育局工作人员BL的访谈。

县为例,该县深化教育"放管服"改革,加快教育主管部门行政职能转变,依照"自主管理、自主发展、自我约束、社会监督"的目标,落实教育行政权责融合清单23项,推进现代学校制度建设。落实中小学办学主体地位,扩大办学自主权,激发学校依法自主办学活力,增强学校发展动力。全面建设学校章程,落实学校依法办学主体行为,落实校长负责制,激发校长、教师教书育人积极性、创造性,推动基础教育公平发展和质量提升。发挥教育督导督政、督学、质量监测三项职能,建立健全督学选聘、管理和培训制度,落实挂牌督导责任,完善学校发展性评价、教师评价、学生综合素质评价体系,建立"依法办学、自主管理、民主监督、社会参与"的现代学校制度①。

县市区加强教育扶贫专项资金管理监督。2010年6月,国家确定厦门市帮扶LX州,至今已过十多年。XM市坚持"LX所需、XM所能"的原则,市、区两级投入LX州财政资金。财政资金主要投入于当地产业扶贫、劳务培训输转、健康扶贫、教育扶贫、安全饮水工程、安全住房保障、基础设施建设、贫困村整体提升工程以及贫困残疾人脱贫等项目,极大改善了LX州贫困乡村的面貌,激发了贫困群众脱贫致富的信心和力量,为LX州脱贫攻坚成功发挥了重要作用。其中,教育资金是厦门市投入LX州财政资金的重要构成,具体内容包括城乡义务教育补助经费、学校基本办学条件补助资金、学生资助补助经费等。LX州规范落实教育扶贫资金管理使用,具体为:

一是认真贯彻落实习近平总书记"完善资金管理,强化监管,做到阳光扶贫、廉洁扶贫"的重要指示、《甘肃省扶贫项目资金绩效管理实施办法》和甘肃省、LX州经济工作会议等文件精神,按"谁主管、谁使用、谁负责"的原则,强化制度建设,监督体系建设、风险防控建设、问责机制建设,推动教育扶贫项目资金管理职责落实、任务落实、目标落实、效益发挥。二是实行教育扶贫项目资金公告公示制度,对重大项目资金向社会公开、公示,做到公开透明,阳光操作。三是注重制度机制建设,建立健全资金保障体系,确保扶贫资金安全规范运行。近三年,该州健全完善项目资金管理制度,形成配套机制,以HZ县、LX县两县为例,HZ县就印发《HZ县农村义务教育阶段中小学预算管理暂行办法》,LX县印发

---

① 访谈资料来自2021年12月13日在XP县扶贫办对扶贫办工作人员LSY的访谈。

《LX县农村义务教育学生营养改善计划专项资金管理办法》、《LX县乡村教师生活补助实施方案》等，全面强化教育扶贫资金管理使用。四是加强事前、事中、事后监督管理，促使绩效管理效益发挥最大化，以完整监督管理环节和体系提升绩效管理质量。五是全过程狠抓执纪问责，构建扶贫项目资金风险防控体系，建立风险防控点，近三年，该州多次开展教育系统干部警示教育，筑牢教育扶贫资金"公开透明、阳光运行、廉洁高效"的基础，保障扶贫资金安全运行，发挥最大效益[①]。

县市区加强教育振兴控辍保学管理监督。以LX州为例，该州紧密围绕教育事业发展短板弱项，以教育脱贫攻坚为统揽，以控辍保学为核心，以项目建设为支撑，以精准资助为保障，以均衡发展为目标，聚焦政治任务，巩固提升控辍保学成果。把控辍保学工作作为教育脱贫攻坚工作的重中之重，制定出台《进一步加强控辍保学工作的意见》、《LX州控辍保学工作问责办法（试行）》和《LX州控辍保学工作"学长制"制度》，持续落实控辍保学学长制、八包八到位、动态监管、督导督查、考核问责等系列制度机制，增强工作合力。签订《控辍保学工作目标责任书》，组织各县市利用学籍系统数据、公安户籍数据、扶贫开发系统数据等对适龄儿童少年就读情况进行比对，逐一核实就读信息，落实劝返复学学生"一对一"帮扶制度，2020年，全州共劝返失辍学学生合计15007人，九年义务教育巩固率达97.23%[②]。

县市区考核教育扶贫相关部门，如福建省对XM市对口办工作开展情况有相应的监测和考核，考核的标准基本为国家相应的扶贫考核制度。XM市对口办出台教育扶贫考核工作制度时基本都征求XM市教育局等相关部门意见，具体包括各项帮扶措施落实的可行性等。XM市各区分别与LX州各州县签订教育对口帮扶协议，该协议也是XM市对口办对XM市各区进行对口教育帮扶监测的重要标准之一。除此之外，XM市各区教育局对教育对口帮扶台账等进行督查，重点考核各区相关学校和LX州各州县相关学校双方之间签订的协议是否得到有效落实。包括XM市基于经费安全的角度对其各区学校对口帮扶投入的经费进行审核。如审核XM市支教

[①] 访谈资料来自2021年10月9日在LL州教育局对教育局工作人员BL的访谈。
[②] 访谈资料来自2021年10月9日在LL州教育局对教育局工作人员BL的访谈。

教师的薪酬及交通费等相关经费。

县市区实施教育振兴廉政监督。以SN县为例，该县将教育脱贫攻坚政策落实情况纳入教育督查范畴，以保障义务教育、建档立卡等贫困家庭子女就学情况、资助状况为重点，相关股室结合日常业务指导学校开展教育精准脱贫攻坚工作。县教育局会同财政局、扶贫办督促各乡镇抓好工作落实。加强作风建设，把作风建设贯穿教育脱贫攻坚工作全过程。开展教育扶贫领域腐败和作风问题专项治理，切实解决责任落实不到位、资金管理使用不规范、工作作风不扎实等突出问题，以作风攻坚促脱贫攻坚。加大教育脱贫政策、项目资金安排等重要信息公开力度，完善学生资助等教育惠民事项公示制度，保障群众知情权，主动接受社会监督。以FA市为例，该市随着"双高普九"和"义务教育标准校"目标的实现，狠抓党风廉政建设。聚焦政治纪律、组织纪律和廉洁纪律，严格执行民主集中制、党务政务公开、重大事项向纪检监察机关报告等重要制度及领导干部述廉、谈话诫勉、工程项目施工约谈等廉政有关制度；健全廉政预警、纠错整改、内外监督、考核评价和责任追究机制，形成一整套行之有效的廉政监督防控体系；完善选人用人机制；严格"三公"经费管理。形成监督合力，做到关口前移，从源头上预防腐败。强化党内监督。全面落实从严治党主体责任，依法依规组织召开教育系统党委换届工作，指导支部开展换届工作。紧盯关键少数，加强对党员领导干部的监督和管理，重点加强对招生入学、物资采购、工程招投标、财务管理、干部任用、教师职称评聘、教育收费、教辅征订等重点领域、关键环节的监管。对于清理整治工作中发现的问题，认真开展查纠，做到核查、处理、化解"三个到位"。稳步推进"双减"工作，成立"双减"工作领导小组，全力推进学科类校外培训机构规范治理和学校主阵地建设。2020年，完成已审批学科类校外培训机构"营转非"登记工作，转型为非学科类培训机构2所，注销办学许可证6所，按照国家有关规定进行"营转非"工作4所。全市合计有55所中小学校、26所特殊类型学校开展课后服务，参与课后服务学生有70707人，参与率91.61%[①]。

[①] 访谈资料来自2021年12月25日在FA市扶贫办对教育局工作人员LWH的访谈。

第二节 社会振兴乡村教育

社会力量是乡村振兴的重要主体构成，社会力量参与乡村教育振兴形式主要为教育基金会和其他的个体、企业以及其他基金会等。其中，教育基金会形式多样，既有区域层面包括县级区域、街道级区域以及乡镇级区域等的教育基金会，也有各类学校设立的教育基金会，更有以个体命名个体设立的教育基金会。教育基金会汇集社会资金、人力等资源参与乡村教育振兴。与此同时，"县域"县市区社会力量参与乡村教育振兴也呈现出相应的特点，如东部教育基金会发展较多，较多依托区域教育基金会振兴乡村教育；西部区域发展教育基金会较少，较多依托区域外部的个体及企业、基金会等社会力量振兴乡村教育等。总体上，当前我国教育基金会发展规模较小、起步晚，处于起步阶段。但社会力量已成为新时期我国乡村教育振兴不可或缺的主体力量之一。

一 教育基金会振兴乡村教育

（一）区域教育基金会振兴乡村教育

区域教育基金会以东部教育基金会居多，西部教育基金会较少，按区域内部行政区域层级具体分为县市区级区域教育基金会、街道级区域教育基金会以及乡镇级区域教育基金会等形式，致力于奖励区域内部教师、资助特殊困难学生以及推动区域教育事业发展等。

1. 县级区域教育基金会振兴乡村教育

社会力量振兴乡村教育中，以县市区级区域层面为单位的教育发展基金会以 SN 县教育发展基金会为典型。该县教育基金会为地方性非公募基金会，登记管理机关是福建省民政厅，业务主管单位是 ND 市教育局，成立于 2008 年 12 月，以推进该县"教育强县"战略为目标，以开展经常性的全县奖教、奖学、助教、助学、改善办学条件及其他有关活动，促进教育及其他有关事业的健康发展为宗旨，广泛发动社会各界人士和在外乡贤、企业家积极捐资、献计献策，促进该县教育事业发展。业务范围为：资助 SN 籍贫困家庭学生，奖励优秀教师和学生，支持一些贫困乡镇在改革教育事业过程中遇到的特殊困难问题的解决。

SN县教育基金会设立背景为1998至2007年期间，该县一中由二类校降为三类校，多年未有学生考上清华大学、北京大学等国内名校。学生家长对县教育失去信心，纷纷将子女送往县外名校就读，导致该县中考成绩优秀的学生几乎全部外流，也增加了学生家庭负担。更让教育发展雪上加霜的是，许多优秀骨干教师也跳槽易主，大量流入ND市、FZ市等。如何留住优质生源与优秀教师？怎样挽救教育发展颓废的局面成了该县最急需解决的民生大事。2008年11月在北京召开的SN县第一届乡友企业发展恳谈会上，与会乡贤及商会代表积极响应该县政协的提议，发起成立"SN县教育发展基金会"，会议当场认捐资金。2009年春节期间，该县政协牵头组织召开教育基金会首次理事会，会议审议通过基金会章程，理事会、监事会名单，县政协主席LMS被推选为该教育基金会首任会长。基金会拟定从当年认捐的基金中支出部分资金用于奖教助学，其中，60%用于奖助学生、40%用于奖助教师[①]。

基金会成立之后，奖励的范围不断地扩大，奖励资金也不断增多。2009年该教育基金会奖教助学，达到496人次。在成立不到2年时间内的2010年，基金会获得大量社会捐资。基金会积极资助乡村教育发展，典型奖助个案为，该县XD乡TG村的一位学生，在2010年高考中以585分的成绩夺得该县文科状元，并收到"一本"重点院校华北电力大学的录取通知书，该学生成了全村第一个大学生。但学费和生活费让家境贫困的她一筹莫展，届时，该教育基金会按照奖教助学基金实施方案奖励其6万元，不仅解决了其燃眉之急，也圆了其大学梦，更激励了该村乃至该乡中小学生学习的积极性[②]。事实上，该学生仅是众多从该基金会受益学生的一个缩影。

2013年，该教育基金会奖教助学金合计有917人次。成立六年内，共奖励教师、学生有5000多名。教育基金会发展中，该县学生高考成绩每年均取得新突破，许多学子被浙江大学、上海交通大学、南京大学、复旦大学、中山大学等国内名校录取。2013年，该县高考本科上线学生人数有980人，"本一"人数跃升至272人，是2008年"本一"批上线人数的

---

① 访谈资料来自2021年12月15日在SN县扶贫办对教育局工作人员LY的访谈。
② 访谈资料来自2021年12月15日在SN县扶贫办对教育局工作人员LY的访谈。

7.5倍；2020年该县高考中，SN一中本科上线人数达745人，其中，上"本一"线297人，有两位学生被北京大学录取。教育基金会奖教奖学，不仅让无数寒门学子实现梦想、成就人生，而且激励了广大教师的积极性，更重要的是在社会上形成一种浓厚的尊师重教氛围，更有力助推该县教育事业优先发展。如2012年，该县顺利通过福建省"双高普九"验收，并以优异的成绩通过"两项督导"，被评为福建省教育先进县。该县教育步入良性发展的"快车道"，2016年秋季新学期前，该教育基金会制定出台关于2020年开展奖教助教、奖学助学公益项目经费预算实施办法①。

2019年，该县政协牵头组织在北京召开SN县教育卫生基金发展规划研讨会暨第二届乡友企业发展恳谈会，与会乡贤及商会代表再次为教育认捐。与此同时，在当地政府部门引导下，该县内14个乡镇均设立"奖教助学"基金，甚至部分村委会也成立教育基金会，募集资金。基金会的成立，打破了制约该县教育发展的资金"瓶颈"。截至2020年9月，该县教育基金会受益学校有119所次、受益师生达8954人次。此外，该县还设有县妇联春蕾助学、县工商联光彩助学、团县委阳光助学、省军区、市军分区、县武装部八一助学、民政局贫困助学、何宜武奖学金、黄仲贤奖学金、三祥奖学金、企业家个人助学等多种助学形式，政府部门助学外加社会力量助学等，有效推动了该县尊师重教良好氛围形成，促进了乡村教育振兴②。

还有一些县市区区域教育基金会依托宗族设立发展，以ZR县为例，该县本着发扬"孝友流芳"精神，团结宗亲、同心同德，做好崇学、重教、助老、济困，切实为ZR赵氏宗族昌盛发达、恒振家声做出贡献，该县2014年成立ZR赵氏宗族基金会。截至2018年12月，基金会募集资金，会员有170余名。近年，该教育基金会不断完善会长治理机构，制定基金管理办法，推进基金会有序健康运转，为族内贤达、宗亲、学子搭建了一个相互学习交流的平台③。

县级区域教育基金会是面向"县"层级行政区域范围内举办的教育基

---

① 访谈资料来自2021年12月15日在SN县扶贫办对教育局工作人员LY的访谈。
② 访谈资料来自2021年12月15日在SN县扶贫办对教育局工作人员LY的访谈。
③ 访谈资料来自2021年12月21日在ZR县扶贫办对教育局工作人员HT的访谈。

金会，属较高层级的乡村教育基金会。其产生的背景主要为县级教育出现优质生源乃至优秀教师流失的问题，这不仅给学生家庭带来额外负担，也影响县级区域教育发展质量与水平。但同时，其产生也需要相应的支撑条件，如区域具有乡贤文化以及慈善文化等、具备整合及运作社会资金资源的可能条件；同时，县级区域教育基金会还与妇联、工商联等县级政府相关部门协同合作，共同助力区域社会教育事业高质量发展。县级区域教育基金会的发展也在乡村教育振兴中发挥了独特作用，如及时资助了乡村经济困难学生就学，奖励优秀教师投身教育事业等，促进了乡村学生成长成才、教师教育事业追求，推动了区域教育事业高质量发展。

2. 街道级区域教育基金会振兴乡村教育

县市区也较多在街道层面设立教育发展基金会，其中，以FD市TS街道教育基金会为典型，该教育基金会属于非公募基金会。宗旨为：奖学助教，扶困济学。原始基金数额为人民币104万元，由TS街道下属企业FD市城北城市建设投资有限公司和FD市岙里工业项目污水处理有限公司作为发起人，鼓励社会各界人士、爱心企业自愿捐资[①]。该教育基金会接受主管单位FD市人民政府TS街道办事处的业务指导和监督管理。

该教育基金会业务范围为：一是奖励辖区内优秀教师集体和个人。奖励对象是SY小学、TB中心小学、TN小学、TS中心幼儿园、机关幼儿园教师集体和个人。奖励项目具体包括教育质量奖、教育英才奖、教育科研奖等。教育质量奖主要奖励幼儿园学校工作全面有序推进，当年度小学每学年在全市教学质量综合评比中被评为优秀等次即（A类校前三名）或幼儿园在全市年检中被评为优秀等次。教育英才奖主要奖励辖区内学校教师，即当年度获ND市市级及以上教育主管部门评定的名校长、名师、名班主任、学科带头人、骨干教师，给予一次性奖励500—2000元；辖区内学校教师，当年度获得FD市市级及以上政府授予优秀教师、优秀班主任、优秀教育工作者、劳动模范等荣誉称号，给予一次性奖励500—2000元；以及其他应该奖励的对象。教育科研奖主要奖励当年度现场公开课、技能大赛、科研成果等获得ND市市级一等奖以上教师，奖励获奖教师每项次为500—2000元；指导师生参加教育主管部门主办的各项赛事活动获省级

[①] 访谈资料来自2021年12月21日在ZR县扶贫办对教育局工作人员HT的访谈。

二等奖（或第二名）以上，奖励指导老师 500—2000 元；以及其他应该奖励的对象①。

二是奖励辖区内优秀学生。奖励对象主要为 TS 户籍 FD 学籍的考生。奖励项目有：中、高考成绩名列 FD 市前 10 名考生，奖励其 1000—2000 元，中、高考成绩名列 ND 市前 10 名考生，奖励其 2000—3000 元，高考成绩名列福建省前 10 名考生，奖励其 10000—30000 元；考上"985"、"211"重点院校的 TS 街道在职在岗干部职工及村（社区）两委成员子女一次性奖励其 2000 元；以及其他应奖励的对象②。

三是资助辖区内困难师生。助学资助对象为家庭经济困难的 TS 籍学生。资助标准为：给予小学、初中阶段贫困生每学年 500—2000 元资助；高中（中专）阶段贫困生每学年 1000—3000 元资助；困难大学生入学 2000—3000 元资助，大学阶段贫困生每学年 1000—3000 元资助。申报方式为受助对象通过个人申请、学校初审、村（社区）复核、街道办事处审核的办法，每学年第一学期申报一次。助教资助对象为 SY 小学、TB 中心小学、TN 小学、TS 中心幼儿园、机关幼儿园教师集体和个人③。

四是举办相关公益性活动。主要适当补助辖区内学校在"六一"、"教师节"期间举办的相关教师、学生慰问及节庆活动；资助以该基金会名义主办、协办的教育、文化、体育等相关公益性活动；资助辖区内举办的教育、文化、体育等相关公益性活动④。

五是定向捐赠。社会各界人士、爱心企业定向捐赠资助款转入该教育基金会账户，并提供接受资助的困难学生名单，按程序予以资助；定向捐赠资助的助学奖励和帮扶名单通过前期走访调查、信息核实、材料收集最终确定，其中，首批奖励和帮扶学生共有 15 人⑤。

街道级区域教育基金会也是县市区乡村教育基金会的重要构成部分。其业务范围较广，资助对象涵盖幼儿园、小学、初中等不同层次学校的贫困学生以及教育教学质量优秀的教师；奖励方式也较为多元化，具体包括

---

① 访谈资料来自 2021 年 12 月 21 日在 ZR 县扶贫办对教育局工作人员 HT 的访谈。
② 访谈资料来自 2021 年 12 月 21 日在 ZR 县扶贫办对教育局工作人员 HT 的访谈。
③ 访谈资料来自 2021 年 12 月 21 日在 ZR 县扶贫办对教育局工作人员 HT 的访谈。
④ 访谈资料来自 2021 年 12 月 21 日在 ZR 县扶贫办对教育局工作人员 HT 的访谈。
⑤ 访谈资料来自 2021 年 12 月 21 日在 ZR 县扶贫办对教育局工作人员 HT 的访谈。

颁发资金、授予荣誉称号等。但其对资助对象也有一定的要求，如要求资助的学生需要具有本地的户籍。实际上，其业务范围除了资助相应的师生外，还包括举办一些公益活动。与县级区域教育基金会相比，其发展不同之处在于，乡镇级教育基金会更多的是由区域相关企业协同，即获得相关企业的资金等支持。

3. 乡镇级区域教育基金会振兴乡村教育

"县域"县市区乡镇层面教育发展基金会振兴乡村教育，以 FA 市教育基金会为典型。在 FA 之南莲花山脚边的平原上，有个古老的城池"莲城"，现为 GT 镇所在地。GT 是朱熹讲学过的地方，GT 镇人民重视教育，近年来，随着办学条件不断改善，教育质量不断提高，尊师重教氛围也日益浓郁，GT 镇教育事业整体态势向好，培养出了一代又一代的优秀学子。但该镇教育发展存在不充分，教育保障后劲不足等问题。为实现"教育强镇"发展目标，该镇紧锣密鼓筹办教育发展基金会。于 2021 年 9 月 6 日获得《FA 市民政局关于同意登记 FA 市莲城教育基金会的批复》和《基金会法人登记证书》，在随后的两个月内，该教育基金会做了大量实际工作，举行莲城教育基金会成立大会暨 2021 年优秀教师座谈会，即 2021 年 9 月 17 日下午 GT 镇举行莲城教育基金会成立大会。FA 市莲城教育基金会启动资金是由 21 位本土企业家及爱心企业共同捐资作原始基金，用于奖励优秀教师，补助小学生午餐，资助品学兼优经济困难学生等，推动 GT 镇教育事业发展。该教育基金会的成立，开创了该镇文化教育发展的新篇章，也更好地服务和鼓舞广大师生。基金会的成立仅是一个开始，发展需要更多爱心力量的扶持，需要更多仁人志士奉献力量、参与教育，从而共同改善该镇教育面貌。为促进该教育基金会的可持续发展，基金会向 GT 镇社会各界和关心 GT 镇发展的爱心人士发出捐赠倡议。实际上，YJ 县一些乡镇也成立有教育发展基金会，近年来，累计资助家庭经济困难各学段学生达 3000 人次[①]。

(二) 学校教育基金会振兴乡村教育

学校教育基金会是教育基金会的另外一种形式，主要依托各级各类学校设立，目前总体上，大部分县市区发展有学校教育基金会。以 FA 市为

---

① 访谈资料来自 2021 年 12 月 25 日在 FA 市扶贫办对教育局工作人员 LWH 的访谈。

例，2018年，该市成立了ND市民族中学教育发展基金会。该教育发展基金会把"提高ND市民族中学教育质量和办学水平，培养优秀民族人才，推动民族教育事业的发展"作为最高目标。业务范围主要是：一是资助ND市民族中学发展建设，扶持学校特色课程、系统优化、培训师资、提高教师素质、建设教育教学基础设施，创立福建省少数民族教育示范校，推动民族教育事业扎实发展。二是资助奖励优秀教职工和品学兼优在校学生，资助校际学术交流，支持与学校教育教学有关的其他项目。三是资助困难学生和救助特困教师。四是资助ND市兄弟民族学校发展民族教育事业。五是资助开展与少数民族小学对接的项目，把培养具有民族特色生源质量纳入培养民族优秀人才计划的前置。该教育发展基金会严格遵循公益活动的业务范围，积极开展各项有助于民族教育教学的活动。注重自觉自律，讲求诚信。接受行业监管，以及主动接受政府、上级组织、社会公众、新闻舆论的监督，积极履行社会责任。基金会于2021年5月11日，获得了福建省财政厅、税务局和民政厅认定的公益性社会组织2020至2022年公益性捐赠税前扣除资格。基金会成立之时，得到福建省光彩事业促进会的支持，获得TH集团股份有限公司捐赠注册资金，同时，YGC集团福建有限公司、QZ香槟置业发展有限公司、福建PP食品有限公司和ZRST置业发展有限公司都给予捐赠。2020年12月，基金会还获得了HR慈善基金会CDW先生捐赠。民族中学的校友也积极为基金会成长壮大添砖加瓦。基金会积极开展民族中学教育教学的硬件建设和师生奖、助工作。根据学校的实际情况和基金会的承受能力，还制定了《ND市民族中学教育发展基金会教育教学奖励办法》，并提交学校九届七次教代会审议通过执行，助力该校民族教育事业发展[①]。

学校教育基金会总体而言，数量较多、规模却较小，往往由一些具有发展特色或者知名度较高的学校设立。其业务范围也较多，包括资助学校发展建设、资助奖励学校校内优秀教职工以及品学兼优在校学生，资助学校学术交流，资助经济困难学生和救助特困教师等。学校教育基金会的资金来源以及运营发展等，较多地得到了学校校友支持，同时，也部分地获得了校外知名社会公益人士的资助与支持。

---

① 访谈资料来自2021年12月25日在FA市扶贫办对教育局工作人员LWH的访谈。

(三) 个体教育基金振兴乡村教育

除了各级区域积极发展教育基金会外，"县域"一些县市区还发展有以个体名字命名的个体教育基金会。以 FA 市为例，为稳步提高教育软硬件水平，汇聚社会多方力量，加大优秀教师奖励力度，提高困难家庭学生资助水平，顺应 FA 市教育发展需要，2021 年 8 月 26 日 FA 市 HL 教育基金会正式挂牌成立。该基金会为慈善组织属性，以助推 FA 市教育事业发展，树立校企合作新典范，感受 FA 市奋斗、拼搏的优秀企业家精神为发展宗旨，由 DN 银行企业家 SYH、SFL 发起筹备。两企业家基于感恩家乡人民，寄望通过基金会成立实现回馈家乡、回馈社会，振兴家乡教育事业；两人表示未来将持续带动更多中小企业家，实现更多校企合作，共同支持家乡教育发展，传承奋斗、拼搏的企业家精神，促进文化复兴、百业兴盛的美好愿景早日实现。基金会原始基金数额为 200 万元人民币，业务范围包括募集并管理基金，支持 FA 市教育教学、科研，开展奖教助学和社会公益交流等活动。成立后，基金会坚守公益宗旨，做好扶助贫困师生，奖励优秀师生，资助有关教改、科研项目、改善办学条件、教师培训等工作，促进 FA 市各类教育事业发展，如 2021 年，该基金会奖教、奖学金发放仪式分别在 SL 中心小学、SL 中学举行，SL 乡人民政府 HX 乡长、基金会 SFL 在仪式上勉励师生为 SL 教育事业的发展和人才的培养做出更大的贡献。同时，以 FD 市为例，2018 年 10 月 "FD 市 HX 教育公益基金会"正式成立。该基金会由 FD 一中 90 届校友、SZ 市 HXY 实业有限公司董事会 HHZ 出资创立，以"发展公益事业，营造 FD 城市教育公益氛围，促进当地教育事业持续发展"为宗旨，致力于奖励品学兼优学生；奖励对教育事业改革和发展做出突出贡献的个人和单位；资助学校教育事业发展；举办公益学校和幼儿园；以及其他公益活动。基金会的设立是企业家对家乡及母校培育之恩的感谢表达，更传达了企业家情系教育、造福桑梓的坚定信念。基金会让该市更多优秀的教师、学子以及相关的教育群体受益。"

ZR 县也设立有教育基金会，如 GH 教育基金会，该基金会成立于 2005 年 9 月 26 日，主要为帮助困难的学生以及奖励品学兼优的贫困大中专生。基金会举办者为 XH 投资集团有限公司负责人。XH 投资集团有限公司投资涉及工、商、房地产业领域，业务拓展至教育等公众服务业。集团在北京、上海、香港、福建、江苏、海南等省市设有分支机构及参、控股企业，是一家多元化、跨地域跨行业经营的集团性公司。2007年，该集团有下属企业8家，员工1600多人，企业总资产近13亿元，年经营能力达10亿元以上。集团负责人WGH富有社会责任心，对社会的回馈从1998年事业刚有起色便开始，主要分为无偿投资教育产业和无偿捐赠两部分。他对家乡的捐赠不余遗力，主要集中在教育领域，是较早试图建立慈善捐赠长效机制的福建商人。如1998年，他向ZR县捐资设立新海助学基金，旨在扶贫救困，帮助贫困学生完成学业。在此基础上，2005年他在ZR县捐资设立"GH教育基金会"；2007年，他向福建省扶贫开发协会提出每年都捐赠，采用"XS助学金"的形式，资助100名困难学生[①]。

个体教育基金会较多的由企业家设立。企业家基于回馈家乡社会发展或者助力教育事业发展等原因而设立教育基金会。同时，设立教育基金会的企业家，其企业发展一般具有一定的规模，可以为基金会发展提供相应的资金等资源保障。基金会的运营发展也较多的得到了区域其他企业家的助力支持，也因此，个体教育基金会的发展取得了相应的成效，不仅资助了区域社会贫困学生成长成才、优秀教师发展，也带动了更多具有热爱教育事业情怀的企业家参与到教育事业建设当中来，投身乡村教育振兴。但个体教育基金会也存在不足之处，即一般发展规模较小。

二 其他社会力量振兴乡村教育

其他社会力量也是乡村教育振兴力量的重要构成。西部"县域"县市区振兴乡村教育的社会力量较多来源于外部，东部"县域"的县市区振兴乡村教育的社会力量较多来源于内部。县市区正基于内部、外部社会力量合力，汇集教育资源共同振兴乡村教育。

（一）"县域"内部社会力量振兴乡村教育

县市区政府倡导和推动社会力量振兴教育，外加一些县市区捐赠文化浓厚，爱心人士及企业积极捐资捐赠振兴乡村教育，尤其是一些县市区内部的社会力量能够积极参与振兴乡村教育。以SN县为例，该县出台《SN县教育精准扶贫工作实施方案》，发动社会力量开展帮扶，对在学前教育、

---

① 访谈资料来自2021年12月21日在ZR县扶贫办对教育局工作人员HT的访谈。

义务教育、普通高中、中职教育、高等教育等各阶段就学的建档立卡贫困户等家庭经济困难学生全面资助，如2018年，该县共资助贫困学生1625人。该县社会力量参与职业教育振兴，2019年，FQ集团权属企业DN汽车开展对口帮扶SN职业技术学校，开展合作协议签约、授牌、赠车仪式并成立"DN汽车专班"。"汽车制造与检修"是SN职业技术学校新兴专业，该班以"订单培养"模式进行招生和专业教学，在人才培养、职业规划与就业方向等方面与东南汽车开展深度合作，实现校企优势互补。该班也成为了企业"以智力投资支援老区贫困家庭脱贫致富"的精准扶贫新模式①。

县市区内部社会力量参与乡村学校教育振兴，如DX县第五中学是一所农村独立初中，属于公办，始建于1976年春季，并于同年秋季从考勒乡迁至那勒寺乡，校址在NLS镇NM村BT社，地处DX县东南部，占地面积50亩、建筑面积5544平方米。在学校发展中，当地社会力量积极捐资参与，如在1995至1997年期间，NLS镇XWF村青年企业家MGY不忘家乡教育发展，捐资对学校进行修建，交付使用教室2栋，面积为192平方米。2006年，该校被列为国家农村寄宿制学校建设项目，中央拨专款，修建教学楼1栋、约1021平方米，学生住宿楼1栋、有793平方米，学生食堂1所、有150平方米，总面积为1964平方米。其间，该企业家再次捐资，对学校原有教室、宿舍进行维修，重建该校校门和部分围墙，学校道路硬化一条②。

DX县TW回民小学地处DX县TW镇内。TW川内群山环绕、洮水北依、山川秀丽、景色宜人。风景秀丽的TW，同时也是教育发展重地。该小学是DX县兴办最早、规模最大、设备比较完善的一所中心小学，主要以回族、东乡族、汉族学生为主，校内环境优美，学习氛围浓厚。自古以来，TW人民特别重视教育，改革开放以来，有志于家乡教育事业的TW人民继往开来、再接再厉、兴学助教，为培养家乡子女做出贡献，育蕴"捐资助学"的崇高风尚。20世纪80年代以后，还进一步掀起"捐资助学"高潮，捐资助学成为一种时尚、一种光荣、一种责任感、一种受人尊

---

① 访谈资料来自2021年12月15日在SN县扶贫办对教育局工作人员HT的访谈。
② 访谈资料来自2021年10月25日在DX县教育局对教育局工作人员HDP的访谈。

敬的义举。正是因为获得社会力量捐资捐赠，该校校址扩大，建设起现代化的教学大楼，在全州率先实现了"一无两有"，开创了以"捐资助学"为核心的造福桑梓的"TW 精神"。20 世纪 90 年代始，建立了一幢三层高的教学大楼，有教师 70 多名，学生 1000 多名①。

"县域"内部社会力量振兴乡村教育实践中，政府积极推动社会力量振兴乡村教育，出台社会力量振兴乡村教育的相关制度文件，倡导社会力量对学前、义务、高中等各教育阶段就学困难的学生进行资助，或者参与区域职业院校人才培养、通过智力投资的方式支援贫困学生脱贫致富等。另外一方面，社会个体也是乡村教育振兴的主要构成。如一些企业通过捐资捐赠等方式参与乡村各级各类学校建设发展。此外，重视教育的社会文化也能够促进乡村教育振兴，如一些县市区乡村区域具有重视教育发展的氛围及传统，其人民能够积极参与教育事业振兴。

（二）县域外社会力量振兴乡村教育

西部"县域"一些县市区外部社会力量积极参与乡村教育振兴。以 YJ 县为例，自 2018 年开始 XMXA 投资集团和 XF 集团每年为其 XS 中心小学分别资助教学设备设施款，期限为三年；两集团各出资购置图书；开展帮扶建档立卡户贫困学生助学活动，由该县结对学校推荐 10 名建档立卡贫困户家庭在校学生，三方签订结对帮扶协议，两集团各负责资助 5 名学生，资助期限为三年；开展党员自发结对帮扶活动，两集团党员自发捐款设立"党员爱心助学基金"，结对学校负责推荐 10 名建档立卡贫困户家庭的在校学生名单，三方签订结对帮扶协议，两集团各党总支开展党员爱心助学结对，助学期限为三年②。

又如 2019 年，XM 市 XY 爱心基金会组织爱心人士，为该县 LH 学校免费捐赠图书、物资等，捐赠图书合计有 1169 册。XM 市 XA 区实验一小为 YJ 县移民小学捐赠图书 2350 本，家庭结对 6 名学生。致公党 XA 总支为 XS 乡 ZT 小学捐赠图书和精品书包。2020 年，XM 市 XA 区教育局又为该县对接帮扶资金，用于资助贫困学生和购置学校图书。XA 区社会各界为资助 DJ 中学爱心超市捐助的物资，并带领 MX 青年创业促进会为该县 SY 镇 LH 小学 97

---

① 访谈资料来自 2021 年 10 月 25 日在 DX 县教育局对教育局工作人员 HDP 的访谈。
② 访谈资料来自 2021 年 10 月 17 日在 YJ 县教育局对教育局工作人员 WZZ 的访谈。

名学生捐赠校服，走访慰问 4 名贫困生，发放救助金。疫情期间，XA 投资集团有限公司向 XS 乡中心小学捐赠防疫物资，XM 市 XA 区 HB 小学为结对帮扶校资助 XL 中小学爱心捐款，用于购买学生校服、书包、水杯等爱心用品①。正如访谈中，YJ 县教育局工作人员 JSY 谈道，"XM 学校对我们的帮扶，他们发动 XM 的孩子、老师们对我们帮扶，XM 学校就发动老师和学生转了钱给我们，这个数字挺大的，XM 的老师还有家长们都来帮扶。还有一些不是学校帮扶，就像 XM 的一些慈善机构啊，他们也来帮扶我们教育，也是属于社会力量帮扶，来支援我们的教育发展②。"他继续谈道，"截止目前，有教育基金进来，就是通过 XM 市区教育局，还有团委项目，妇联项目，统战部项目等捐赠，项目实施目的是教育，比如，妇联他们组织帮扶，赠送学生图书，最后帮助到的是我们的青少年。"③

西部一些县市区各学校发展获得外部社会力量参与。如 YJ 县 LJX 中学是一所具有现代化教学手段的标准化独立初中。学校建于 2001 年 8 月，占地面积 15331.8 平方米。教学综合楼内设置有该省配套设施一流的多功能大厅、微机室、音乐室、语音室、化学、物理、生物实验室、图书室、资料室、体育活动室等；校内有标准足球场、篮球场。建设中，就获得外部社会力量新加坡华侨 CYC 夫人 CMF 女士捐资④。

东部一些县市区各学校发展也获得外部社会力量参与，如 ND 市高级中学位于 ND 市 JC 区，为公立全日制高中，是福建省一级达标中学。2000 年 12 月，经 ND 市政府批准，学校由 ND 师范转制为 ND 市高级中学。2014 年 3 月被评定为福建省二级达标高中，2021 年被评定为福建省一级达标高中。有专任教师 112 名，中、高级教师占教师总数的 68%，其中，高级职称 31 名，中级职称 41 名，主要学科教师的本科学历达标率为 100%，硕士研究生占教师总数的 5%。学校不断引进富有教育教学经验的骨干教师和高校优秀毕业生充实师资队伍，注重师德教育，强化教师团队协作精神。内增凝聚力，外树新形象，教师的敬业奉献精神和关爱学生的作风，得到了社会各界的好评，先后被评为省级"花园式单位"、市级

---

① 访谈资料来自 2021 年 10 月 17 日在 YJ 县教育局对教育局工作人员 WZZ 的访谈。
② 访谈资料来自 2021 年 10 月 18 日在 YJ 县教育局对教育局工作人员 JSY 的访谈。
③ 访谈资料来自 2021 年 10 月 18 日在 YJ 县教育局对教育局工作人员 JSY 的访谈。
④ 访谈资料来自 2021 年 10 月 17 日在 YJ 县教育局对教育局工作人员 WZZ 的访谈。

"文明学校"、市级"平安校园"。学校发展中，获得县市区外部社会力量支持，如2007年11月接受XGTJB基金会捐赠，经增挂"ND市TJB高级中学"牌子，于2009年4月被评定为福建省三级达标高中①。

以KL县教育发展获得TA区社会力量帮扶为例，创新建立两地同龄学生家庭帮扶结对工作。2019年6月底，TA区与KL县相应的学校、幼儿园建立两地同龄学生家庭结对帮扶共130对，开展以"爱心助学、捐书赠物、心愿交流、书信交流"等为主要内容的结对帮扶活动。爱心家庭对受助小朋友在日常生活、思想品德、文化学习、心理健康及家庭教育等方面给予实实在在的帮扶；结对校（园）每个月跟踪指导爱心家庭帮扶工作并及时汇总相关工作情况小结，落实结对帮扶工作。同时，TA区支教教师主动争取社会爱心人士从资金和物资方面予以帮助，如，TA区XT小学捐赠物资助力KL县CD小学贫困生的生活、学习；TA区第三实验小学向KL县DJ小学捐赠物资；DS中学、WL学校赴KL县对口帮扶学校开展慰问支教教师活动并援助FC初中改善学习美术室、舞蹈室的配套设施；支教教师积极争取社会爱心人士捐资捐物16场次②。

"县域"外部社会力量振兴乡村教育。外部社会力量的构成主要为国有企业经济组织、非营利社会组织等。其具体采取为"县域"东、西部县市区各级各类学校捐赠图书、教学用具等设施设备，以及为经济困难学生资助资金，为各类学校选派支教教师，开展结对帮扶等方式。团委、妇联等政府相关部门也通过教育项目等相关形式参与乡村教育振兴。实际上，无论"县域"西部还是东部县市区都有大量区域外部社会力量参与振兴乡村教育，甚至还有国外成功企业家通过捐资捐赠形式参与我国"县域"乡村教育振兴。总体上，"县域"外部社会力量参与乡村振兴教育取得了较好成效，但其发挥的作用主要为助力乡村教育振兴。

第三节 市场振兴乡村教育

市场力量在"县域"县市区乡村教育振兴中参与较少，仅有少量的企

---

① 访谈资料来自2021年12月9日在ND市扶贫办对扶贫办工作人员WF的访谈。
② 访谈资料来自2021年10月23日在KL县教育局对工作人员WGS的访谈。

业家或者教育家通过个体或者集团办学形式振兴乡村学前教育、义务教育、高中教育或者职业教育等，主要通过独立办学或者与公办学校合作办学的形式振兴乡村教育，且集中在县域的城镇区域。同时，市场主体振兴乡村教育中呈现出，东部县域相对于西部县域而言民办学校数量较多一些，且总体上民办学校师资力量较强、待遇较好，教学质量高，生源好，但民办学校学费也较公办学校高。

一 市场力量独立办学振兴乡村教育

"县域"县市区企业家个体或者公司集团实施独立办学的形式振兴乡村各类学校教育，以 ND 市实验学校为典型，该校是由浙江 HLL 教育集团投资创办的一所集精英小学部、精品初中部、名师高中部于一体的全日制学校。坐落在 ND 市中心城区，紧挨市政府，背依 LH 山城市生态公园，面朝碧波荡漾的 SDA，环境幽雅，交通便捷。学校占地面积 90 亩，建筑面积 42977 平方米，绿化用地面积 5608 平方米，建有行政楼、教学楼、实验楼、公寓楼、食堂和环湖景观等，拥有理化生实验室、音乐室、美术室、舞蹈室和校园安保网络等，教室实现白板教学并安装空调。该校以"传承博雅文化、创办精致教育、突显学校特色、造就国际公民"为办学目标，秉承"中国情怀+国际视野"，"个性培育+精英素养"宗旨。ND 市教育局从公办学校中推荐选拔校长，该校第一任校长为 ZJA（2003—2008），ND 一中原校长；第二任校长为 ZFJ（2009—2010），第三任校长为 GYG（2011—2012），原 ND 一中副校长、ND 市 JC 区宣传部原副部长；现任校长 LXT，是全国校长、中国管理科学研究院研究员、全国教育专家。该校聘请国内外著名专家为顾问，建设有一支特色鲜明、目标一致、团结和谐、敬业高效的管理团队。董事长 CGT 是著名企业家、ND 市浙江商会会长、全国民办教育十大杰出人物；总顾问 WSS 是我国当代著名教育改革家；总学监 YYD 是 ND 市人大原常委、市教科文卫工委原主任。学校还聘请课程改革家、高效课堂专家、特级教师、教育部课题组研究员、古典语言博士、留德博士、脑力开发专家、成功学专家等组成顾问团队，为学校发展献计献策。

该校前身是 ND 市 DQ 实验学校，2003 年 6 月由 ND 一中、ND 师范附小联合创办。2004 年 9 月，ND 市教育局依据 ND 市政府专题会议精神变更为非公制学校。ND市政府转发的《市教育局关于ND市DQ实验学校办学方案》明确了市政府对学校的支持政策：NDDQ实验学校的主管部门为市教育局。文件允许公办学校教师到该校任教，保留公办教师身份不变，工龄、教龄、社保等可以继续计算。2009年，该校并入浙江HLL教育集团，升级更名为ND市实验学校，成为ND市教育局直属民办学校。2010年该校创办小学部，形成小学、初中、高中一条龙办学优势；2012年创办国际部，形成国际国内合作办学优势；2013年成功转型、创办国际精英部，实现"基础教育，精英教育，国际教育"的融合；2016年推进特色特质多元凸显，实现省市"领航"；2018年提出"开创实验新时代"，向全国名校挺进；2019年提出"不忘初心、牢记使命、立德树人、铸就品牌"的品牌发展主题。其中，小学部注重学生全面发展，办出素质教育特色；2018、2019年该校小学六年级在全市质检总体成绩中名列市区前茅，尤其是英语学科夺得市区第一名；校本课程国学太极、机器人创客教育获得教育部、文化部、体育总局、武术协会的关注和推介，在省、市、国家、国际级有关赛事上均获得优异成绩，列入市级试点学校。初中部2018、2019连续两年中考成绩在全市154所初中学校（含公办、民办）中，综合排名全市第一，且各学科平均分第一、及格率第一、优秀率第一。高中部在生源质量远低于当地公办高中的情况下，实现低进高出，连年七年保持提高率全市第一的发展态势。学校先后获得中国民办教育百强学校、中国民办教育先进学校、福建省民办教育先进单位、4A级平安校园、福建省"明橱亮灶"A级单位等荣誉称号。共有76个教学班，在校学生人数3484人，其中，小学部969人、初中部957人、高中部1558人，是中心城区人数规模最大的学校。学校共有教职员工294名，其中，专任教师209人、专任教师学历100%合格、中级以上职称教师70人。学校近半数教师为ND市各县（区）拔尖选调的公办骨干教师，同时面向全国高薪聘请特级教师、省市骨干教师、学术学科带头人、本科毕业生和硕士生以及外籍教师，组建强大教育团队①。

NDSD中学也是一所市场力量独立办学的学校，学校是直属ND市JC区教育局的第一所全日制民办初级中学，创办于2001年，以"树报酬本、

---

① 访谈资料来自2021年12月9日在ND市扶贫办对扶贫办工作人员WF的访谈。

以德为先"为育人主旨,"诚信办学、质量取胜"为办学理念,全面实施素质教育,大力推进教学改革。经过不断探索和实践,学校以"志当存高远"为校训,以"依法执教、以德治校;以人为本、全面发展;诚信办学、质量取胜;做强做大、创办名校"为办学理念,以"素质教育—多方渗透重兴趣,养成教育—培养习惯重成效,特色教育—因材施教重发展"为办学特色。学校有两个教学区,是该区唯一一所实现班班多媒体教学的初级中学。有教学班36个,在校生约1800人,教职工119人,专任教师92人,学历100%达标,其中,高级教师21人、中级教师30人、本科学历67人。学校由QAJ先生投资兴办。校内环境幽雅,整洁美观,设施齐全,建有一条百米塑胶跑道,拥有多功能教室、电脑室、图书室、阅览室、实验室和篮球场等配套设施,在学校的赞助下,70%的教师拥有笔记本电脑。学校先后获得"素质教育先进校""文明学校""平安校园"等荣誉称号,获得社会和家长的赞誉和好评。学校努力办好人民满意的教育,办学规模逐年扩大,力度不断提高,以全面提高教育教学质量及较高的升学率而闻名,以培养特色学生而出色,每年在中考、市抽考、区统考中,都取得优异的成绩,市一中录取率、达标中学录取率、各科平均分、及格率在该区皆位前列[①]。

同时,FA市DY学校也是市场独立办学的典型学校,该校创办于2004年,是一所高标准、多元化办学的九年一贯制民办寄宿学校,是FA市的一所可以与FA一中等公立重点高中享受同等比例定向生、保送生政策优惠的私立学校。学校建筑面积23000多平方米,拥有演艺厅、游泳池、健身房等先进多功能设施。实行校董事会领导下的校长负责制,建立以校长决策为中心的组织网络和指挥反馈体系。小学部、初中部根据各自的职能、职责特点和规律,相对独立又相互协调地开展工作。该校以"培养学生关键能力,为学生终身发展与适应时代奠基"为办学理念,办学宗旨为努力创设宽松育人环境,注重个性发展,推行人格教育,实现学业精良、和谐发展的模式,培养综合素质优秀的智慧之人。学校教育目标为:从人格发展、体质达标、学业精进三个方面塑造适应社会要求的学生;引导学生主动自觉地学会做人、学会学习、学会发展、学会欣赏自我和他人,促

---

① 访谈资料来自2021年12月9日在ND市扶贫办对扶贫办工作人员WF的访谈。

进整体素质和个性特长全面和谐发展，并为终身打下良好的基础。学校教育理念为：继承和发展LH教育集团、FA实小的优良传统，力争语言教学情感性，数学教学渐进性，英语教学情景性，品德和生活教学实践性，信息教学网络性。对学生的心理人格、学习能力、体格要素等进行全面引导和监护，加强师生互动，学生互动；加强课程整合；激发个性发展，培养探究兴趣。

该校占地约60亩，有在校学生4500多人，教职工300多人。设立有小学部、初中部。小学部有25个教学班，1178名学生，学制六年，并设有语文、数学、英语、音乐、体育、美术、电脑、科学、社会、生活与实践等课程；教师86人，小学高级教师12人，本科学历62人，FA市级以上骨干教师26人。初中部有45个班级，学制3年，学生3000多人；专任教师136人，中学一级教师46人，中学高级教师18人，所有教师学历达到本科以上，硕士学历3人，FA市骨干教师26人，ND市级骨干教师16人，福建省级骨干教师8人，有10人获得FA市市级教师技能大赛一等奖，6人获得ND市教师技能大赛一等奖。学校实施双语教育，是FA市唯一一所从一年级起就实施英语与语文、数学同步教学的九年一贯制学校。同时聘请多名外籍教师从一年级起进行"开放互动式"英语口语课堂教学，并免费为学生开展"母语式"英语口语培训。该校以"器物、雅行、传统、兴趣"为德育工作核心，在兴趣培养上坚持"人人有特长，班班有特色"，培养"德艺双馨、阳光自信、健康活泼"的学生。依据《中华人民共和国民办教育促进法实施方案》第二十七条"民办学校享有与同级同类公办学校同等的招生权，可以自主确定招生的范围、标准和方式"等相关文件精神，开展招生工作。生源较好，如2019年秋季学校初一合计招生有864人①。

XP福建HX高级中学也属市场力量独立办学典型，该校位于XP县城关南峰山下，按省一级重点达标中学建设，是福建省二级达标中学，作为ND市第一所全封闭式寄宿制普通高中，经过14多年的办学，学校拥有成熟的封闭式管理经验。该校以"为每位学生终身发展奠定基础，实现多层次学生的最优发展"为办学理念，坚持"脚踏实地、自强不息、敢为人先、勇创一流"的精神，以培养"学会做人，学会学习，学会创新"为育

---

① 访谈资料来自2021年12月25日在FA市扶贫办对教育局工作人员LWH的访谈。

人目标。强化"质量就是学校的生命"的意识，注重学生人格、人文精神、创新等教育，重视学生的个性发展和特长培养，打造学校先进文化力、促进学校核心竞争力提升，努力创办一所在该区域乃至福建省一流的高质量民办学校。董事长兼校长 XDJ 先生为中学物理特级教师，是中国首届百名杰出校长、浙江省首批"名校长"培养对象、浙江省教坛新秀、WZ 市首批"名校长"、WZ 大学 OJ 学院客座教授、WZ 市物理学会副会长、WZ 市民办教育协会副会长，有多个教科研课题和多篇论文在国际、国内荣获一等奖。学校建有 14000 多平方米的教学楼，每个教室均配有多媒体教学设施；7000 多平方米的实验楼；400 米标准塑胶跑道田径场、草皮足球场、篮球场、排球场、羽毛球场和网球场等体育设施；2000 平方米的体育馆和图书馆；5000 多平方米的教师公寓三幢；18000 多平方米的学生公寓楼一幢，房间内配有空调、独立的卫生洗浴设施和阳台；6000 多平方米的餐厅一座，能够满足 3000 多名师生同时就餐需求[①]。

该校教育教学成绩突出，获得了"2020 年全国 500 强中学"、"全国国防教育特色校"、"全国青少年校园足球特色学校"、"全国青少年道德培养实验基地"、福建省"二级达标高中"、福建省"民办教育先进单位"、福建省"语言文字规范化示范校"、福建省"心理健康教育协作校"、ND 市"消防安全示范校"、ND 市"实施素质教育先进校"、ND 市"教学常规管理先进学校"、XP 县"最美校园"等荣誉称号。学校组建有一支爱岗敬业、师德高尚、业务精湛、善于合作的优秀教师团队，其中，9 个文化学科各聘请一位浙江省中学特级教师担任学科顾问，指导该校教学科研工作，全面提高学校教育教学质量。该校招生生源好，以 2022 年招生为例，2022 年学校招收高一新生 1000 多人。其中，专门面向 XP 县招收 750 人，具体为：实验班 250 人，统招 500 人。面向 ND 市自主招收"清北精英班"70 人，由各县、市（区）初中应届优秀毕业生自主报名，报名条件为中考招生录取分不低于中考总分的 85%。该校实施奖免资助，对品学兼优且家庭贫困的学生实施减免学杂费，资助生活费等助学制度[②]。

XP 县 FN 学校是市场力量独立办学典型，该校坐落于城区中心、交通

---

① 访谈资料来自 2021 年 12 月 13 日在 XP 县扶贫办对教育局工作人员 HXZ 的访谈。
② 访谈资料来自 2021 年 12 月 13 日在 XP 县扶贫办对教育局工作人员 HXZ 的访谈。

便利，是ND地区第一所具有一定规模的民办学校。该校坚持"以人为本"的教育思想，以传承创新校园文化为切入口，以"健康身心、现代文明、厚博知识、自主发展"为育人目标，实施阳光德育的育人方略，构建阳光德育校本课程，营造"健康、阳光、和谐、发展"的育人氛围，提高学生思想道德素养，倡导学生"生活简单化、学习刻苦化、精神高雅化""情趣高雅、举止优雅、谈吐儒雅"，促使学生昂扬自信、青春活泼、积极向上、儒雅文明、全面发展。以"倾注教育爱心，造福CX学子"为办学宗旨，以"学生快乐学习，健康成长；教师热爱工作，愉快生活"为办学目标。秉持"一切为了学生的发展"，"人人都可成才"的教育思想和"成人、成才、成功"的教育理念，坚持"以质量求生存，以特色求发展"的办学方向，走内涵发展道路，培养"诚实守信，文明守法，勤奋进取，自强不息"的"豪迈的FN人"。学校的办学方针为，学校是学生的乐园，要让学生在学校里觉得快乐，让学生喜爱学校、喜爱学习、喜爱老师，发挥学校教育的最大效能。从精神上关爱学生，尽可能地为学生服务好是办学的首选方针。该校促进人的智力发展，感化学生的行为举止，提高他们终身的生活质量，改善学校的教育和学习环境。该校重视体育和艺术类学科，全力营造艺术和书院氛围。把对学生的培养目标定在一个高层次上，对教师素养提升提出高要求。每年度招收初一新生24个班级，每年度招收高一新生10个班级①。

县市区企业集团独立办学是市场力量振兴乡村教育的另外一种方式，如PHZX学校是企业集团独立办学振兴乡村教育的典型，该校坐落于中国蜜柚之乡PH县，是由著名企业家、纽交所上市企业—ZZZX集团董事长LJH先生于2005年独资创办。ZX集团是全球最大的商用车轮制造企业，涉及医疗、教育、养老、旅游等产业。该校在校师生有8000多名。目前，ZX集团旗下共有两所全日制中学，分别是ZZZX学校和PHZX学校。2006年，集团公司创办合计达6000人规模的PHZX学校和ZZZX高考辅导学校。2008年，发展了一所超现代化、寄宿制、全封闭、幼小中学一体的ZZZX学校。集团以省三级达标校标准规划、设计和建设PHZX学校。该校拥有较为先进且完善的教育教学设施和优美的校园环境，硬件设施能够

---

① 访谈资料来自2021年12月13日在XP县扶贫办对教育局工作人员HXZ的访谈。

引领 ZZ 市各中小学。该校占地面积 151040.9 平方米，校园布局合理，分区明确，教学区、生活区、运动区相邻而互不干扰，在校生有 5982 人，生均占地面积 25.25 平方米；绿化面积 49568.4 平方米，生均面积 8.29 平方米；学校的普通教室、教学办公室、科技活动室、地理教室、生物园地面积和间数与学校规模相适应，校舍建筑面积 83201 平方米，生均 13.9 平方米，其中，130 间中小学教室均配备多媒体系统，教学办公室 51 间，科技活动室 1 间 500 平方米，地理教室 1 间 108 平方米，生物园 1 间面积 3600 平方米，均达到省定技术装备一类配备标准要求。生、理、化三科的实验装置、仪器设备、药品、标本全部按教育部颁发的一类标准配置。教师演示实验和学生分组实验开出率达 100%[①]。

该校以"人正则立，品正则兴"为校训，以"给每一个 ZX 学子完整、快乐、幸福的教育"为办学理念，小学、初中和高中教育并举，狠抓常规打基础，强化管理促规范，打出亮点创品牌，以特色办学，用科学管理，促进学校健康发展，使学校达到省级达标校要求，为可持续发展夯实有力基础。该校建设良好的教师待遇制度，教师年薪资含班主任补贴、另有年度荣誉奖金，以及"五险一金"、过节费（含教师节、春节），同时还为教师提供标准配置住宿。依托 ZX 集团雄厚经济实力支持，该校不断优化、强化师资队伍，在全国范围内高薪聘请一批教育精英，引进众多有多年教学经验的骨干教师、充满活力的优秀青年教师，形成一支老、中、青相结合结构合理的教师队伍。其中，有骨干教师 100 多名，年龄均在 40 岁以下 30 岁以上，年富力强可胜任教学重任。该校以 ZX 企业文化为导向，借鉴企业管理模式，形成一套独特的操作评价模式。为加强教学常规的量化管理，该校结合实际，对教学常规的执行、考评等提出具体细致要求。校长亲自审定新授课、复习课、讲评课三种课型备课标准，并规定备课组的备课流程。每节课的教案都必须送至集团审查，经审查通过之后方可授课。校长还对备课组集体备课、教师听评课、教学反思、学生作业批改等作了详细规定。在这些规定出台之后，集团派专员小组检查落实情况，量化评分，检查结果与教师考核相挂钩。通过标准的制定与执行，该校教学教研工作得以规范高效运行。在教学常规管理制度方面，制定有《PHZX

[①] 访谈资料来自 2021 年 11 月 9 日在 PH 县扶贫办对教育局工作人员 FZZ 的访谈。

学校高中教学常规管理办法》《课堂45分钟教学安排建议》《PHZX学校校内考试命题工作条例》等系列制度。该校建立规范办学的长效管理机制，严格执行福建省颁布课程计划，大力实施素质教育；严格执行上级指示，规范招生管理；严格执行"一费制"，规范收费行为；尊重学生人格，依法维护和保障广大师生的身心健康和合法权益，做到依法治校和依法执教。实行校长负责制、教师聘任制和年度考核，强化奖罚激励机制，实施教师绩效考核制度和构建教学评价体系，高效利用教学资源，大胆拓展育人天地，致力于推进课程改革，彰显课堂生命力，坚持向课堂45分钟要质量，全面实施素质教育。在教学常规管理之外，集团严抓德育后勤工作，制定相关考评标准，并直接参与到考评工作中。集团每月派专员小组对ZX学校进行德育常规工作考评，对考评结果评分进行量化。通过该种竞赛方式，相互促进相互补充，德育常规管理都有明显的改善和提高[①]。

  ZZ实验中学是企业集团独立办学，是DS教育集团打造的第一所独具办学特色的优质民办学校，坐落于ZZ市LW区，校园面积8.8万平方米，建筑面积64000平方米，主要建筑及一切教学设施、生活配套均与国际先进水平接轨，按高起点、高标准配备。在营造"人文校园"、"绿色校园"、"和谐校园"的理念指导下，已成为ZZ教育的模范学校之一。该校2002年12月经ZZ市政府批准，由ZZ一中初中部整体转制创办ZZ一中分校。2006年8月创设高中部。2009年10月正式定名为ZZ实验中学。目前拥有100多个教学班，在校师生7000多人，是福建省办学规模最大的全日制完全中学之一，教师300余人，为ZZ市办学规模最大的全日制普通中等学校之一。该校是福建省唯一被福建省教育厅列入高中试点的民办学校；福建省唯一一所被评为HEB工业大学"优秀生源基地"的民办学校。2010年荣获"全国民办教育先进单位"表彰；2011年通过"福建省义务教育达标学校"验收，2011年被确认为"福建省首批初中语文基地校"；2012年被授予"全国特色教育示范单位"荣誉称号；2013年被评为HEB工业大学等重点大学"优秀生源基地"，2013年与BJ外国语大学正式签约合作办学，开创国际化办学新格局；2014年被确认为"福建省高中英语基地校"；2015年荣获"中国民办十大知名品牌学校"、"全国青少年校园

[①] 访谈资料来自2021年11月9日在PH县扶贫办对教育局工作人员FZZ的访谈。

足球特色学校"等称号；2016年被福建省教育厅确定为"福建省二级达标高中"；2020年被HEB工业大学等重点大学授予"优秀生源基地校"[①]。

ZZXC学校是企业集团独立办学，是XC房地产集团（福建）有限公司于2003年7月独资创办的全日制民办小学。坐落在ZZ市区，毗邻XM经济特区。该校把创建特色品牌作为奋斗目标，以先进的教育理念办学，以优秀的师资队伍兴学，依靠优越的办学条件和良好的教育质量，得到社会各界的充分认可和赞誉。2008年以来，集团陆续投入资金，征地40亩，按照《福建省义务教育校舍建设标准》新建12285平方米教学楼，校园选址和布局科学合理，校门宏伟壮观，四周围墙封闭并安装有监控系统；校园内花圃造型各异，花草树木争艳，给人一种"校园建在花园里，花园就在校园中"的感觉，整体安全整洁、美观庄严，并配置先进的教学设备。教学楼有多媒体教室60间，电脑、美术、音乐、语音、科学、舞蹈、综合实践等专用教室15间以及可容纳300人的多功能阶梯教室1间，图书阅览室、心理咨询室等公共教学用房7间；教师办公室、行政办公室等办公用房28间。2009年，集团投资兴建一座六层带电梯、共有150个房间、面积10160平方米的宿舍楼，每个楼层都有活动室和公共淋浴房，每个房间有独立盥洗间和卫生间，宿舍装空调，每生一床位，安全舒适、整洁美观。为解决寄宿生日益增多，原餐厅偏小，就餐拥挤等状况，2012年，该校又兴建3200平方米的大餐厅，配备先进的厨房设施，并专门聘任高级烹饪技师、高级公共营养师。现有61个教学班，2900多名学生，教职员工近300人。其中，150多位专职教师均向社会公开招聘，择优录用，持证上岗、学历达标、科学配套，一专多能，建设有一支朝气蓬勃、富有创新精神的教师队伍。该校坚持党的教育方针，积极推进素质教育实施，重视校园文化建设，不断改善校园育人环境，校容校貌整洁优美；重视德育工作，不断加强德育队伍建设，加大德育实践力度，努力使学生形成良好的行为习惯和思想道德品质。该校是全国教育科学"十一五"规划课题"新经典"诵读实验校，福建SF大学"本科函授点"、MNSF大学"心理学科研与实践基地"，先后荣获ZZ市"XC区非公企业示范党支部""ZZ市德育工作先进单位""福建省民办教育先进单位""福建省民办中小学

---

① 访谈资料来自2021年11月7日在ZZ市扶贫办对教育局工作人员LL的访谈。

办学特色示范学校"等荣誉称号①。

西部县市区中，也有少量市场力量独立办学的典型案例，以 LXZC 中学为典型，该校是 LX 州第一所经教育部门批准成立的民办中学，成立于 2004 年，坐落于 LX 市大夏河南岸南滨河路中路，学校投资用于征地、校舍建设、实验室等投入，现拥有教学楼一栋、宿舍楼一栋；共有高中 3 个年级 5 个班、初中 3 个年级 8 个班、近 500 名在校学生。该校全面贯彻执行党和国家的教育方针，认真执行各项政策法规，端正办学思想，全面实施素质教育，取得显著的成绩，形成了良好的校风、学风，教育教学质量跨入全州前列，获得社会各界赞誉。中国教育家协会教育总评榜曾授予 LXZC 中学"教育改革发展创新贡献奖"，该校是甘肃省唯一获此殊荣的教育机构，校长 LYR 先生获得"全国教育改革创新杰出校长"荣誉称号；学校承担有教育部"校本科研引领和促进基础教育质量提升研究《十字教学法，创建高效课堂的研究》"课题实验项目。办校以来，该校加强教师队伍建设，一方面通过培训不断提高教师自身素质，另一方面通过各种途径引进人才，增加教师队伍人数。该校教师由市教育局分配的公派教师和学校自主招聘教师两部分构成。中学共有教职工近百人，有 24 名教师是从教育部直属六所师范大学毕业的免费师范生，其中，毕业于北京师范大学的教师 3 名，毕业于华东师范大学的教师 2 名，毕业于陕西师范大学的教师 13 名，毕业于西南师范大学的教师 4 名，毕业于华中师范大学的教师 1 名；有 20 余名教师毕业于西北师范大学；部分中青年教师由外县调入、具有丰富教学经验；除此之外，该校还聘请兰州大学、厦门大学、西安交通大学等名校毕业生到学校参与教育教学工作②。

东、西部县市区均有市场振兴乡村教育的成功实践案例，也因此，市场力量成为我国乡村教育振兴的重要构成。市场力量主要由企业家个体、公司集团等构成，他们或者采取自身独立办学的形式，或者采取与公办学校联合办学的形式参与乡村教育振兴，参与形式较为多样。其之所以能够成功参与乡村教育振兴，主要原因在于乡村社会具有发展教育需求，但现有的教育资源难以满足其发展。实际上，市场参与我国乡村教育振兴还处

---

① 访谈资料来自 2021 年 11 月 7 日在 ZZ 市扶贫办对教育局工作人员 LL 的访谈。
② 访谈资料来自 2021 年 10 月 9 日在 LX 州教育局对教育局工作人员 BL 的访谈。

于起步阶段，其在参与的过程中不断获得政府给予的师资、招生、场所等制度优惠扶持。市场参与乡村教育振兴实践具有特色，也总体上能够践行"立德树人"的发展理念，能够围绕区域经济社会发展战略需求，以及能够以培养德智体美劳全面发展人才为人才培养目标。但相较而言，"县域"东部县市区市场力量参与乡村教育振兴实践无论是从数量上或者规模上都较西部多一些，这或许与西部市场经济发展较不发达有关。

二 市场与政府、社会联合办学振兴乡村教育

与政府、社会联合办学，是市场力量振兴乡村教育的重要形式，尤其是"县域"东部县市区。以FACS中学为典型，该校是一所私立中学，创办于2001年7月，与FA市第四中学合作办学，高中部设在FA市第四中学。该校董事会办学指导思想为"办教育是善事，教好一个孩子，幸福一个家庭；办好一所学校，造福一方社会"。以"崇尚和谐、力求进步、追求卓越、享受教育"为办学理念，成效显著，先后获得"福建省民办教育先进单位"、"ND市民办教育先进单位"、福建省"义务教育标准化学校"等荣誉称号，多年"教学质量综合比率"居FA市第一位。现有教职工121名，32个教学班，学生1700余人。该校注重师资发展，尤其是在新教师成长方面实施多样化措施：一是对新教师进行岗前培训，帮助新教师顺利上岗；二是给予新教师配备"师傅"，并对师徒结对帮扶活动及成效进行跟踪、考核；三是营造青年教师成长氛围，关心呵护青年教师成长，及时帮助青年教师解决工作和生活中的具体困难；四是助力青年教师专业成长，适时开展相关活动，让青年教师在教育教学工作践行中获得从"谋术"到"悟道"的升华；五是开展新教师汇报课活动，搭设青年教师课堂教学"比武擂台"，对教育教学能力较强的青年教师给予激励。该校教师主要为全日制本科大学毕业生或优秀专科毕业生，多数具有从教经历；教师工资待遇方面不低于公立教师的标准，并享有"五险一金"，每年还另有发放一定数额的绩效、奖金和过节费，还可参加与公立教师一样的职称晋级评聘。该校在招生方面，主要依据《中华人民共和国民办教育促进法实施条例》第二十七条"民办学校享有与同级同类公办学校同等的招生权，可以自主确定招生的范围、标准和方式"等以及其他相关文件精神，具有较好的生源，以该校2019年初一新生招生工作为例。招生工作具体如下：2019年秋季初一计划招生11个班、594人。要求若第一志愿填报该校的人数不超过招生指标，则全部录取，在FA市教育局规定的时间开展注册收费工作；若2019年FA市初中招生第一志愿填报该校的学生人数多于学校2019年秋季初一招生人数，则按该教育局规定的时间进行学校自主招生及摇号派位，以及按该校初一招生名额数的75%进行自主招生、25%进行摇号派位。自主招生的对象为省内外小学毕业生。自主招生后未被录取的学生可参加该校在市教育局组织下的公开摇号。摇号后，若有剩余指标则转为自主招生指标。总体上，该校招生生源好①。

XP县FN中学也是市场力量参与政府、社会联合办学振兴乡村教育，该校占地53亩，拥有教学楼、宿舍楼、食堂、综艺馆等，建筑面积达20000多平方米，拥有300米环形塑胶跑道和各类球类运动馆。校内环境优美，布局合理，配备有电脑室、音乐室、美术室、多媒体教室等专业教学实体设施，藏书十多万册。有两个教学部，分别为初中部、小学部。教学班22个，在校生1260人，其中，高中部15个班级、830人；初中部7个班级、430人。该校于1998年由该县企业界人士ZGF、原该县SC镇WX村委会及教育界人士联合筹资创办，实行董事会领导下的校长负责制，校长室下设有办公室、教务处、德育处、总务处。教务处下设各学科教研组，并定期与其他兄弟学校开展教研活动。面向该市招收初中毕业生，并对当年中考分数达到当地一中录取线的学生全免学杂费，并编入"宏志班"学习。校董事会历来对表现突出、学业优秀的学生奖励并对录取国家重点本科院校的考生重奖，以实际行动实践股东"造福FN桑梓子弟"的办学初衷。办学过程中，该校不仅注重对学生开展思想素质教育和传授文化知识，同时，还根据生源实际情况，开展各项有益于学生多面向发展的教育、教学和社会实践与活动，促进相当部分学生获得正规教育，学到文化知识，同时促进学生的爱好和特长得到有效发挥。多名学生在参加该省、市、县级教育主管部门或其他单位举办的各类竞赛中表现优异。其中，学生作文比赛获得国家级二等奖1人、三等奖1人，省级一等奖1人、二等奖2人，奥林匹克化学科竞赛获市一等奖1人、三等奖2人。校刊

---

① 访谈资料来自2021年12月25日在FA市扶贫办对教育局工作人员LWH的访谈。

《校星报》获得全国校刊比赛一等奖。自创办以来共为中国科技大学、北京信息工程学院、中央民族大学等各级各类高校输送 260 多名优秀毕业生和为社会培养 1600 多名合格人才。该校办学规模不断扩大的同时，办学质量稳步提高，得到各级领导、社会各界和家长的高度赞扬。该校注重学生的德育、品行教育，通过开展爱心扶贫、环保行动、学生社团、拓展训练实践等系列活动让学生懂得感恩，学会担当和独立思考，培养学生吃苦耐劳和团队精神、拥有爱心、高尚的人格和社会责任感。该校根据《福建省教育厅关于做好 2022 年普通中小学招生入学工作的通知》、《中共福建省委教育工作领导小组秘书组关于切实落实规范民办义务教育发展工作的通知》和《ND 市教育局关于做好 2022 年普通中小学招生入学工作的通知》等文件精神，结合该县实际，该校开展招生工作成效良好，以 2022 年为例：2022 年该县小学毕业生 6802 人，初中计划招生 6802 人，该校就招收七年级 600 人①。

　　BDPW 学校是市场力量与政府、社会联合办学振兴乡村教育，该校也是政府重点民生工程项目，为一所按国家示范性学校标准建设的集幼儿园、小学、初中、高中及国际部于一体的全日制学校，属私立学校。学校占地面积 276 亩、建筑面积 16 万平方米，各类设施设备齐全，智能化管理系统覆盖全校。可提供幼儿园、小学、初中、高中和国际教育等 8000 个优质学位。遵循"国际化、现代化、精英化、高品质"的办学定位，致力于办成一所具有中国气质与世界胸怀的中西合璧的新型现代化国际学校。通过中外教育融合，关注学生的人格养成和个性发展，培养"身心健康、阳光自信、视野开阔、乐于探究"的具有中国灵魂和国际视野的时代精英。学校"五合一"特色办学。学校荟萃的精英教师用科学的教学方法培养全面发展的精英学子。家教辅导中心实行"导师制"，根据学生学习基础、学习实际进行个性化"培优辅弱，让每个人成为最好的自己"。学生托管中心实施学校、学部、年级、班级、宿管部五管齐下，创造性地开设生存课程、生活课程、生命课程。学生在校可以按时作息、三餐三点，营养配餐。教育学生生活自理、学习自觉、行为自律、个性自主。特长培训中心落实艺体教育分层、分类跑班上课，组建各种艺体社团，确保每个

---

① 访谈资料来自 2021 年 12 月 13 日在 XP 县扶贫办对教育局工作人员 HXZ 的访谈。

学生每年掌握两项体育技能、学习两个艺术特长，让每个学子身体健康、心态阳光、多才多艺、儒雅优雅。学校综合实践基地通过校园"读书节""体育节""科技节""艺术节"等校园节日，让学生与"老师"面对面交流，在导师的引领下进行课题研究，设计探究实验，主动学习、探究学习。学校还定期组织学生走出校门，走进社会、走进自然，组织校际、国内、国际游学活动，让学生"读万卷书、行万里路"。生活环境温馨，按照国家一级校园标准建设，校舍建筑全部采用环保材料，确保学生拥有健康无污染的成长环境。宿舍环境清幽，配有空调、热水器、饮水机等设备。该校聘请专业营养师团队，配置品种多样、营养均衡的膳食餐饮。师资力量及福利待遇较好，教师结构合理，专业能力强，拥有一批全国著名特级教师、骨干教师、学科带头人、优秀班主任，还挑选部分毕业于重点大学的优秀毕业生、研究生担任助教，全国知名校长 YQF 先生担任该校校长。全体教职工有 460 余人，教师三分之一来源于集团名师队伍，三分之一来源于全国高薪聘请的名师，三分之一来源于全国优秀院校毕业的学生。教师待遇好，青年教师年薪 6 万—10 万，每学年根据考核结果享有调薪机会；教师享有子女入读学费全免优惠、六险一金、学年绩效奖金、带薪法定节假日、带薪寒暑假、节假日礼金、公寓住宿、健康体检等福利；建设有入职培训、拓展训练、集团内训、海内外交流学习机会等培训机制[①]。

ZZ 科技学院也是县域东部县市区市场力量与政府、社会联合办学的典型学校，该校是经福建省人民政府批准、教育部备案，具有独立颁发高等教育毕业证书的全日制民办普通高职院校。学院占地面积 1300 亩，校舍面积 18 万平方米，学制三年，下设茶学院、商学院、食品科技学院、艺术设计学院、建筑工程学院五个二级学院。师资主要来自国内外著名大学的教授、博士、硕士以及海内外的知名学者。是国家"十二五"科技支撑项目及援外培训项目承担高校、国家骨干教师培训项目及农业农村部、国台办批准培训项目实施基地、全国妇女创业就业培训示范基地、全国第一所具备招收外国留学生、台湾学生资格的高职院校。该校与集美大学、福建农林大学、闽南师范大学、福建工程学院等本科院校开展"专升本"学

---

① 访谈资料来自 2021 年 12 月 9 日在 ND 市扶贫办对教育局工作人员 HPS 的访谈。

历教育，并与台湾高苑科技大学、大同技术学院、育达科技大学、国立艺术大学和美国托马斯大学等一批知名高校开展校际合作和出国留学业务合作[①]。

市场参与乡村教育振兴并积极创新实践。其中，市场与政府、社会联合办学促进乡村教育振兴便是一种重要的实践形式。政府、市场和社会各具教育资源，市场联合政府、社会办学，其实质是三者之间将相应的教育资源整合。但实践主体主要为市场，政府较多在制度层面给予支持，社会则在资金以及物质等方面给予相应投入。市场在参与乡村教育振兴中，为乡村学校教师提供相应待遇保障。其师资来源更为多元化，既有退休教师也有刚毕业入职教师，师资队伍质量总体较好。在招生方面，生源质量较好，甚至一些学校因为获得政府给予的相应招生指标等制度支持，还面向国外招生。在学生管理方面，能够对在校就读的学生实施严格管理。因此，市场参与乡村教育振兴实践取得了良好成效。

第四节 小结与讨论

本章第一节主要描述政府主体振兴乡村教育。党的十八大以来，党中央、国务院空前重视乡村振兴工作，地方各级政府落实乡村教育振兴制度，以及制定出台乡村教育振兴相关制度，履行统筹、监督、管理乡村教育振兴等职责，推进乡村教育振兴。基础设施建设是乡村教育振兴的前提，县市区政府开展乡村教育设施建设规划，优化教育设施规划布局，"县域"县市区以 XP 县、LX 州等积极建设乡村教育设施建设规划制度为典型。在优化完善乡村教育设施建设规划基础上，县市区出台及落实乡村教育各类学校基础设施建设文件，为乡村教育振兴奠定良好的硬件基础。

教师振兴是乡村教育振兴的关键，"县域"各县市区实施乡村教育教师振兴相关制度。为稳定乡村教师队伍，实施乡村紧缺师资代偿学费计划，及时补充新教师。同时，优化乡村教师配备制度，包括实施教学点教师专项招聘制度，以及乡村校长助力提升工程和乡村教师素质提升工程等，提高乡村师资队伍水平；制定落实乡村教师管理制度，以 XP 县为典

---

① 访谈资料来自 2021 年 11 月 7 日在 ZZ 市扶贫办对教育局工作人员 LL 的访谈。

型，该县深化教师人事制度改革，建立常态的教师补充机制，以及实施"县管校用"的义务教育教师管理制度等。完善发展乡村教师编制配备以及培训经费制度等，也是乡村教育教师振兴的重要内容。

乡村教育振兴需要乡村学生帮扶及教育等相应制度支撑。乡村经济困难、"留守"以及"残障"等特殊困难群体学生较多，县市区制定落实学生"控辍保学"制度，紧盯教育最薄弱领域和最贫困群体，努力阻断贫困代际传递。制定落实乡村义务教育帮扶，以及乡村义务教育减免、资助等帮扶制度。

国家、省级及"县域"县市区政府加强履行统筹、管理和监督乡村教育振兴等工作职责，尤其发挥党委统筹领导作用，加强对教育振兴工作干部履职的统筹，对专项教育扶贫资金、控辍保学等方面工作的政策制度管理，以及实施教育振兴廉政监督等，提升乡村教育管理水平，促进乡村教育振兴成效释放。

本章第二节主要描述社会振兴乡村教育。社会力量是乡村振兴的重要主体构成，参与乡村教育振兴的社会力量主要为教育基金会和其他的个体、企业以及基金会等。教育基金会形式多样，既有区域层面教育基金会，也有以各类学校命名的教育基金会，更有以个体命名的教育基金会。其中，区域教育基金会包括县级层面教育基金会，以 SN 县教育基金会为典型；也包括街道级层面教育基金会，以 FD 市 TS 街道教育基金会为典型；还包括乡镇级层面教育基金会，以 FA 市 LC 教育基金会为典型。教育基金会汇集资金，致力于区域教师奖励、特殊困难学生资助以及教育事业发展等工作。除了各区域积极发展教育基金会外，一些县市区还发展以个体名字命名的个体教育基金会，以 FA 市 HL 教育基金会以及 ZR 县 GH 教育基金会等为典型。

个体、企业以及其他类型基金会等也是乡村教育振兴社会力量重要构成。"县域"西部县市区振兴乡村教育社会力量较多来源于外部，以 YJ 县为典型；"县域"东部县市区振兴乡村教育的社会力量较多来源于内部，受各级政府倡导和推动，外加此类县市区捐赠文化浓厚，区域内爱心人士及企业等社会力量积极捐资振兴乡村教育，以 SN 县为典型，县市区正是基于内部、外部社会力量合力，汇集教育资源共同振兴乡村教育。

本章第三节主要描述市场振兴乡村教育。市场力量在乡村教育振兴中参与较少，仅有少量的企业家或者教育家通过个体或者集团办学形式振兴乡村学前教育、义务教育、高中教育或者职业教育等，或者采取独立办学的形式，或者通过与公办学校合作办学的形式振兴乡村教育，且集中在县域城镇区域创办教育。同时，市场主体振兴乡村教育呈现出东部县域相对于西部县域而言，民办学校数量较多一些，且民办学校师资力量较强、待遇较好，教学质量高，生源较好，但学费也较公办学校高。

以 ND 市实验学校发展为典型，该学校是由浙江 HLL 教育集团投资创办的一所集精英小学部、精品初中部、名师高中部于一体的全日制学校。同时，FA 市 DY 学校、福建 HX 高级中学、LXZC 中学等也是典型案例。本节还描述企业家个体或者集团公司市场力量采取与政府、社会联合办学的形式振兴乡村教育。其中，以 FACS 中学与 FA 市第四中学合作办学、XP 县 FN 中学等为典型。

第四章 乡村教育振兴内容

第一节 乡村教育基础设施建设

近年,随着国家乡村振兴战略实施,乡村教育振兴内容愈加丰富、多元化,具体包括乡村教育基础设施建设、教师队伍建设、质量提质增效等,但同时,乡村教育振兴呈现出不充分特点,乡村教育内容虽然实现了质的发展。但乡村教育基础设施建设薄弱,乡村学生就读学位不足,各县市区加大乡村教育基础设施设备建设,无论东部还是西部县市区各类乡村学校设施建设均取得良好成效。

一 乡村教育基础设施建设

（一）乡村教育基础设施不足问题

随着城镇化发展战略实施、农村劳动力转移至城市等,乡村学校教学点逐步缩减。以FA市为例,该市乡镇学前教育以及义务教育等学校及教学点数量不断缩减,2011年该市的FK乡只剩1所小学和5个教学点;SL乡只剩1所中心校和YX完小校;XY镇只剩1所小学和两个教学点;XW镇只剩1所小学和4个教学点;SK镇只剩1所中心校、两所完小校和1个教学点;TT镇只剩1所中心校、两所完小校和5个教学点。乡村不仅义务教育学校及教学点数量减少,而且学生的数量不断减少,如该市最小的教学点FK乡SZZ教学点,就仅有1名学生和1名教师。[1]

通常,几乎每一个乡镇都建立有一所中学、小学,行政村则主要根据村庄人口发展趋势设置小学或者中学。实际上,乡村大部分中青年劳动力

---

[1] 访谈资料来自2021年12月25日在FA市扶贫办对教育局工作人员LWH的访谈。

流向城市，家长外出务工的同时都带子女一同前往，导致许多乡村学校缺乏生源、从而自然消亡。未来，乡村学校学生的数量也将日益减少。但与此同时，乡村学生从乡村一线乡镇学校向县城优质学校流动就读的可能性也越来越小，乡村教育基础设施不足。以福建省ZZ市PH县为例，访谈中，访谈对象CYP谈道，"PH县县城学校招生中，出现向县城学校招生1800个，招完了县城学校学生后，再招收300个优质学生，然后再向乡镇学校招学生2000人，一个年级其实就5000个学生，向县城招了2100人，再向乡镇学校招2000人，就没有多少名额留给乡村一线学校的学生就读了，那乡村一线乡镇学位无法满足学生就读需要"[1]。

以乡村一线乡镇学前教育设施发展为例。按照相关制度要求，每个乡镇至少兴办一所公办幼儿园，但相关制度并未要求每个行政村都设立公办幼儿园。通常，乡村公办幼儿园缺乏教师，主要是代课教师、村庄幼儿园主要是民办，且每年招收教师数量都增加。当前民办幼儿园管理并不规范。国家基于安全管理角度考虑，要求乡村二线县城安排政府相关部门监管民办幼儿园，如今年国家就加大实施整治校外培训机构、民办机构以及民办幼儿园等制度。实际上，各县市区乡村都对设立幼儿园具有需求。但是，开办幼儿园需要相应的资质条件，审批条件也较为严格。乡村幼儿园缺乏发展，导致一些儿童无法接受学前教育。如按照每个乡镇层级公办幼儿园设立一所计算，每个年级平均设立一个班级，每个班级约30名左右儿童，一个幼儿园合计有三个年级，即整个幼儿园合计有9个班级，共270名左右儿童，远远无法满足乡镇儿童的入园就读需求。在行政村方面，如果强制设立幼儿园，容易产生边远学校管理难问题。因此，需要按照行政村的实际情况开设幼儿园，如以往每个行政村都设立有小学、甚至一个行政村还设立多个小学，但是最终因为师资配比等问题，政府就鼓励村庄"撤点并校"。现实中，一些县市区行政村的适龄就读儿童大致为10名左右，此类行政村就不具有开设幼儿园的必要性，假设小、中和大三个年龄段都有入学儿童，如果整个村庄的幼儿园仅30多人，那么设立幼儿园则容易处于亏损状态。但也有一些行政村适龄就读儿童多，具有开设幼儿园的必要性。

---

[1] 访谈资料来自2021年11月9日在PH县扶贫办对教育局工作人员CYP的访谈。

乡村义务教育学校数量难以满足学生就读需求。以XP县为例，该县目前接受义务教育的学生数量大概以每年1000人的幅度递增。访谈中，访谈对象ZF谈道，"目前出现初一的学生比初二学生多1000人，初二的学生比初三的学生多1000人。今年初中学生人数就达到6000多人。2011年出生的小孩到今年就读四年级，大概就有8000人。目前的升学压力比较大，高中学校只能提供2000人就学学位，按照目前人口比例，保证该年龄段就读需要保有5000人就学学位的数量"[①]。因此，乡村教育发展数量需要提升。近年，国家"二胎"政策实施，乡村地区儿童数量有所提升。农村儿童年龄结构也受到生育政策影响。访谈中，访谈对象ZF继续谈道，"以2021年级为例，该级儿童数量相较以往有所增加，该年龄段儿童如果升到小学、初中，届时可能出现就学学生数量急剧增加，需要增加相应学校数量"[②]。

乡村教育基础设施不足问题主要体现为，乡村学校教学点逐步减少，具体如小学、初中义务教育学校教学点数量缩减，其相应学生数量也不断缩小。该问题的产生主要因为，城镇化战略的实施在一定程度上带动了农村中、青年劳动力进城务工，其子女也相应随其到城市就读，导致乡村学校学生流失。同时，也主要体现在乡镇学前教育设施缺乏，尤其是行政村层面缺乏设立幼儿园。实际上，行政村具有设立幼儿园的需求，但其开办幼儿园的资质条件不足、管理难度大等问题都影响设立。总之，随着我国计划生育制度调整以及乡村振兴战略全面实施，乡村教育基础设施将需要不断加强建设，从而满足乡村学生的就读需求。

（二）县市区建设乡村教育基础设施

1. 东部县市区建设乡村教育基础设施

近年国家加大基础设施建设为乡村教育振兴提供了良好的硬件基础。一些东部县域优化乡村学校布局，解决学生就读学位需求。如ZR县注重优化布局，加快推进乡村教育基础项目建设。近三年，实施公办幼儿园旧址重建、异地迁建，以及改扩建农村附属幼儿园等措施。至今，异地迁建的两所幼儿园均投入使用。同时，该县还积极扶持普惠性民办幼儿园，采

---

① 访谈资料来自2021年12月13日在XP县扶贫办对教育局工作人员ZF的访谈。
② 访谈资料来自2021年12月13日在XP县扶贫办对教育局工作人员ZF的访谈。

取补助生均经费、以奖代补、免费培训教师等方式，大力扶持民办幼儿园发展。实施城区扩容工程，包括实施阳光招生、制度招生，利用职业学校在未来三年生源紧缺的空档期，划出相对独立的区域，目前正在筹建的该县 HY 小学注册招生，临时解决一年级学位不足问题。还升级 QS 小学，更名城郊中心校和其他小学校，加快扩建步伐，探索乡村部分中小学实行九年一贯制的办学模式改革。从长远发展考虑，该县谋划调整优化初中、高中、职业学校布局，打破该县三中、四中"一大一小""一热一冷"无竞争的现状，保证了数量逐年明显增加的初中生就读问题解决，建立起了初中教育有利于良性竞争、均衡发展的新格局，也将贫困问题与教育发展结合，探索实现教育公平有效模式。

一些县市区积极加大乡村教育学校数量建设，缓解乡村学生就读学位不足的问题。以 FA 市为例，该市学校数量无法满足学生就读需求，如 2016 年，该市公办幼儿园仅有 25 所，新建住宅配套幼儿园 9 所，公办幼教资源和普惠性民办幼儿园发展严重不足，截至 2015 年秋，该市公办幼儿园在园适龄幼儿总数有 10150 人，全市民办园在园幼儿合计有 14643 人，即全市公办幼儿园在园幼儿数仅占全市在园幼儿数的 40.93%。幼儿园建设发展滞后，远远无法满足幼儿入园需求。面对学前教育学校建设发展的压力、尤其是全面实施二胎政策，发展学前教育更面临挑战。该市将教育振兴作为第一民生要务来抓，不断加大建设教育基础设施，重点实施"学前教育扩容工程"，扩大乡村学前教育资源，从 2016 年起全面启动"学前教育项目建设年"活动，通过新建、改造、扩建幼儿园园舍面积 10929 平方米，逐步实现每个乡镇至少设置一所"三独立"幼儿园，重点乡镇设置两所以上，在一定程度上解决了公办学前教育学位严重不足的问题。一些县市区乡村积极建设学校，满足幼儿入园需求。[①] 如 FD 县 2021 年就认定 14 所民办幼儿园为普惠性幼儿园，同步加快公办幼儿园项目建设，实现新增幼儿学位 900 个，还实施对实验小学 BS 校区等 7 个中小学扩容工程建设并投入使用，实现新增学位 13000 个。[②] XP 县大力推进中小学及幼儿园扩容等工程，逐步消除大班额现象。"十三五"期间，该县就

[①] 访谈资料来自 2021 年 12 月 25 日在 FA 市扶贫办对教育局工作人员 LWH 的访谈。
[②] 访谈资料来自 2021 年 12 月 18 日在 FD 市扶贫办对教育局工作人员 GXL 的访谈。

新建公办幼儿园8所,新增学位近3000个;新建该县六小、七小、DG小学、BH小学,新增学位6480个,改扩建该县一中(初中部)、四中、三小、五小、SS小学等学校,新增学位4055个;迁建民族中学,增加学位3000个。① SN县补教育短板项目5个,超额完成ND市政府下达的目标任务;有序推进东区中学二期、"五校迁建"(含SN五中搬迁、YB小学)等重点工程建设;加快公办幼儿园建设步伐,不断提高公办幼儿园覆盖面,完成机关幼儿园建设,新增学位240个,加紧建设WQ幼儿园、XT第二幼儿园、下党幼儿园等。②

一些县市区通过"改""扩""建"等方式解决上学难题。以XC区为例,该区实施三年行动计划,共安排17个学前教育项目,可增加建筑面积61000平方米,提供6550个学位。今年,该区区委、区政府通过"改""扩""建"等方式解决上学难题。目前扩增27个,计划新建幼儿园7所、小学8所、高中1所;扩建幼儿园两所、小学8所、高中1所,新增学位21010个。在学前教育方面,2021年新建投入使用NK第二幼儿园,该幼儿园可容纳9个班级,共270名幼儿,有效缓解周边小区学前教育的入园压力。除此之外,还新建DT幼儿园、QS幼儿园及XXT幼儿园等多所幼儿园,其中,ZS镇第三幼儿园办学规模为12个班,可容纳学生360人;ST第二幼儿园,办学规模为12个班,可容纳学生360人;XK中心幼儿园,共设9个班,有270个学位。上述幼儿园建成后,该区学前教育方面,公办幼儿园占比将超过50%。该区还加大义务教育阶段新建学校力度,如新建ZZ教师进修学校附属小学,建成后学校设有42个班,可容纳学生1890人;重新建设XQ中心小学,设有24个班,可容纳学生1080人等。此外,ZZXH片区的XXT小学、SB小学、LN小学、KS小学和DT小学等5所小学2022年统一开建。这些项目建成后,将极大满足各片区的学生对就读学位需求。ZZ一中新高中部2022年秋季开学正式投用,可容纳学生4450人。ZZ一中ZS校区复办初中,面向辖区新招1000名初一学生;HQ中学(ZZ三中分校)整体搬入ZZ二职校。该校新初一年级可扩容到16个教学班、800个学位,为片区群众提供优质教育教学资源。ZZ财贸学校迁入中

---

① 访谈资料来自2021年12月13日在XP县扶贫办对教育局工作人员HXZ的访谈。
② 访谈资料来自2021年12月15日在SN县扶贫办对教育局工作人员LY的访谈。

职园区后，原校址交由 TB 中心小学扩大教学规模。总之，改建学校，"腾笼换鸟"，重新配备场地，置办幼儿园和小学，调整市区学校布局，实现了该区十多年来最大规模的教学布局大调整。①

SN 县积极推进校园安全长效机制和薄弱校改造提升项目建设，完成实验小学校舍改造提升工程，新建 FY 中学教师周转房、SN 三中教学楼，极大改善了乡村学校办学条件。以 FA 市为例，该市大力实施校安工程，加快学校扩容步伐，改善办学条件。开展义务教育标准化学校创建工作，严格按照福建省义务教育学校标准化建设的要求，完善义务教育学校软硬件设施，确保公办义务教育学校全部通过省标准化学校评估验收。同时，不断加大设备建设资金投入，在 2011—2016 年间，促进学校教育技术装备水平提升，确保农村义务教育学校装备全面配备到位。2021 年，该市实施教育补短板项目合计 25 个，按 ND 市投资任务要求，完成投资率达 194.11%。其中，FA 二中初中部教学实验综合楼、FA 职业技术学校实训综合楼等 6 个项目竣工；MY 中心幼儿园二期 C#D#楼、FA 一中 XBY 新校区 1#楼 3#楼等 8 个项目在建或动工；11 个项目前期工作有序推进。义务教育薄弱环节改善与能力提升项目 23 个竣工投用。实施秋季扩容招生项目和部分学校急需改造升级项目建设。②

ZR 县加大乡村教育学校设施建设力度。ZR 县实施校舍修缮、工作设施和寄宿制学校生活设施改善工程，推动各类学校设施配套设备建设。该县义务教育学校设备全部通过标准化学校评估，创建完成率达 100%。拆旧新建实验幼儿园，建设四中综合楼和运动场、实验小学运动场塑胶、职业学校综合楼和实训基地等，异地新建双城和机关幼儿园、实施一中教学楼、一小、二小、四小扩建工程和义务教育学校运动场改造等一批教育重点项目。落实职业教育发展专项经费，将教育附加费的 30% 用于职业教育，同时，近两年投入建成药学实验中心和多媒体教室，完善精艺楼、科学楼集教学教研为一体的现代化教学设施，组装了由两家企业赠送的两条生产线，完成组培室、标本室、精密仪器室装备配置，完成汽修专业、工

---

① 访谈资料来自 2021 年 11 月 15 日在 XC 区教育局对教育局工作人员 GRR 的访谈。
② 访谈资料来自 2021 年 12 月 25 日在 FA 市扶贫办对教育局工作人员 LWH 的访谈。

艺美术专业的实训模块。① 与DY乡政府合作，共建DY"百草园"。特别是建设剪纸创意实训中心，与闽浙两省剪纸企业共同致力于剪纸创意、相框装裱、材料开发等方面的合作。

2. 西部县市区建设乡村教育基础设施

西部县市区重视乡村基础设施建设。LX州加强农村小规模学校和寄宿制学校建设，切实保障学生就近上学需要，如按照《LX州脱贫攻坚实施方案（2018—2020年）》和年度教育扶贫工作计划等，2019年，该州新建改扩建各级各类学校355所，新增学位15000个。在推进项目建设进度中，采取"一事一议"的办法，逐项研究解决项目开工面临的困难问题，全力推动教育扶贫项目按期开工、按进度建设、按计划完工。2020年，该州共实施"三区三州"教育扶贫、义务教育学校薄弱环节改善与能力提升、两类学校建设、省政府为民办实事四大类599个项目。克服疫情影响，全面加快续建项目复工，截至2020年，2019—2020年实施的151所小规模学校中已竣工73所、在建76所；26所农村寄宿制学校中已竣工13所、在建12所。② 同时，进一步加强项目调度和督办力度，促进项目开工建设，确保按计划完成建设任务。

YJ县在近年重点实施三个乡村教育基础设施建设项目，具体为，一是强降雨受灾中小学维修项目。2017年，该县局部地区遭遇突降暴雨，YJ九中、YJ五中、KS小学、LC小学、LS小学、CC学校、XJW教学点、FJS小学、SJ小学、YQ二中等10所中小学校舍、围墙、操场等受损严重，并存在重大安全隐患。该县于当年8月投资80万元维修上述学校，并于10月底全部交付使用。二是WT中心小学住宿综合楼建设项目。2019年，该县批复新建WT小学住宿综合楼一栋，建筑面积1052.4平方米，建设宿舍、活动室和餐厅及加工间等用房，由甘肃JHF建筑工程有限公司中标建设，已竣工。三是CC镇WJ小学校舍建设项目。该项目拆除CC镇WJ小学原有危房校舍，新建一层砖混结构校舍208平方米，新砌砖围墙7米，2019年5月动工建设，当年7月竣工并投入使用。为巩固义务教育均衡发展成果，该县还实施"三区三州"改薄、教师周转宿舍、温暖工程等项

---

① 访谈资料来自2021年12月21日在ZR县扶贫办对教育局工作人员HT的访谈。
② 访谈资料来自2021年10月9日在LX州教育局对教育局工作人员BL的访谈。

目，不断加大财政投入，以"两类学校"建设为重点，对所有中小学进行改扩建和维修改造，还新建 TJ 中学、XM 小学、CB 小学等中小学。其中，投资建设黄河中学和建设新区九年一贯制学校。优化学校布局，在该州率先通过县域义务教育基本均衡发展国家评估认定，推进义务教育优质均衡发展工作。[1]

GH 县在 2017、2018 的两年内分别实施义务教育阶段学校改薄建设，投资为 ALMT 乡 LJ 村等 5 个离村校路途较远的村社修建教学点。早在 2016 至 2017 年，该县还投资重新装备 52 所学校的计算机教室。[2]

事实上，乡村学校发展需要相应的教育资源，精准投入。具体可以针对小规模的中学实施合并，若未合并，对乡村师资、硬件设施等而言，均为资源浪费。同时，学生规模较小的乡村教学点，地理位置一般都较不便利，存在与世隔绝的感觉，年轻教师难以长期在此开展工作，如果该类教学点学生数量少于 200 人，可实施并校，撤掉小规模教学点，并整合相关资源发展优质学校，促进新合并学校师资及硬件设施等实现质的发展提升。

近年，虽然"县域"县市区乡村学校基础设施有所改善，但是总体上还较为薄弱。东、西部县市区同步加强乡村基础设施建设，既优化了乡村教育基础设施总体布局，也不断增加了乡村教育学校设施数量，还采取"改""扩""建"等方式完善乡村教育基础设施建设，不断满足乡村学生的就读需求。县市区不仅投入大量的人力、物力和财力，还为乡村教育基础设施建设提供资源保障，不断建设完善师资、场地等相应制度。这都为未来我国"县域"乡村教育高质量发展提供了良好的支持与保障。

（三）乡村学校设施设备建设成效

以往"县域"县市区乡村学校基础设施落后，需要加强建设力度，以 HZ 县乡村学校发展为例，该县第五中学占地面积 32663 平方米，建筑面积 6462 平方米。有 15 个教学班，共有 624 名学生，77 名教职工。但仅有一间图书室、一间阅览室，图书室藏书 1600 多册，仅供师生借阅书籍，而且，图书陈旧，内容不新颖，甚至七八年未更新。阅览室少部分报刊杂

---

[1] 访谈资料来自 2021 年 10 月 17 日在 YJ 县教育局对教育局工作人员 WZZ 的访谈。
[2] 访谈资料来自 2021 年 11 月 3 日在 GH 县教育局对教育局工作人员 HZK 的访谈。

志,由于课外阅读书籍较少,外加班级学生人数较多,难以满足学生的课外阅读需求。同时,该县 DLDZ 小学,合计有 1—6 年级、并附设幼儿大班,共 7 个班级、233 名学生,生源主要来源于周边村庄,其中,"留守"儿童有 128 人;学校教师为 12 人。学校设施设备较少且落后,至今,该校配备图书 1820 册,生均阅读量不足 9 册,书籍严重缺乏,需要补充各类阅读书籍。该校体育设施也较匮乏,仅有两台乒乓球桌子,体育用品极其缺乏;可上网电脑也仅有 4 台,信息化设施设备更为缺乏。[1]

近年,县市区加大各类学校设备建设力度,建设成效良好,以 XP 县为例。该县加大对各类教学实验仪器、体卫艺器材、图书、教育信息化等的配备力度,推进实验室、多功能教室、体育场地和图书馆等基础设施建设,整体改善各类学校办学条件,尽量满足教育教学需求。各类学校图书配备质量均较高,中小学图书馆 100% 实现自动化管理,合计建有 8 所省级示范图书馆。其中,YT 中心小学 2017 年被评为福建省最美图书馆。以 FD 市第八中学为例,该校创办于 1969 年,是一所有着 50 年办学历史的农村普通完中。现有 19 个教学班、在校生 814 人。其中,初中学生 630 人、高中学生 184 人,专任教师 95 人。学校拥有标准教室 22 间,标准实验室 4 间,专用馆室 10 间,即多媒体教室、电脑室、语音室、阅览室 2 间、建设有音乐室、美术室、广播室、心理咨询室、体育器材室等,是一所设施较齐全,管理较规范的农村中学。先后获得 FD 市人民政府、ND 市人民政府授予的"文明单位"等荣誉。YJ 县第三中学为例,该校占地面积 24600 平方米,建筑面积 1584 平方米,1998 年投资新建 864 平方米的"走廊式""凸"字形单面教学楼一幢。现有 3 个年级,6 个教学班,在校学生 332 人,教职工 22 人。学校设阅览室 1 个,藏书 1300 册,并设生化、物理仪器室各 1 个,按中学三类标准配有教学仪器。[2]

以 PH 县第一中学为例,该校是省级"花园式"学校,省一级达标学校。硬件设施先进,学习生活条件好,学生宿舍装有空调,后勤管理实现社会化。该校拥有新建的教学大楼、校友楼、实验大楼、综合办公楼等,配置有 50 多间多媒体教室,1 间电子备课室,700 多台电脑,1 间历史教

---

[1] 访谈资料来自 2021 年 10 月 19 日在 HZ 县教育局对教育局工作人员 LJS 的访谈。
[2] 访谈资料来自 2021 年 12 月 13 日在 XP 县教育局对教育局工作人员 HXZ 的访谈。

室，1间地理教室，1个生物园。图书馆有图书104937册、电子图书100643册。①

以KL县第一中学为例，该校于1985年建成第一栋4层3000平方米的教学大楼。如今，学校占地面积38.41亩（含操场18.45亩），有31个教学班，1400多名学生。有普通教室33间，实验室两个，面积70平方米的阅览室、图书室各一间，藏书25500册，拥有31台微机的微机室1个，45平方米的电教室1个，教学办公室11间，教工单身宿舍66间，学生宿舍12间，教职工141名。根据学校布局结构调整方案及高中教育发展需求，在CD新区新建的一所高级中学。学校硬件设施完善、校园环境优美，为广大学子提供优良的学习环境。占地120亩，教学班80个，教职工338人。总建筑面积48305.14平方米，其中，新建教学楼3栋、建筑面积23584.9平方米，办公楼1栋、建筑面积6036.29平方米，学生宿舍楼2栋、建筑面积10086.66平方米，教师周转宿舍楼1栋、建筑面积5043.33平方米，餐厅1栋、建筑面积3051.06平方米，门房等配套用房171.16平方米，1座体育场，围墙、校门、校园硬化、绿化、景观、室外给排水管道等，促进教育公平、均衡发展。②

以LX县TQ中学为例，该校现有31个教学班，学生1631名，教职工145名。有图书17654册，有部分电教设备、电脑358台，为全体学生开设微机课。校园占地面积105亩，建筑面积3.6万平方米。校园自西向东按照生活区、教学区、运动区布局，文化广场、花园、草坪布局建设，花木相互掩映。自2000年以来，先后修建男、女生住宿楼，教学楼，锅炉房等，2011年，新建综合楼，并在54个教室安装电子白板；有标准化实验室5个，图书室、阅览室各1个，音乐室3个，美术室3个，微机室两个，装备微机116台，各教室安装超短焦的电子白板教学设施，接通"班班通"。新建食堂、投资新建面积为523平方米的餐厅，设立5个灶房，有效解决该校师生"吃饭难"的问题，还为部分特困生提供自用做饭房。以LX县QS中学为例，该校校园占地面积105亩，建筑面积3.6万平方米。有教学班54个，学生3007人，其中，住宿生1642人、教职工260

---

① 访谈资料来自2021年11月9日在PH县教育局对教育局工作人员CYP的访谈。
② 访谈资料来自2021年10月14日在KL县教育局对教育局工作人员WGS的访谈。

人。自2000年以来，该校发扬自力更生、艰苦奋斗，学习会宁"三苦精神"，利用贷款、借款、工程队垫资等多种方式筹措资金，先后修建男、女生住宿楼，教学楼、师生餐厅、锅炉房等，想方设法先后征地75亩，促进该校占地面积扩展至105亩，加大改善办学条件。该校购置多媒体教学仪器、装备通用技术室。新建综合楼投入使用，在54个教室安装电子白板，有效改善教学环境和办公条件。以LX县中学为例，该校占地130亩，建设有6×400米塑胶环形跑道的高标准操场，6个标准篮球场、4个排球场；有理化生实验室15个、计算机教室4个、语音室4个、电子备课室两个；各教室配备电子白板多媒体投影等现代化教学设备；建成多媒体双向教学系统，建有宽带数字化校园网络。该校设施齐全、条件一流，教学区、生活区、活动区井然分明，学生宿舍每8人一间，设有物品柜、洗漱房，每两人教师宿舍一间，配有卫生间、阳台。①

以YJ县YJ中学为例，该校于2015年建设新校区，新校区占地158.9亩，建筑面积4.8万平方米，学校办学条件极大改善。该校有教职工278名，有教学班52个，在校学生2681人。新校区硬件设施三区分明，德馨楼北楼为行政办公楼，南楼为学校图书馆和师生阅览室；崇德楼、立德楼和美德楼三幢教学楼，每幢教学楼均为四层，每层均设立有教师办公室、学生教室和男女师生厕所，教学楼内还设有物化生实验室、心理咨询室、通用技术教室和多媒体教室等功能室。教学楼西北角单独设音乐和舞蹈教室，独立成区。三栋教学楼中间由可容纳500人的报告厅连接。生活区内有三幢六层公寓楼、餐厅、配电室、水泵房、锅炉房等设施。运动区有体育馆、运动场等设施，运动场内建设有标准化8行道100米直跑道和6行道400米环形跑道，篮球场、排球场、乒乓球台和足球场等设施一应俱全。②

以HZ县HZ中学为例，该校有教职工238人，教学班57个，在校学生3020人。教学区建设有教学楼、综合办公楼；生活区建有学生宿舍楼、师生餐厅；运动区占地60亩，有草坪足球场、400米八道塑胶跑道、灯光篮球场等基础设施。配备有校园高清监控系统、校园局域网络、微机室、

---

① 访谈资料来自2021年10月14日在LL县教育局对教育局工作人员WPS的访谈。
② 访谈资料来自2021年10月17日在YJ县教育局对教育局工作人员JSY的访谈。

机器人工作室等。①

以 JSS 县 JSS 中学为例，该校占地 130 亩，建筑总面积 27618 平方米，是该县唯一一所高级中学。该校硬件设施建设为该县第一，该州一流水平。有学生 3187 人，有教职工 261 人，15609 平方米教学楼一幢，共有教室 90 个，其中，32 个教室配有电子白板，微机室 4 个、电子阅览室 1 个、音乐教室 1 个、图书、阅览室各 2 个、图书 31000 余册；学生实验室 10 个，9376 平方米公寓楼一幢，共有 266 间宿舍，可容纳 2000 多名学生住宿；食堂建筑面积 2632 平方米，可同时容纳 2000 多人就餐。监控系统覆盖该校各区域。②

以 KL 县 CT 民族中学为例，该校依山傍水而建，环境秀美。现有教学班 6 个，在校学生 277 人，寄宿生 198 人。该校现有教师 27 人。占地 17 亩，校舍建筑面积 5257 平方米，建有学生公寓楼 1 栋，建筑面积 2400 多平方米，内设清真食堂和餐厅，能满足师生住宿和就餐需求；教师周转房 1 栋，建筑面积 500 平方米；综合教学楼 1 栋，建筑面积 2156 平方米，装配电子白板教室 6 个，物理、化学、生物实验室共 3 个，按照国家二类标准配备，有图书室、阅览室、微机室、音乐教室、美术教室、会议室、文印档案室各 1 个。该校硬化面积 2600 多平方米，绿化面积 1200 平方米，有小型足球场 1 个，周围是 200 米跑道，有篮球场两个，排球场 1 个，新建大门、门房、围墙、锅炉房、车棚、供排水系统等附属设施，全为美化、亮化校园。现有图书 7000 多册，有教学光盘、投影片、录音带等 1200 多件（套），有校园广播系统、数码速印机、教学投影仪、数字监控报警系统、太阳能路灯等各类先进教辅设施，接通 50M 宽带互联网，创建校园文化教育墙。目前，该校办学条件已达到标准化建设要求。③

访谈中，访谈对象认为，农村学校并非人们想象中的传统农村学校形象。正如访谈对象 PH 县 CYP 认为，"PH 县总体上乡村学校的占地面积就很大，但学生数量少，学校生均占地面积为 20 多平方米，乡村学校建设设施条件好。但乡村学校存在无能力购买教学设备以及设备损坏无维修经费等问题。总体上，乡村学校硬件配备方面有所进步，但能够跟上现代化

---

① 访谈资料来自 2021 年 10 月 19 日在 HZ 县教育局对教育局工作人员 LJS 的访谈。
② 访谈资料来自 2021 年 10 月 27 日在 JSS 县教育局对教育局工作人员 ZWZ 的访谈。
③ 访谈资料来自 2021 年 10 月 23 日在 KL 县教育局对教育局工作人员 WGS 的访谈。

发展步伐的不多,能跟上城市教育相应配备水平的可能性也少。"①

东、西部县市区基于乡村学校基础设施落后、不足等现状,不断投入相应资源,加大乡村学前、义务以及高中等教育学校的基础设施设备建设,且取得了较好成效。成效主要体现在,乡村学校校舍面积不断扩大,图书资源日益丰富,体、卫、艺等器材更加丰富,教育信息化水平不断提升等。但是,与乡村教育的现实需求相比,以及与城市教育相应学校相比,乡村教育学校设施设备建设还相对滞后,未来还需要不断加强建设,从而促进城乡教育设施设备资源均衡发展。

(四) 乡村教育信息化建设

1. 乡村教育信息化不足问题

当前,乡村教育各类学校普遍面临信息化不足问题,未安装监控设备。乡村学校 1 个班级大约有 10—20 个学生。相较而言,城市各类学校班级学生人数可能多一些、一个班级的学生 50 多人以上。但乡村学校教室并未安装监控设施,访谈中,访谈对象认为,"安装监控有必要,但是农村条件有限,即使安装监控,若缺乏相应的监控管理人员以及设备运行管理经费,安装就没有实质意义。如某一农村小学就在使用多媒体设备中出现了一根灯管损坏需要维修经费 1000 多元,却缺乏维修经费的问题,类似的情况普遍存在。又如早年,NJ 县需要考察农村学校学生英语听力情况,当地教育行政管理部门要求农村学校安装听力测试系统,结果各个农村学校普遍反映缺乏安装经费,无法安装的问题"②。

实际上,乡村学校未安装监控等设施设备,原因在于乡村学校收入有限,一些乡村学校学生数量少、甚至存在一个学校仅有 4 个学生的情况。外加乡村学校办学经费少,如果按照教育行政主管部门给予每个学校生均经费为 550 元计算,那么该学校每学年收入仅为 2200 元,根本无法支付听力设备配置经费。该校行政主管部门也无法解决监控等设施设备配置问题,因乡村学校数量多。一直以来,虽然一些乡村教师上课较为认真,但乡村学校对教师教学质量监管总体较为薄弱。因此,乡村学校具有安装监控设施设备的必要性,因为还有一些学校的部分教师并不认真,这些教师

---

① 访谈资料来自 2021 年 11 月 9 日在 PH 县教育局对教育局工作人员 CYP 的访谈。
② 访谈资料来自 2021 年 11 月 13 日在 NJ 县教育局对进修学校工作人员 LXA 的访谈。

在课堂上主要给学生布置作业、让学生当场完成，学校也未对教师教学质量实施相应的监管，导致教师在课堂上经常接听电话及查看手机信息等。相较而言，城市学校对教师课堂监管较为严格，学校的监控信息化设施较为完善。

总体上"县域"县市区政府财政收入相对有限，学校设施设备落后。各不同类型乡村地区存在差异性，我国东部地区如福建省 XM 市对乡村学校多媒体教学设备投入情况一般为三年更换一次，到目前为止，据了解已经更换三五代。但是，我国西部地区，县市区乡村学校第一代教学设备还未配齐，第二代教学设备建设才刚刚开始，因此，正如访谈对象 LXA 谈道，"在实现这些技术的 2.0 培训中，就遇到了很大问题，有些老师甚至反映学校连一个设备都没有，怎么可能'一校一策'推进。假设整个县城需要投入 500 万元采购教学电子设备，那么农村学校数量多，无法确保每个学校都能获得相应设备建设资金"[①]。

2. 乡村教育信息化建设

乡村各类学校在完善基础设施基础上，加强信息化建设，促进城乡教育资源共享。"县域"县市区加大乡村教育各类学校推进信息化建设。以 FA 市为例，2015 年该市推进中小学信息化"三通"建设，在全面实施农村中小学远教工程基础上，投入大量资金建设信息化"校校通、班班通、人人通"工程，逐步实现该市中小学信息资源共享。[②]

以 FD 市为例，2021 年该市六中（SQ 校区）的所有班级都安装希沃一体机，建成 FD 二中精品录播室，PX 中心小学和 CX 小学常态录播，更新 1250 台电脑，并将城区"班班通"设备更换为 86 寸一体机，建成该市教育系统视频会议系统、资产管理系统。信息化建设成果进一步推动该市智慧校园建设，FD 六中、FD 进修校附属小学、QY 中心小学等成为福建省人工智能试点校。该市还通过三个课堂应用管理平台，打造小学第三片区 10 所学校网络联盟教研。进一步提升教师信息技术应用能力，举办教师信息应用能力"公益培训进百校"活动、科技创新及创客教育指导教师培训等，提升师生信息化素养及能力。2021 年，该市学生在信息素养提升

---

① 访谈资料来自 2021 年 11 月 13 日在 NJ 县教育局对进修学校工作人员 LXA 的访谈。
② 访谈资料来自 2021 年 12 月 25 日在 FA 市扶贫办对教育局工作人员 LWH 的访谈。

实践活动中，共有福建省省级获奖作品8件，ND市市级获奖作品111件；"三优联评"评选中，有福建省省级获奖作品5件，ND市市级获奖作品14件。

ZR县推动教育信息化跨越式发展，先后完成校园宽带提速和教室、功能室等网络综合布线，户外卫星接收系统安装，实现乡村学校数字教学资源全覆盖。新建5个录播教室，可与FZ实验小学和FZ一中等重点学校实行远程互动教学，可实现异校间同上一堂课，实现教育优质资源更大范围辐射。应用云课堂系统软件，实现YS中心校全体学生电子书包上学。购买300多套多媒体设备，完成义务教育学校和教学点的数字化建设。该县中、小学均开展"三通两平台"建设，实现所有学校教室和功能室"班班通"全覆盖。

XP县完善"三通两平台"建设与应用，更新电脑5000多台、交互式电子白板1000多套，共有26所学校合计建成29间精品互动录播教室、完成该县教育信息化平台及县"一中、六中、七中"高中智慧校园建设。该县学校全部接入互联网，乡村学校班级出口带宽均达到或超过规定标准；完小及以上学校普通班级全部配备交互式电子白板，实现普通教室多媒体教学设备全覆盖。信息化建设取得了良好成效，如该县一中入选第二批福建省人工智能教育试点学校，两所学校获得"ND市教育信息化示范校"，两所学校获得"ND市教育信息化实验校"，14所学校获得所在市教育局认定"数字校园（智慧校园）建设与应用试点基地校"，4所幼儿园获得福建省保教改革建设幼儿园。[1]

FA市2021年完成中小学学生课桌椅、智慧黑板、368惠生工程寄宿生用品等采购项目，教育信息化装备及应用水平得到提高。FA二中被定为福建省省级中小学人工智能教育试点校。获省优"基础教育精品课"省优36节，全国"新媒体新技术"应用比赛典型课例1节。获省"三优联评"奖项6项，其中，获全国创新作品1件、典型作品两件。获"第二届福建省青少年创意编程与智能设计比赛"奖项14支队伍，占ND市一半。[2]

---

[1] 访谈资料来自2021年12月13日在XP县教育局对教育局工作人员HXZ的访谈。
[2] 访谈资料来自2021年12月25日在FA市扶贫办对教育局工作人员LWH的访谈。

"县域"西部县市区也加大乡村教育信息化建设,以 YJ 县为例,该县以教育民生工程和重点项目建设为抓手,全面保障和改善基层基本公共服务,为斩断"穷根"筑牢基础,加快发展教育信息化。该县中小学宽带接入率达到 100%,至 2020 年,合计建有计算机教室 90 个,装机总量达到 2448 台,建有多媒体"班班通"教室 831 个,占总教学班教室数的 97%。[①]

各类学校信息化建设水平得到加强,如 PH 县 PH 一中建成千兆校园网,覆盖办公楼、教学楼、实验楼和教师宿舍楼,建有电子备课室,多媒体教室 3 间,理化生实验室配备多媒体电教设备,配备科利华电子备课系统、国之源资源库等软件平台,为该校信息技术与学科教学整合提供强有力的保障。该校教师 95% 以上取得信息技术考试合格证书,许多教师开展基于网络环境下的多媒体教学。

乡村教育学校信息化建设及维护等都需要投入大量的管理人员以及资金经费,成本支出大。与此同时,乡村学校办学经费有限,这都影响着乡村教育学校教育信息化建设进程及水平。"县域"东、西部县市区加大实施建设教育信息化措施,不断完善教学监控设备、校园网络、数字教学资源等建设,促进乡村学校共享全国先进教学资源。这不仅提升了乡村学校教师教育教学能力,而且提高了学校课程教学质量,更提升了乡村学生学习效果。但总体上,"县域"乡村教育信息化水平较低,尤其是与城市教育信息化水平相比,其建设发展具有明显的滞后性,未来还有进一步提升的空间。

第二节 乡村教育师资建设

乡村教育师资振兴存在教师数量不足、流失,教师年龄结构不合理,职业幸福感低下、生活单调、职称评聘不易、待遇低下、社会地位不高、发展保障缺乏等,乡村教师专业素质有待提升,编制数量缺乏等问题。"县域"县市区实施乡村教育师资振兴措施,包括加大乡村教师招聘、轮岗力度;落实"特岗教师"制度;发挥乡村名师作用;实施东西协作支教计划;提升乡村教师待遇等措施,促进乡村教育师资振兴取得相应成效。

---

① 访谈资料来自 2021 年 10 月 17 日在 YJ 县教育局对教育局工作人员 WZZ 的访谈。

一 乡村教育师资建设问题

（一）乡村教师数量不足、易流失

"县域"县市区内乡村教育各类学校师资建设不充分，一些县市区乡村学校师资队伍建设较好，以 FD 市乡村学校师资建设为例，该市 LA 中心小学创建于 2002 年、为公办属性学校。现有教职员工 71 人，其中，女教师 31 人，师资年龄结构合理，平均年龄 36 岁；学历层次相对较高，大学本科学历有 4 人、占 5.6％，大专学历有 62 人、占 87.3％，中专学历有 5 人、占 7％；持有小学高级教师资格证的有 42 人，占 59％；已聘小学高级教师有 31 人，小学一级教师有 27 人，占 38％。市级教坛新秀有两位，市学科骨干教师有 3 位。[①] 但总体上，"县域"大部分县市区乡村学校师资队伍建设较为薄弱，以 SN 县乡村学校师资建设为例，该县 NY 高级中学是一所新办的农村老区高中，师资紧缺，条件简陋，合计有 18 个教学班，在校生近千人，但在校教职工仅有 65 人。其中，退休教师有 5 人、学历本科达标率为 67.7％、高级职称教师有 8 人、中级职称教师有 35 人。[②]

"县域"一些县市区乡村"一线"教师甚至出现流失严重现象。以 XP 县为例，访谈中了解到，该县乡村义务教育发展最大问题为师资力量薄弱，乡村"一线"乡镇、村庄教师日益流失。随着周边区域城镇化发展，该县乡村"一线"教师也外出务工，造成乡村义务教育师资力量薄弱。近七、八年该县均未设立编制引进新教师。近年，该县不断加大乡村"二线"县城的学校数量建设，在扩充数量的同时，也要求提供相应的师资保障。但师资力量难以在短时间内补齐。为解决该问题，该县许多乡村"二线"县城学校都实施招聘非编教师的制度。与此同时，该县增加乡村教师编制数量，鼓励乡村一线教师考进乡村"二线"学校，但这就导致乡村"一线"比较优秀的年轻教师成功考入城区街道任教，"一线"教师流失、师资力量更为薄弱，也进一步导致乡村内部教育发展不充分不均衡。

未来，随着乡村年老教师退休，将需要大量年轻教师填补乡村教师岗位空缺。但是，年轻教师教学经验相对不足，现实中，新招聘的年轻教师

[①] 访谈资料来自 2021 年 12 月 18 日在 FD 市扶贫办对教育局工作人员 GXL 的访谈。
[②] 访谈资料来自 2021 年 12 月 15 日在 SN 县扶贫办对教育局工作人员 LY 的访谈。

大部分非"985"、"211"学校毕业，学历主要为中专或大专，还有一些教师从教存在专业不对口的问题。一些学科专业招聘师资困难，尤其是数学专业教师招聘困难。外地教师不愿意跨县市区任教，本地户籍师范生不愿意回乡任教。以 ND 市为例，该市小学教师主要来源于 ND 师范学院等区域内师范院校，以往该类师范院校也专门培养师范生，重点面向福建省内招生。但近年，自从该类师范院校升格为本科院校后，主要面向全国招生。不仅在招生区域方面做了调整，还在学科专业设置方面进行相应调整，不再仅设置师范专业，因此 ND 市师范类专业毕业生数量大量减少。访谈中，访谈对象 ZF 认为，"针对这问题，其实高校可以尝试转变招生方式，如将在全国范围内普遍性招生做法，改为增加 ND 地区户籍考生招生数量。但实际上，目前高考生在填报专业志愿时，报考师范专业的考生数尤其是数学专业包括小教专业的考生数就很少，这都造成当地难以成功招聘教师。乡村义务教育学校生师比一般都超标"[1]。乡村教师普遍缺乏，以 XP 县为例，访谈中了解到，该县最"顶尖"水平的 XP 第四小学，非编教师竟多达 100 多位。[2]

（二）乡村教师年龄结构不合理

"县域"县市区乡村教育各类学校教师面临年龄结构不合理的问题。访谈中了解到，乡村学校年龄大的教师居多，年轻教师较少。年轻教师向往城市生活，大多数努力往城市调动。因通常认为，年轻教师如果长期待在农村，尤其是年轻女教师，长期待在农村很难找到适合的结婚对象，访谈中，访谈对象 CYP 就谈道，"PH 县出现很多农村女教师成为'剩女'的现象。因为农村中很少有适合女教师结婚的男干部，很多考上公务员或事业单位男干部，都调入城市工作，乡村中主要为农民、适合与女教师结婚的对象很少，也因为在教师择偶标准，很少愿意与农民结婚。因此，很多女教师的家长都想方设法帮助女教师调入城市工作"[3]。同时，年龄较大、且户籍是学校所在村庄的教师，大多数不愿调往城市工作，因为在乡村一线村庄从教可以获得乡村教师补贴。此外，一些综合素质较差的教

---

[1] 访谈资料来自 2021 年 12 月 13 日在 XP 县教育局对教育局工作人员 ZF 的访谈。
[2] 访谈资料来自 2021 年 12 月 13 日在 XP 县教育局对教育局工作人员 ZF 的访谈。
[3] 访谈资料来自 2021 年 11 月 9 日在 PH 县教育局对教育局工作人员 CYP 的访谈。

师，往县城调动的可能性并不大，上述这些都是"留守"在乡村"一线"的教师，即平均年龄在50岁左右、村户籍或者综合素质较差的教师。这在一定程度上造成了乡村教师存在年龄结构断层问题。以XP县为例，访谈中了解到，该县小学数量城市与农村各占一半。但师资存在年龄断层，即年龄大的教师占绝大部分，年轻教师仅占一小部分。目前，教育培养对象主要是新招聘教师，他们是未来乡村地区教育振兴的主力军，当地教育行政管理部门给他们压一些担子，如组织他们开展观摩课、专题培训等，为他们开设学习平台，让他们尽快成长起来，但总体上，乡村教育教师队伍发展相对不足。访谈中也了解到，乡村学校教师学历结构都较好，以乡村义务教育学校为典型，该类学校师资学历结构主要为本科学历，持有本科学历的教师基本为年轻教师；年老教师大多为中专学历，但是他们通过函授或者成人教育等方式大多获得大专或本科学历。

（三）乡村教师职业幸福感低下

"县域"县市区乡村教育教师职业幸福感总体不高。职业幸福感包括生活内容丰富度、对生源满意度、对教师职业认同感，对教师职业待遇及职称满意度等。访谈中了解到，当前乡村教师职业幸福感低下，具体影响因素如下：

1. 乡村教师生活单调

乡村教师生活较为单调、不丰富，以PH县为例，该县有一所学校仅有4位学生、1位教师。该教师生活内容主要为每天为学生授课、无其他同事可交流。下课后，该教师大多到学校后山挖笋等。访谈对象CYP认为，"该教师之所以愿意继续留在该校任教，因为学校为他妻子安排了保安工作岗位，否则，他可能已辞职改行，此类案例在县市区中普遍存在"[①]。

2. 乡村教师成就感不足

乡村教师成就感不足、对学生成长成才缺乏足够信心。乡村学校学生综合素质总体较低，随着村庄中青年劳动力外流，许多学生也随之进城求学，留守在乡村中学及小学等就读的学生，主要为不具备外出条件的"留守"学生，该类学生求学起点低，成长成才条件不足。乡村教师在面对该类生源开展教学中，通常认为无论自身怎样努力开展教学工作，都很难有

---

① 访谈资料来自2021年11月9日在PH县教育局对教育局工作人员CYP的访谈。

学生未来能够考上大学成长成才，对学生未来发展信心的缺乏，在一定程度上影响乡村教师的成就感乃至职业幸福感。

3. 乡村教师职称评聘难

职称评聘影响乡村教师职业幸福感。现实中，经常存在一些乡村学校教师接近退休年龄，但专业技术职称级别依然很低，这就容易影响乡村教师对教育事业的热爱与追求。实际上，激发教师对教育事业的热爱与追求，不仅需要社会上书面语言文字倡导，还需要现实的激励制度保障。当前实施乡村学校教师评聘结合职称制度，即实施所有的教授都需要评职称才能聘任的制度。但实际上，职称数量有限，尤其是高级职称难以评定。如县市区乡村学校职称数量分布情况大致为，40%的教师为初级职称，考虑到老教师基数、外加新教师缺乏编制等因素，该40%的初级职称教师中可能有10%—20%的教师未来长期处于初级职称状态直至退休可能都无法评聘高级职称。教师评职称条件与要求较高，乡村教师很难满足此类条件与要求。访谈对象 ZF 认为，"目前缺乏将教师教学的一些成果作为教育发展绩效进行认定，教学成果可以冲抵教学任务，有一些地方要求农村一线小学或初中教师发表论文评职称，这个做法显然不合理。这些教师如果能写教学总结，能够将经验总结出来就已经很不容易了。要求农村教师发表论文评职称的做法，显然不太符合农村教育的现实情况"[1]。

4. 乡村教师待遇低下

待遇条件影响职业幸福感。当前我国对乡村教师发放各类补贴，具体包括农村补贴、山区补贴等。尽管补贴数额不一，"县域"有的县市区乡村教师每个月为500多元、有的乡村教师每个月为800多元，如 NJ 县发放的乡村教师补贴为每位教师每个月830元，有的乡村教师为每个月1000多元。

乡村教师补贴的数额主要依据村庄与县城之间的距离远近而定，如果乡村距离县城直线距离越远，教师获得补贴就越高，具体补贴大致为1000至1200元不等。虽然，该政策在一定程度上激励了教师留在乡村任教，但是社会对该制度作用存在一些看法，如访谈对象 LXA 谈道，"就乡村教师教学质量而言，与他们领取的830元的补贴不相匹配，如 PH 县为产柚子县，就出现教师在上课的时候带着锄头去上课，上课前将锄头放在教室

---

[1] 访谈资料来自2021年12月13日在 XP 县教育局对教育局工作人员 ZF 的访谈。

门口,待上完课后再带着锄头直接去种植柚子。教师的心思往往不在教学,而在于从事农业生产等非教学工作,他们一般一天上两节课,其他时间都在田地里种植柚子,其他县市区也有类似情况"[①]。

乡村教师在绩效奖励方面数量不多,且相互之间差别并不大。当前,乡村义务教育学校教师数量总体较少、缺乏竞争氛围,教师在绩效奖励分配方面所得相差不大,没有质的差别,最大差别为每周工资相差 1000 多元左右。同时,乡村教育私立学校的迅速发展一定程度影响教师对公立学校教师职业认同感。访谈中了解到,一些私立学校办学好于公立学校,私立学校给予教师的待遇远远高于公办学校。访谈对象 LXA 认为,"公立学校需要通过招聘优秀教师,需要提升教师待遇,才可以拉近其与私立学校之间的发展差距,甚至在某些方面超过私立学校。因为教师只有将从事教育当做自身职业唯一选择时才会认真从教,才会认为选择公立学校从教正确。如果公立学校办了比私立学校好,那么很多教师便选择到公立学校就职,其职业幸福感就高"[②]。

但不同县市区乡村教师的职业幸福感也不相同。以 ZZ 市为例,访谈中了解到,NJ 县教师待遇包括工资、奖金等,远远高于 PH 县教师待遇,虽然两县同处于 ZZ 市,但两县乡村教师职业幸福感有所差别,但总体上,乡村教师职业幸福均较低。

5. 乡村教师社会地位不高

社会地位影响乡村教师职业幸福感,当前乡村教师社会地位有待提升。乡村教师相较城市教师而言,内部竞争机制以及外部评价机制等较为不足,从而影响乡村教师社会地位获得。以 ZZ 市为例,访谈中,访谈对象 LL 谈道,"ZZ 市第二中学如果哪个教师课程质量高,许多学生的家长都会去请教,那么他的社会地位就相对高一些;而农村的学生家长,则缺乏对教育的相应重视,乡村教师社会地位就较差一些,影响乡村教师职业幸福感"[③]。对此,访谈对象 LL 还认为,"以前社会对教师较为尊重,今天与之相比,尊重程度有所下降,这都容易导致教师职业幸福感下降"[④]。

---

① 访谈资料来自 2021 年 11 月 13 日在 NJ 县教育局对进修学校工作人员 LXA 的访谈。
② 访谈资料来自 2021 年 11 月 13 日在 NJ 县教育局对进修学校工作人员 LXA 的访谈。
③ 访谈资料来自 2021 年 11 月 7 日在 ZZ 市扶贫办对教育局工作人员 LL 的访谈。
④ 访谈资料来自 2021 年 11 月 7 日在 ZZ 市扶贫办对教育局工作人员 LL 的访谈。

第四章 乡村教育振兴内容

6. 乡村教师发展保障缺乏

发展保障制度影响乡村教师职业幸福感。虽然,目前"县域"一些县市区乡村"一线"教师不太愿意调往"二线"城镇发展,但是他们在乡村从教中总体处于"随大流"状态,缺乏提升教学质量及发展乡村教育的内在动力。如乡村义务教育教师一般都持有学士学位证书及大学毕业证书,具有一定的教学能力。但是,他们缺乏持续提升业务能力的动力,其实质为职业倦怠。一些县市区新招聘教师下沉乡村一线从教五年,在该五年内,虽然乡村一线教师队伍总体较为稳定,但是,这些教师几乎未获得任何成长与发展,缺乏追求业务能力提升,因相应的成长保障机制缺乏。相对而言,乡村"一线"学校的管理干部,他们更具有发展动力,访谈对象CYP对此谈道,"如果他们在农村中小学的学校当管理干部,他们能接触到的比较高级别的干部主要为乡镇长、乡镇书记等,他们接触当地公务员干部的机会非常少。但是如果他们到城市发展,在城市学校中担任校长职务,那么,他们与当地政府相关部门干部相处就较多,社交圈子就不一样。但是对农村乡镇中小学学校普通教师来说,他们如果到城市任教,社交方面很难有所突破。所以这也是他们缺乏发展动力的主要原因"[1]。

业务培训是促进乡村教师发展的重要保障。国家继续教育相关制度要求每个乡村教师都必须参加培训。以乡村义务教育为例,现实中,乡村义务教育学校的教师较少参加培训,访谈对象LXA对此谈道,"NJ县曾经开展一个调查,调查结果显示五年内,平均每个乡村义务教育教师接受培训的次数为1.1次,大致为一个乡镇中心校一年内,接受培训的教师低于五位。乡村义务教育学校教师专业工作需要提升。比如在教师内在驱动力方面,需要教师具有自学习惯,通过自学促进教学水平提升,改变长期以来一层不变的教学内容及教学方式,更需要学习、培训,通过网络学习等方式。但是,目前乡村义务教育教师的自学动力不足,主要通过上级教育部门引导、组织学习,如通过进修学校引导、开展专项培训,教师才愿意参加学习。总体上,培训学校为乡村教师开展一些专项培训,但乡村学校教师在'走出去'及'引进来'方式的业务学习方面还需要提升,在专业成

---

[1] 访谈资料来自2021年11月9日在PH县教育局对教育局工作人员CYP的访谈。

长方面还未达到要求"①。

（四）乡村教师专业素质有待提升

以往，乡村教师主要毕业于师范院校，素质及品德等各方面都较高。访谈对象 LXA 认为，"现在教师尤其是年轻教师，一不具备吃苦精神，二没有责任心，三享乐主义思想严重。以前的师范生与现在的师范生在综合素质方面也存在很大的差别，以前的师范生在初中、高中年段中排名都是前十名，现在小学教师不一定是这类学生。所以，需要提高教师待遇，才能将真正优秀的人才选拔到教师岗位。否则，就有可能出现一些书写能力、表达能力差甚至职业院校毕业的学生从事教师职业，未来将影响家长把学生交给学校教育。现在，很多乡村学校教师都是独生子女一代，他们不愿意学习和提升，遇到领导或同事听课给他们提一些意见，他们不考虑这些意见是否客观，反而认为对方对他们有意见，他们无法接受别人的批评和意见，不愿意学习"②。

乡村教育面临的窘境是乡村教师数量无法满足现有的教学需求。如招聘了英语教师，但缺乏语文、数学等教师，那么就容易产生需要由新招聘的英语教师兼任数学、语文等课程的教学工作的问题。乡村教师需要向全能型方向发展，否则无法适应乡村教育新需求。以往师范院校培养的教师大多是全科型教师，而不是分学科专业培养教师。访谈对象 LXA 认为，虽然师范院校可以通过培养更多的师范生为地方输送教师人才，但关键是师范院校需要提高师范生专业水平。近年师范院校发展方向主要为学术研究型，较少真正培养能够开展教学、具备教学能力的学生。访谈对象 LX 继续谈道，"有一些师范院校毕业的教师，本身专业基础知识不够扎实，如经常出现一些错别字甚至是笔画笔顺方面的错误。原因可能在于师范院校没有重点培养师范生的教学能力"③。访谈对象认为，原因可能为当前师范院校致力于追求学科专业学术发展。同时，也与相关中小学教师的职称评聘与课题论文发表等的相关性有很大关系，导致乡村教师关注点不在教学、而在科研，乡村教师的目的性在此出现偏差。

---

① 访谈资料来自 2021 年 11 月 13 日在 NJ 县教育局对进修学校工作人员 LXA 的访谈。
② 访谈资料来自 2021 年 11 月 13 日在 NJ 县教育局对进修学校工作人员 LXA 的访谈。
③ 访谈资料来自 2021 年 11 月 13 日在 NJ 县教育局对进修学校工作人员 LXA 的访谈。

（五）乡村教师编制数量缺乏

"县域"县市区乡村学校教师编制数量普遍缺乏。访谈对象 LXA 谈道，"幼儿园的老师没有编制，可能影响到教学质量，教师不好找，乡村"二线"县城学校有正规的教师，但是基本上都退居"二线"。现在这些幼儿园的教师，说白了就是看着别让孩子们打架。幼儿园教师没有办法有编制，因为所有教师的编制都是要通过政府组织的考试，编制是要政府给的"①。访谈对象 LXA 继续谈道，"县城幼儿园教师有编制，乡村幼儿园不是公办的、就没有编制。乡村这两年都是小学教学点，都是小学一二年级和幼儿园小班、中班、大班，基本上都是连在一起的"。②

乡村教师编制缺乏也呈结构性特点，如一些专业的教师满编，一些专业的教师缺编，以音乐、美术等专业教师缺编为典型，从而产生了非编教师偏多的问题。访谈中了解到，ZZ 市乡村教育面临的一个普遍问题为非编教师偏多，此类教师从教原因多种多样，或者因考编未考上暂时应聘非编岗位，或者因毕业后未找到适合工作而选择非编岗位。但是，他们的专业素质水平无法得到保证，因为大部分县市区在招聘临聘教师时，往往采取只要有人应聘就录用的态度，这也在一定程度上影响了乡村师资队伍的稳定性。该市 LW 区的乡村非编教师较多，其他县区乡村非编教师相对较少。访谈对象 LXA 认为，"代课教师并不影响乡村教育质量，非编教师才是影响乡村教育质量的关键因素，LW 区乡村教育质量差，就与该区非编教师数量多有关"③。访谈对象 LXA 继续谈道，"非编教师虽然解决了乡村教育中的一部分问题，但是在此过程中也产生一系列问题。最为典型的是，非编教师责任心不强问题。如 NJ 县有一所乡村学校的一位非编教师，开学初学校为他安排教授一些课程，但在开学当天，该教师提出，教书工作累，想放弃。第二天学校就安排另外一位非编教师负责该课程教学，结果，该教师也提出辞职，最终，学校无法临时找到教师接替开展教学工作"④。

实际上，非编教师临时就职教师岗位，主要目的在于考取公务员或者事业单位编制，一旦他们考取成功、便辞职。现实中就出现此类问题：如

---

① 访谈资料来自 2021 年 11 月 13 日在 NJ 县教育局对进修学校工作人员 LXA 的访谈。
② 访谈资料来自 2021 年 11 月 13 日在 NJ 县教育局对进修学校工作人员 LXA 的访谈。
③ 访谈资料来自 2021 年 11 月 13 日在 NJ 县教育局对进修学校工作人员 LXA 的访谈。
④ 访谈资料来自 2021 年 11 月 13 日在 NJ 县教育局对进修学校工作人员 LXA 的访谈。

每学年的第一学期，非编教师基本都在岗开展教学工作，但是到第二学期，他们可能开始参加公务员或者事业单位入职考试，无时间和精力等开展教学工作，更少负责开课。等入职考试结束开始公布成绩时，尤其是他们获得笔试成绩通过消息时，就开始准备面试工作，向学校提出辞职。

我国现阶段乡村教育师资建设面临诸多共性问题，如存在教师总体数量不足，且容易流失；教师年龄结构不合理，年老教师多、年轻教师少；教师职业幸福感低下，生活内容单一、成就感不足、职称评聘难、待遇低下、发展保障缺乏；教师专业素质有待提升；教师编制数量缺乏等。上述问题是制约乡村教育振兴的核心问题。其原因既与乡村生活配套设施不足有关，也与县市区财政不足、难以保障乡村教师待遇相关。因此，建设"县域"乡村教育师资队伍，需要对上述共性问题实施有效的制度措施。

二 乡村教育师资振兴措施

（一）加大乡村教师招聘、轮岗力度

各县市区加大乡村教师招聘，以 NJ 县为例，访谈中了解到，该县每年大致招收一二十名年轻教师，新聘教师都分配至乡村。但乡村学校老教师总体不上进，他们经常不更新教案，长期用陈旧的教案开展教学。老教师的该类做法容易影响年轻教师成长。为破解此问题，各县市区都制定措施，如 NJ 县 2016 年就开始实施"菜单式跟岗"计划，要求新招聘的乡村教师，在刚开始的三年服务期内，每学期都到乡村"二线"的城镇学校跟岗两周，其余时间则留在乡村"一线"学校开展教学工作，从而确保新教师提升对职业发展有益的知识及技能。

同时，以 FA 市为例，该市强化师资保障，在财力有限、编制总量严格控制的情况下，每年新增教师倾向乡村"一线"，三年来该市共补充义务教育阶段新教师 274 人，有效缓解了教师队伍的结构性矛盾。重视教师队伍定编和配备工作，综合统筹各校的教职工调整安排，2021 年补充新聘教师 166 人。[①] 推动建设一支"下得去、留得住、教得好"的稳定乡村教师队伍。开展城乡学校结对帮扶等活动，扩大优质资源的辐射作用。开展"名校长"评选、城区小学校长到乡村支教、乡村小学校长到城区学校跟

---

① 访谈资料来自 2021 年 12 月 25 日在 FA 市扶贫办对教育局工作人员 LWH 的访谈。

班学习、初中副校长挂职学习锻炼等活动"，实施以提高乡村教师教育教学能力和水平为重点的专项培训计划。

西部县市区也增配师资，如 LX 州配强师资力量，2019 年一次性招聘紧缺学科教师 2899 名，引进高层次人才 140 名。落实教师校长交流轮岗制度，鼓励和引导优秀校长、教师向乡村一线流动，共交流校长 220 人、教师 3363 人。实施扩大招聘、加强轮岗交流等措施，优化教师资源配置和乡村教师结构，在 2019 年招聘 2899 名教师的基础上，2020 年招聘特岗教师 948 名，引进教育高层次人才 60 名；2020 春季学期轮岗教师 122 人。[①]

（二）落实"特岗教师"制度

县市区普遍落实"特岗教师"制度。如 FA 市针对乡村教师结构性缺编问题，实施"特岗教师"优惠政策，和高校应届毕业生签订服务乡村五年计划。但乡村条件简陋，大批优秀青年教师想方设法考出、调出甚至辞职、离开乡村，最后留在乡村教学点任教的教师，大多数为转正的民办教师或当地教师。访谈对象 JSY 谈道，"现在我们山区每年新分配的老师，主要通过考试到贫困地区，贫困地区有'三支一扶'。但'三支一扶'招聘教师较少，更多的是实施特岗计划，特岗是全国给的，这个名额比较多，已经实施将近有十多年了，教师一分配就全部都下乡学习，不让留县城，他们在山区最少呆八年之后才用。这个政策就是让他们到最偏远的山区县锻炼"[②]。

（三）发挥乡村名师作用

名师帮扶乡村教师成长是乡村师资建设的重要手段。当前教育要求打破"五唯"，唯论文、唯学历、唯文凭等，"五唯"导致教师将教学这一主阵地丢失。访谈对象 ZF 谈道，"名师效应并不可信，许多名师可能一周上不了两节课，更多的是找其他的教师来顶替他们上课，名师头上顶着较多帽子，如发表了多少篇论文、做了多少个科研项目，但真正的教学水平却无法得到保证。实际上，名师应当发挥它的带动作用，名师不仅需要提高自身的能力，还需要带动其他老师提高能力，推进教师质量总提升"[③]。

[①] 访谈资料来自 2021 年 10 月 9 日在 LX 州教育局对教育局工作人员 BL 的访谈。
[②] 访谈资料来自 2021 年 12 月 25 日在 FA 市扶贫办对教育局工作人员 LWH 的访谈。
[③] 访谈资料来自 2021 年 12 月 13 日在 XP 县教育局对教育局工作人员 ZF 的访谈。

一些县市区实施相应的措施，促进名师在乡村师资建设中的带动作用发挥。以 XP 县为例，该县在职称评聘制度改革中实施捆绑考核制度，在对发展质量比较好的学校名师考核中，捆绑考核其帮扶的乡村教师。即在考核中，不仅需要考核名师自身的业绩水平，还需要考核与其捆绑在一起的乡村教师发展水平。访谈对象 ZF 谈道，"教师多花一些时间和精力在课堂教学上、多做课题值得鼓励，但应当多做一些与课堂教学质量相关的研究。不要将课题与教学相分离，课题是课题、教学是教学。很多名师课题做的风生水起，长期做课题，但成效其实很有限。因此，应当将课题做在课堂当中、做在教学当中、做在田间地头，这样才是真正的课题，这样的课题叫做'草根课题'，当前乡村教育发展更需要此类课题"[1]。目前，该县实施帮扶结对捆绑考核制度的试行期为三年，其可能在于以此促进乡村教师队伍建设。

（四）实施东西协作支教

全国各地教师发展具有差异性，东部县市区教育师资发展总体好于西部乡村，国家实施东西协作战略，支教计划是该战略重要构成。XM 市与甘肃省 LX 州协作发展，实施支教计划，访谈对象 JSY 谈道，"XM 支教情况特殊，因为 XM 气候比较干燥，来自 XM 的支教教师到山区之后吃的不适应，旱厕也不适应。XMXA 区教育局虽然要求支教教师都要下到帮扶学校，但是因为涉及到洗澡、还有网络等生活问题，支教教师没有办法适应，最后支教教师来了都在县城，没有办法下到帮扶学校。每次 XM 支教教师来的时候，到 ZC 机场都觉得这里不错，但是，他们到了最偏远、最偏僻的农村走访以后，就了解到这个县城与乡村的差别很大，就知道这些地方确实需要帮扶"[2]。访谈对象 JSY 继续谈道，"XM 给我们的支教教师不可能长期待在这里，这个是短暂的支教，比如几个月，他们来几个月，就是给老师们转换下一些教学的理念等，但'特岗'就是直接到当地工作，三年之后他们就成当地的入编教师，成为当地新教师。而 XM 这种对口帮扶，基本上 XM 都派年轻的、学科上优秀的教师，这些年轻教师在 XM 也都有家庭，他们来支教也有一些困难，所以我们都是按照 XM 选派

---

[1] 访谈资料来自 2021 年 12 月 13 日在 XP 县教育局对教育局工作人员 ZF 的访谈。
[2] 访谈资料来自 2021 年 10 月 18 日在 YJ 县教育局对教育局工作人员 JSY 的访谈。

教师的学科和专长等安排讲座、培训等工作"①。

XM 市 TA 区支教 KL 县时，结合 KL 县教育的现状，统筹安排 TA 区 18 所优质的幼儿园、小学、初中学校与 KL 县 48 所学校、幼儿园签订帮扶结对协议，深入开展两地互访、交流活动。为切实起到共同提高共同促进的作用，TA 区创新选派支教帮扶教师管理机制，强化选派优秀教育团队、优秀教师程序，严肃支教工作纪律和工作作风；鼓励支教教师创新形式勇创工作标杆，树立 TA 教师良好形象；鼓励支教教师积极作为，通过示范课、讲座、教学研讨等多种形式开展帮扶，为进一步开展合作交流奠定良好基础，助推 KL 县提升教师整体素质、教育教学质量和教育科研的成效。支教教师帮扶工作具体内容为：一是开展教育教学交流。结对帮扶学校间进行教育教学交流，在办学理念、学校文化、学校管理、特色课程等方面开展合作。二是开展网络教育教研。开展结对帮扶学校间网上备课、上示范课、教学研讨、课题研究、专题讲座等教研活动。三是开展师生交流活动。学校领导、教师开展教育考察或网络交流等活动；学生开展"一对一"结对子、家庭共建、夏令营等交流活动。对口帮扶工作成效显著，2019 年 KL 县教育系统教师培训受众总人数达到 9767 人次，位居 LX 州各县市首位；建立帮扶校（园）全覆盖的帮扶模式，首创了"东西部协作企业职工周末学堂""两地同龄学生家庭结对"等工作亮点，获得国务院扶贫办认定并加分。2019 年，完成 XM 市教育局文件要求选派两名一年期、16 名一个月期支教工作。全年，TA 区共组织 15 批次、共计 101 人次赴 KL 县开展长期、短期支教工作，共计开展 161 场送培送教活动，推进 KL 县教育改革，提升了 KL 县的教育教学、管理水平及办学质量；同时，KL 县共计选派 5 批次、155 名教育工作者赴 TA 区开展跟岗锻炼、交流学习活动。2020 年，教育系统派出 DS 中学两位一年期支教教师赴 KL 县开展支教工作，完成 XM 市教育局文件"选派两名优秀教师"的工作要求；待防控疫情条件允许，又派出 16 名一个月期支教教师及若干名优秀教师和团队赴 KL 县开展短期送培送教工作。KL 县当地教育部门意识到当地师资水平需要大幅提升，主动配合 TA 区教育局的送培送教等工作，选派 8 名老

---

① 访谈资料来自 2021 年 10 月 18 日在 YJ 县教育局对教育局工作人员 JSY 的访谈。

师到 TA 区开展为期一个月的跟岗学习交流。① 支教教师的业务水平得到提升，教师能做好课前准备工作，精心设计教学过程，做到因材施教，在教学中能注重运用先进的教学手段，能优化课堂教学结构，课中做到明确目标，讲透知识点，训练扎实有效。课后能精心设计作业，做到既能在量上有所控制，也能注意"质"的精当，能加强培优辅困工作，能加强对学困生辅导，能花大力气提高合格率和优秀率。

针对东西协作支教效果，访谈对象 JSY 谈道，"帮扶效果方面，'十年树木，百年树人'，教育这个效果，短期看不出来，XM 来的支教教师，通过他们先进的教学理念慢慢渗透，我们到 XM 学习几个月，但是不可能把所有的东西都照搬照抄回来，主要是他们先进的东西，他们的一些做法，比如他们的投入大，我们今年投资的力度也大一些，但是我们很多基础设施跟不上，而在人文方面我们可以学习"②。总体上，东西协作支教计划取得成效，以 XM 市教育科学研究院对口帮扶 GH 县为例。从 2017 年 12 月至 2020 年 12 月的三年内，XM 市教科院先后选派 5 名优秀教师和 10 名优秀教研员，深入 GH 县中小学、幼儿园，就学校管理、幼儿园日常管理、教师队伍提升、教科研工作等方面进行帮扶，帮扶主要针对新形势，把"面向教师"作为支教工作重点。③

（五）提升乡村教师待遇

国家高度重视教育，不断加大乡村教育经费投入力度，访谈中了解到，国家加大公共经费投入力度，如五六年前，生均公共经费为 500—600 元之间，现已达 980 元左右，整整提升两倍多；相应地，国家也加大对教师经费投入，实施乡村教师专项培训；乡村学生可以获得补餐、补助等。农村专项补贴在一些县市区乡村"一线"能够留住乡村教师，该类教师一般不向往进城工作，因乡村任教可以获得专项补贴，同时，乡村学校班级学生数量不多，工作量不大。

县市区层面不断提升乡村教师待遇，如 FA 市开展中小学教师有偿补课专项治理和师德师风建设，将师德师风作为评价教师队伍素质的第一标

---

① 访谈资料来自 2021 年 10 月 23 日在 LK 县教育局对教育局工作人员 WGS 的访谈。
② 访谈资料来自 2021 年 10 月 25 日在 YJ 县教育局对教育局工作人员 JSY 的访谈。
③ 访谈资料来自 2021 年 11 月 3 日在 GH 县教育局对教育局工作人员 HZK 的访谈。

准，实行"一票否决"的基础上，选树和宣传乡村优秀教师和师德典型，教师节期间表彰优秀教育工作者和优秀教师200多名。该市第二实验幼儿园LLX入选第十四届宋庆龄幼儿教育奖表彰对象，SL中心小学WKZ入选乡村优秀青年教师省级培养奖励计划人选。组织开展特岗教师健康体检、困难教职工慰问等工作。西部一些县市区加大激励力度，如LX州落实乡村教师待遇，按人均月补助不低于400元的标准补助乡村教师生活；YJ县实施资金优先，足额落实教育经费，及时发放班主任工作和乡村教师津贴；每年教师节期间召开表彰大会，筹措资金近300万元，对教育先进集体、优秀教师、优秀学生等予以表彰奖励。[①]

不同乡村教师收入具有差异，访谈中，访谈对象LXA谈道，"NJ县离PH县虽只有20公里左右，但是两县间教师待遇差距比较大，各个职称级别教师的工资差距大致为1000元左右，如果再加上年终奖，那么工资待遇总体差距就更大"[②]。

（六）优化乡村教师职称评聘制度

县市区优化乡村教师职称评聘制度。XP县访谈对象ZF建议，"在小学阶段不应当按照学科分类评定职称。职称设定的标准制约着全能型教师的发展。目前，中小学课程设置及教师职称认定等工作主要由高校教师负责。实际上，高校教师对农村基层教育工作现实并不十分了解，也缺乏相应的实践经验，那么他们开展的相关论证工作也比较宏观，无法真正落到实处，该种论证是否真的能够促进乡村地区教育发展还有待考察。目前，县级层面调研队伍对基层的情况比较了解，市级及以上的调研队伍掌握的调研内容就比较空泛一些，对基层的具体状况并不十分了解"[③]。

县市区设置完善职称评聘制度等。以往，乡村义务教育教师主要实施评聘分离职称制度，但近年，实施教师只要评上职称就可直接聘任的制度，如果教师未评上高级职称，但已经任教满25周年且未存在违法违纪行为，工作尽职尽责，也可以获得相应的职称待遇。实际上在县城，实施教师需要工作满30周年及以上才能自动评聘职称的制度。一些县市区能

---

① 访谈资料来自2021年10月18日在YJ县教育局对教育局工作人员JSY的访谈。
② 访谈资料来自2021年11月13日在NJ县教育局对教育局工作人员LXA的访谈。
③ 访谈资料来自2021年12月13日在XP县教育局对教育局工作人员ZF的访谈。

够落实该制度，一些县市区却未落实，依然存在教师退休的时候继续为二级教师的待遇。

（七）加大乡村教师培训力度

县市区乡村教育教师业务能力需要提升，如乡村教师使用信息化资源和设施的能力，就需要通过组织教师参加教育培训、教职活动等方式获得。但如果安排教师参加教育培训及活动等，学校现有教师数量有限，缺乏相应的教师替代开展教学工作。因此，一旦教师参加培训，就出现缺乏教师开展教学的问题。即一方面，需要安排教师参加培训提升能力，另一方面，学校又无法为教师培训提供时间、教学等条件保障，在一定程度上制约了教师参加培训。此外，乡村学校义务教育教师接受培训少，还因为学校培训经费不足。

乡村义务教育教师在专业提升方面，大部分依靠进修学校教研员开展培训等工作。乡村教师缺乏自我提升意识。访谈对象CYP谈道，"可以让教师跟着高等院校教科研领导或者教授开展科研，或者高等院校与县市区乡村开展"手拉手"引领行动，提升乡村教师专业水平"[1]。但目前，乡村义务教育教师缺乏高等院校教授带动。CYP继续谈道，"农村教师获得的外出培训主要为成长性培训。如2021年，PH县加大对乡村教师的培训力度，培训对象主要是骨干教师，培训内容较为前沿，培训方式基于疫情以网络平台线上培训为主。但网络培训教学质量难以保障，虽然培训通过教学过程管理给予解决，如要求学员在培训中做好笔记"[2]。

"县域"县市区积极加大对乡村教育教师培训力度。东部县市区积极实施乡村教师培训，以PH县为例，该县乡村教师培训总体目标为每五年实现平均每个教师获得培训1次，但访谈对象认为，不可能做到每位教师每年都获得培训。该县培训的做法为，实施分类培训，即将乡村义务教育教师分为四个类型开展相应的培训，具体为：普通教师占培训教师数量的80%，主要通过线上培训方式完成；骨干教师、学科带头人和管理者等教师占培训教师数量的20%，主要由当地教育局系统负责开展，合计参加培训教师有1000多人，大概需要在3—5年内完成，培训项目投入大。该培

---

[1] 访谈资料来自2021年11月9日在PH县教育局对教育局工作人员CYP的访谈。
[2] 访谈资料来自2021年11月9日在PH县教育局对教育局工作人员CYP的访谈。

训业务承接方为福建师范大学，培训课程涉及的学科专业多，要求每位培训对象教师参加20节课时的培训。① 同时，还邀请福建师范大学教授开展线下现场培训，实现线上线下混合式培训。

SN县强化教师业务水平提升，采取"请进来、走出去""外引内培"的方式，努力促进教师学习先进教学理念和优质教育资源，具体为：一是"走出去"。2021年，该县合计组织15名校长、骨干教师到PT市的优质学校跟岗学习、参观考察，学习借鉴先进的教育教学理念和管理经验等；SN一中、XD希望学校与XM外国语学校开展合作共建，两校分批次派出管理人员和学科骨干教师到XM外国语学校跟岗交流。二是"请进来"。聘请省市36位专家到该县开展送教送培工作，如邀请XM外国语学校、FZ市QT小学教育集团、GL第五学区、ND市教师进修学院、ND师范学院附属小学、ND市华侨小学等学校的名师到该县开展培训，参加培训教师合计有341人。邀请福建省名师FZ一中的CDY到SN一中为高三学生开设分层辅导讲座及教师教学指导讲座。根据该县与FZ市MW区教育对口帮扶工作安排，开展教师专业能力提升专项培训，该县合计有13所学校开展同课异构教学研讨活动，开课57节，开设讲座两场，共有500多位教师参加培训。三是"内培"。不等不靠，主动作为。教师进修学校、名师工作室充分发挥名师的示范引领作用，组织该县名师团队下乡送教送培活动103次，参加培训6593人次，开设示范课、观摩课322节，讲座114场，组织新教师培训3次，参加人数92人次，有效推动一大批教师专业成长。② 以FA市为例，该市全面落实各级各类培训任务，采用"引进来""走出去"等多种培训模式，开展教育管理者培训、优秀班主任培训、新教师培训等十多项，参与教师达6000余人次。如该市在ND市教师教育教学技能大赛中，获得金牌总数约占ND市三分之一。③ 同时，以ZR县为例，该县通过小学教师转岗、公开招聘等多种途径补充教师的基础上，采取"走出去，请进来"等方式，开展以提高教育教学能力为重点的幼儿教师培训，强化教学基本功训练，培养合格幼教师资。三年来，共培训教师

---

① 访谈资料来自2021年11月9日在PH县教育局对教育局工作人员CYP的访谈。
② 访谈资料来自2021年12月15日在SN县扶贫办对教育局工作人员LX的访谈。
③ 访谈资料来自2021年12月25日在FA市扶贫办对教育局工作人员LWH的访谈。

700余人次，大大提高该县幼教队伍整体素质。①

西部县市区也积极实施乡村教师培训制度。以LX州为例，该州加强教师队伍培训，结合疫情防控需要，突出加强教师网络培训，如对2019年新招聘的教师全部开展"青椒计划"网络岗前培训，对所有乡村教师开展疫情防控及线上教学能力提升网络培训，如组织DX县、JSS县、YJ县合计1200名教师开展教师能力素养提升网络培训。②该州继续依托国培、省培和州级培训项目，组织部分乡村骨干教师接受高层次培训。

针对东西部县市区乡村教师培训工作力度的差异，访谈对象JSY谈道，"双方之间无论是文化差距还是经济差距都比较大，据支教教师说，XM学校培训经费投入大，我们县上总共就这点钱，XA区的教师培训投入等同于我们整个省的教师培训经费投入，我们的工业不发达，亿级企业不多。但是他们这样的企业就很多，所以他们的经济好，培训经费多"③。

（八）精准培养乡村教师

加大精准培养"县域"县市区乡村教师，尤其是促进师范院校精准培养乡村教师。以老区苏区师范大学MN师范大学为例，该校创办于1958年，地处原中央苏区及革命老区JL江畔。现有两个校区，占地面积约2000亩，发展有68个本科专业，涵盖教育学、理学、艺术学和历史学等十大学科门类，其中，本科师范专业有17个、硕士师范专业有10个，覆盖学前、小学及中学等基础教育。小学教育、汉语言文学、数学与应用数学、化学等4个专业通过教育部师范专业第二级认证。全日制在校普通本科生、研究生合计2万余人。④学校以"面向基础教育，服务基础教育"为办学理念，以培养教师教育复合型人才为目标，积极响应国家乡村振兴战略，发挥师范教育办学优势，培养高素质基础教育师资，努力把学校建设成为一所特色鲜明、多学科融合发展的高水平师范大学。注重立德树人，培养"有理想信念、有道德情操、有扎实学识、有仁爱之心"的卓越教师，为乡村基础教育输送大批量教师，充实师资队伍，具体措施为：

一是从生源源头精准培养乡村教师，将招生政策向农村贫困地区倾

---

① 访谈资料来自2021年12月21日在ZR县扶贫办对教育局工作人员HT的访谈。
② 访谈资料来自2021年10月9日在LX州教育局对教育局工作人员BL的访谈。
③ 访谈资料来自2021年10月18日在YJ县教育局对教育局工作人员JSY的访谈。
④ 访谈资料来自2021年6月10日在MN师范学校对工作人员WSK的访谈。

斜。近年，农村户籍学生在录取新生中占比逐年增加，由2013年的58%提升至2020年的67%左右；面向福建省招生的"地方农村专项计划"数量由2014年的127人增加至2020年的297人；面向西藏、新疆和贵州等地招生的"中西部协作计划"数量在2020年占招生总数的28.2%。二是多措并举构建发展型资助体系，确保学生顺利完成学业返乡任教，反哺乡村基础教育。2017年学校获评福建省学生资助管理中心标准化建设达标单位，2018年获福建省最佳学生资助工作单位，2019—2020学年共认定家庭经济困难学生4647人；2020年成为福建省首批"兴才励志成长基地学员培训点"。三是深化人才培养模式改革，实践师范生实习新模式。学校改革人才培养模式，协同相关教育主体开展师范生服务乡村基础教育实践。2009年以来，在全国建立9个县级教师教育创新实验区，协同地方教育主管部门及乡村基础教育学校等实践"师范生实习支教"，至今已组织14个教育相关专业7224多名学生赴全国15个县市（区）66个乡镇125所次农村中小学、幼儿园开展支教。师范生实践能力得到提升，近年在福建省高校师范生教学技能大赛中获奖人数稳居全省前列；服务乡村基础教育责任心和使命感不断增强，以福建省LY籍师范生为例，回乡任教占当年毕业、就业师范生总数的比例达70%以上。[1]

该校还提供多元化乡村基础教育社会服务。一是为乡村基础教育教师提供培训，建设相关研究平台，提升乡村基础教育师资队伍建设水平。2010年来，学校为各创新实验区教师合计举办40余场专题培训，提供培训教师100多人次，获得培训乡村教师5480余人次。[2] 积极承办福建省乡村教师素质提升工程培训项目，发挥服务乡村基础教育功能，打造教师教育培训品牌。设立"福建省教育督导智库"、福建省高校哲学社会科学十佳讲坛"乡村振兴战略研究院""福建省未成年人心理健康成长指导中心"及"家庭教育成长研究中心"等系列服务乡村基础教育平台，承接大量乡村基础教育纵横向课题，举办系列相关主题学术论坛。积极向政府建言献策振兴乡村基础教育，多份资政报告获省部级领导批示。二是选派优秀干部驻村任职，推动村庄获得基础教育发展资源。学校积极响应福建省

---

[1] 访谈资料来自2021年6月10日在MN师范学校对工作人员WSK的访谈。
[2] 访谈资料来自2021年6月10日在MN师范学校对工作人员WSK的访谈。

委省政府关于打好精准脱贫攻坚战的决策部署，选派多名优秀干部在贫困地区农村驻村蹲点，协助驻村干部多方筹措资金及向上级政府争取扶持政策，维修改造派驻村学校设施设备，改善派驻村基础教育办学条件。三是打造协同发展乡村基础教育共同体，联合服务乡村基础教育。学校各学院分别与相关县市乡村中小学及幼儿园共建，开展对口帮扶；助力部分发展质量较好的乡村中小学建设基础教育示范学校；联手其他老区、苏区等师范院校联合提供服务，如与NN师范学院探索联合培养研究生的人才培养模式，合力培养乡村基础教育高素质创新型教师教育人才。

东、西部县市区针对区域乡村教育师资队伍建设中存在的问题，实施相应的师资振兴措施，具体包括加大乡村教师招聘、轮岗力度，落实"特岗教师"制度，发挥乡村名师作用，实施东西协作支教，提升乡村教师待遇，优化乡村教师职称评聘制度，加大乡村教师培训力度，竞争培养乡村教师等。实施上述措施的总体思路为，有效整合区域内、外部各类师资资源，合力提高区域乡村师资队伍数量以及提升师资质量，助力乡村教育振兴。同时，县市区还充分利用国家以及地方层面现有的制度，加大落实乡村师资队伍建设制度，以及不断完善"县域"乡村层面师资队伍建设制度，促进乡村师资队伍建设成效释放。

三 乡村教育师资振兴成效

"县域"县市区乡村各类学校师资队伍建设取得良好成效。东部县市区乡村学校师资建设成效以FD市第一中学为典型。该校创办于1938年秋，2001年被评为福建省"一级达标"学校。主校区占地面积83亩，建筑面积26828平方米，现有44个教学班。高中在校生2000多人，高中专任教师147人，其中，高级教师67人、一级教师79人、国家级骨干教师2人、省级骨干教师12人。学校教师队伍结构合理，形成以高、中级教师为骨干的高素质师资队伍。SN县第二中学属公办学校，2003年通过福建省三级达标复查。学校有教职工180多人，其中，高级职称教师70多人，市级骨干教师十多人，县、校级骨干教师、学科带头人20多人。XP第六中学是福建省二级达标中学。该校设置初、高中教学班46个，学生数2283人。有教职工194人，其中，中学高级教师60人，一级教师71人，硕士研究生1人，国家级骨干教师1人，省级学科带头人1人，省级骨干教师5人，市级骨干教师29人，县级学科带头人12人，基本形成一支以中青年教师为骨干，中高级教师为主导的师资队伍。①

西部县市区乡村学校师资建设成效以YJ县移民中学为典型。该校现有教学班49个，学生2440人。有教职工276人，专任教师242人，其中，中学高级教师91名，正高级教师3人，省、州级、县级骨干教师38名，中级教师133名，硕士研究生45人，从北师大、华东师大招聘免费师范生5人，俄语硕士2人，日语硕士2人。学校现有"LY名师"二级工作室3个，县级名师工作室3个，西北师范大学基础教育合作基地3个。YJ县CN小学是2004年8月成立的一所城镇完全小学，是国家"二期"义教项目，占地面积4047平方米，建筑面积2217平方米。现设12个教学班，共有551名学生。有教师31名，其中音乐、体育、英语、计算机课程专职任课教师4名，教师学历达标率100%，该校省级骨干教师2名，省级小学数学学科带头人1名，省级青年教学能手1名，州级青年教学能手2名，州级骨干教师3名，县级骨干教师3名。GH县GH一中有40个教学班，在校学生2150名。有教职员工175人，其中，专任教师134人，本科及以上学历教师99人。高级教师7人，中级教师33人。省级"园丁奖"获得者7人（次），州级骨干教师2名，州级教学能手1名。②

"县域"乡村教育师资建设取得了较好成效。如一些乡村学校高级职称教师的数量以及比例都有所增加，这一方面得益于县市区师资人才引进制度保障，另一方面也因为"县域"改革创新乡村教师职称评聘制度。此外，也与提升乡村教师教育教学能力培训开展等有关。总之，重视乡村教育师资队伍建设，是促进当前我国"县域"县市区乡村师资队伍建设取得成效的重要因素。师资队伍振兴是乡村教育振兴的核心，未来还需要持续加大建设"县域"县市区乡村师资队伍力度。

第三节　乡村教育质量振兴

学校行政管理以及教学管理等都是乡村教育管理的重要构成。疫情防

---

① 访谈资料来自2021年12月18日在FD市扶贫办对教育局工作人员GXL的访谈。
② 访谈资料来自2021年10月18日在YJ县教育局对教育局工作人员JSY的访谈。

控期间,"县域"各县市区乡村学校积极做好疫情防控工作、筑牢校园安全防线,加大行政管理力度;建设教学管理机制,注重教研工作,提升教学质量,取得了良好成效。

一 乡村教育行政管理

疫情防控期间,各县市区乡村教育学校努力做好疫情防控工作、筑牢校园安全防线。以 FA 市为典型,该市认真贯彻落实党中央、国务院和省、市有关疫情防控工作精神,科学精准做好校园疫情防控工作,巩固疫情防控成果。如 2021 年秋季学期初,完成 128000 余名师生员工核酸检测,以及托幼机构教职员工每月一次核酸检测、学生 10% 核酸抽检工作。2021年,高考、中考等准备充分,措施严实,操作规范,实现"平安考试"目标。有序推进新冠疫苗接种工作,相继完成市教职员工(除持禁忌证明外)接种率 100%,12 周岁以上学生 42659 人、接种率达 99.4%,3—11周岁学生 76782 人、第一剂接种率达 98.8%、第二剂接种率达 93.8%(部分时间未到)。开展各类安全主题教育进校园活动,突出预防溺水、道路交通、消防安全、食品安全、卫生健康、心理健康教育、灾害预防、防校园欺凌等内容。全年召开市学校安全工作稳定会议和学校安全季度分析会合计 11 场。开展学校校园及周边综合整治 7 次,覆盖城区及重点乡镇。校园安全隐患排查发现隐患 659 项,并全部整改到位。该市中小学幼儿园(含民办园)实行封闭化管理率 100%,一键报警装置率 100%,视频监控与公安部门联网率 100%,护学岗设置率 100%,配备保安 321 名,聘任法制(治)副校长 101 位。联办消防逃生应急演练和校(园)长消防安全培训。制定校园欺凌防治专项行动工作方案,实行月排查机制。聘请预防溺水安全劝导员 101 位。开展反诈防骗宣传辐射 20 万余人。全国中小学禁毒知识竞赛成绩居 ND 市第一。[①]

SN 县抓好校园安全工作,营造良好教育氛围。做好常态化校园疫情防控工作。认真贯彻执行中央、省、市、县关于疫情防控的相关精神,具体措施有:一是扎实做好该县教育系统的学校卫生保健工作和疫情防控常态化工作以及该县教师员工全员核酸检测"应检尽检"和学生疫苗接种"应

---

① 访谈资料来自 2021 年 12 月 25 日在 FA 市扶贫办对教育局工作人员 LWH 的访谈。

第四章 乡村教育振兴内容

种尽种"工作,全力保障师生健康。至2021年,该县师生共开展三轮核酸检测,合计4万多人次。3—11岁累计第一剂接种17586剂,第二剂接种16236剂;12—17岁累计第一剂接种13886剂,第二剂接种13931剂;教职工累计第一剂接种2892剂,第二剂接种2836剂,第三剂接种2078剂。继续推进全县师生新冠病毒疫苗接种,全力保障师生健康。全面推进乡村校园安防建设,该县学校配备合计120名专职保安员,配置63个硬质防冲撞设施,安装一键式紧急报警装置63个,安装视频监控探头1257路,设置63个护学岗,实现中小学幼儿园专职保安员配备率、学校封闭化管理率、一键式紧急报警和视频监控系统达标率、学校"护学岗"配备率等安全防范建设"4个100%"工作目标。加强隐患排查整治,该县学校共排查出一般安全隐患132条,并全部整改到位。同时,提升风险防范,完善意识形态研判机制,加强对学校意识形态阵地的建设和管理,实行网站和新媒体信息发布"三审三校"机制。加大政务信息公开力度,主动回应社会关心关切问题。开展"宪法宣传周"等活动,引导广大师生学法、知法、守法、用法。畅通群众信访诉求渠道,建立受理、办理、反馈、回访协调联动机制,妥善处理群众咨询类诉求400多件,满意度居ND市前列。[1]

县市区乡村学校加大行政管理力度,以ZZ市第一中学为典型,该中学位于XC区ZS南麓,为全日制高等中学。共有三个年级,38个教学班。学校占地95371.12平方米,其中,绿地面积达32044.7平方米。与香港YD国际有限公司签订合作办学协议,建设ZZ一中分校,实现高、初中分设,在对外交流、开放中更好发挥社会效益。该校领导班子现有成员6人,其中,有3名特级教师,有2名市专业技术拔尖人才,积极探索基础教育改革与发展的新理念、新思路和新举措,较好吸取先进教育理念和现代化管理经验。党政领导班子严格执行领导班子工作制度各项规定,把坚持民主集中制作为集体领导议事决策的根本制度,团结协作、相互尊重、各司其职、各负其责,重大问题和决策通过班子集体研究确定,重大决策由教代会审议通过,形成民主平等的交流氛围和科学高效的决策机制。班子成员有较好思想素质、较强服务意识、较高管理水平,坚持以人为本、

---

[1] 访谈资料来自2021年12月15日在SN县扶贫办对教育局工作人员LY的访谈。

以发展为本，坚持教育为社会主义现代化建设服务，注意加强工作作风建设，强化管理服务意识，紧紧依靠广大教职工，调动全体教职工办学积极性。根据"以人为本、全面发展、科研兴校、改革创新"的办学理念和实现"最终把学校建成为培养人才的摇篮，素质教育的基地和精神文明的窗口，成为一所具有鲜明特色的一流名牌学校"的办学总目标，在推进学校内部管理体制改革中，开展积极有益的探索和改革，如建立校长负责制、党组织为政治核心、教代会民主管理的运行机制；实行教师聘任制、岗位责任制；推行劳酬挂钩、以量计酬、多劳多得的奖励机制等，形成了科学合理的用人机制和有效的激励机制。改革奖金分配制度，打破津贴奖金平均制，向教学一线教师倾斜；实行教职工聘任制，落实行政后勤人员工作责任制和签到制度等，在管理上呈现出应有的生机与活力，办学水平和办学效益稳步提升。促进教师专业成长，打造出一支优秀教师队伍，关注学生个性差异，帮助学生实现个体价值。

行政管理是乡村教育管理的重要内容，也是促进乡村教育质量提升的管理保障。"县域"东、西部县市区乡村学校无论是在疫情防控时期还是在当前，都高度重视学校行政管理工作。具体包括在道路交通、消防安全、食品安全以及心理健康等方面不断加强校园安全建设。尤其是加强乡村学校法治建设，不断完善法治管理制度，提升行政服务意识和水平，有效促进了我国"县域"乡村教育行政管理现代化，助推乡村教育质量振兴。

二 乡村教育教学管理

（一）县市区乡村教育教学管理

县市区加大乡村教育教学管理制度建设。以 FA 市为典型，该市普通高考再创佳绩，2021 年全市 600 分以上考生 165 人，总量、优秀率继续保持 ND 市第一，本一上线率 29.04%，本科以上上线率 73.9%。FA 一中《深化课堂教学改革"五育并举"融合育人》获福建省省教学成果一等奖，并刊发于《中国教育报》。义务教育稳中有升。该市深入推进新课程改革，营造良好的育人环境，促进学生身心健康、全面发展。中考成绩总体较好，700 分以上全市 435 人，总量居 ND 市第一。其中，CS 中学、ND 民中、DY 学校、FA 三中等 4 所学校中考综合比率进入 ND 市前 40 名。实小

LJ校区成功1+1教育、NH校区"行知"教育、FY校区自能教育、YQ校区若水教育、YF小学尚善教育、BY小学品质教育、HC一小养成教育、LJ中心小学动漫教育等都取得新成效。继续深化教育集团化办学改革，促进城乡区域学校优质均衡发展，成功举办福建省第十场教育教学开放周活动、实幼集团实验园建园70周年教育成果展示系列活动，典型经验得到进一步推广。职业教育稳步发展。FA职业技术学校承办福建省职业院校技能大赛（中职组）单片机控制装置安装与调试赛，获福建省职业院校技能大赛（中职组）奖项8个，FA职业技术学校四位教师获全国职业院校技能大赛教学能力比赛二等奖，2021年高职分类考试上线率达97%。[①] 特殊教育、成人教育等取得长足发展。

  县市区注重乡村教育实践教学。以ZR县学校发展为例，该县提升职业教育水平，深入推进工学结合，实现与企业无缝对接。注重搞好就业市场对毕业生的需求调查和预测，通过定向招生、"定单"培养，实现"招生即招工、毕业即就业"。加大推进职业院校集团化办学改革，提高技能型人才培养质量和社会服务能力，从2011年起，该校承担有福建省三个改革试点的任务，具体为：一是福建生物工程职业技术学院牵手ZR职业技术学校，作为国家教育体制改革试点，构建高、中职业院校联合培养药学技能人才的"立交桥"，组建了由政府、职业院校和相关企业事业单位组织的职教集团；二是汽车运用与维修专业作为国家级示范专业、规范化改革试点，建立"校中厂"、"厂中校"，把工学结合和校企合作贯穿于育人全过程。三是学生多次代表省队参加国赛，并取得了较好成绩；工艺美术专业作为改革创新试点，传承世界非物质文化遗产，培养有600多名学生。学生参加全国中职院校学生技能展洽会，获两个金奖。以YJ县职业技术学校为例，该校是LX州内公办重点中等职业技术学校，实行全日制职业技术教育模式。该校拥有教学基地一处，实训基地一处。师资力量较强，现有教职工56人，在校学生650多人。该校可容纳1500人食宿，试验场地占地面积3500平方米，实习试训基地建筑面积达3200平方米，各专业实训设备齐全。[②] 开设有长班机电一体化、电子技术应用、计算机应

[①] 访谈资料来自2021年12月25日在FA市扶贫办对教育局工作人员LWH的访谈。
[②] 访谈资料来自2021年12月21日在ZR县扶贫办对教育局工作人员HT的访谈。

用等专业，开设有计算机、电工、电焊、面点、烹饪、餐饮服务、家政客房服务、保安等短期培训班。全面引入"校校联办""校企联办"的办学模式。改进和完善教学就业制度，形成"培训+实习+就业"和"升学+实习+就业"两大体系，全面开展职业中专、职业高中与劳务培训两个层次的教学，为该县劳动力的技能培训与输转做出努力和贡献。

以FA市为例，该市职业教育发展中大力实施支柱产业人才战略举措，紧紧围绕"三大支柱"产业，不锈钢千亿产业集群，着力培养中初级技术人才。采取学制，边学边做，做后再学等教学手段，确保学生学有所成。积极探索"校企合作"和"产教结合"的人才培养模式。实行"双证书"、"多证书"制度，大量培养"用得上、留得住"的本土化技能型专门人才，形成"科研、教学、生产"一条龙的办学体系。

县市区提升乡村教育信息化教学能力。我国加大普及信息化教学，但很少教师能够真正使用好信息化设施设备，信息化教学质量无法保障。优质的信息化教学设施设备资源未得到充分利用，不仅造成教学资源浪费，还影响教师教学质量。近年，一些县市区提升教师信息化教学能力。以SN县为例，该县加大信息化技术应用，具体为：一是实施"福建省优质教育资源共享支撑工程"，以福建省教育资源公告服务平台为依托，开展优秀空间创建及应用，鼓励教师应用空间开展备课授课、家校互动、网络研修、学习指导等教学活动，提高乡村学校教学教研信息化应用水平，促进学校教育教学模式改革；引导学生利用网络空间主动学习、自主学习、合作学习，增强学生在网络环境下提出问题、分析问题和解决问题的能力。同时，搭建教育信息化名师工作室资源平台，整合该县自身优质资源，在该县推广应用，推进优质教育资源开放共享，带动农村薄弱校的教学质量提升。二是持续推进信息化教学名师工作室建设，充分发挥名师示范引领辐射作用，培育一批信息化应用教学团队，有效提升该县教育信息化应用整体水平，促进信息技术与教学的深度融合。三是深入开展"一师一优课、一课一名师"活动，推进信息技术与学科深度融合，激发教师应用信息技术推动教育理念、教学模式和教学内容创新的热情，推动中小学信息化教学常态化应用。组织教师参加各级各类信息化比赛，如2021年，共获得部级奖项7项、省级4项、市级38项。其中，在"中国梦—行动有我"系列活动中，获两项部级奖项；在"2021年新媒体新技术教学应用研讨会暨第十四届全国中小学创新课堂教学实践观摩活动"中，获 3 项部级奖项；在 2021 年度全国中小学虚拟实验教学应用中，获 2 项部级奖项；在第十七届"三优联评"活动中，获省级 2 项，市级 11 项；在 2021 年省级"基础教育精品课"活动，获省级奖项 3 项；在"教师网络空间创建"活动中，获省级奖项 1 项，市级 13 项；在"2021 年学生信息素养提升实践活动暨第三届中小学生创客大赛"活动中，获市级 14 项。①

建设教学管理机制，提升教学质量。如 SN 县提升教学质量，推进城乡教育协调发展，具体措施为：一是建立教学常规工作机制。近年新任县委、县政府主要领导均多次深入学校调研，谋划提升该县教育质量有效途径；制定出台由挂校领导、责任督学、教研员、校长等全员参与的检查指导常规和课堂教学效益提升等工作机制；建立定期召开由局班子成员、股室干部、督学、教研员、名师参加的教育教学工作联席会议制度，分析研判教育教学形势，探索解决问题的措施。采取不发通知、不打招呼、不听汇报，直奔学校、直入课堂等的"三不两直"方式，局领导带队组织精干力量对各校开展推门听课、检查常规、随机督导，建立常态教学检查、抽查、督查机制，重视结果运用，做到奖罚分明，打破干好干坏一个样的固有思维，营造学校之间、教师之间比学赶超的良好氛围。

教学管理是乡村教育质量提升的重要影响因素，建设落实科学有效的教学管理制度，能够助推乡村教育质量提升。但是，师资水平、生源素质以及硬件设施设备等情况影响着乡村教学管理成效。我国"县域"东、西部县市区高度重视乡村教育学校教学管理工作。无论是义务教育学校、高中学校还是职业院校等，都从教师、学生以及信息化等角度着手，实施教师技能大赛、学生技能培训，教师信息化教学能力培训、信息化教学名师工作室建设等措施，促进乡村学校教学管理质量提升以及促进乡村教育质量振兴。

（二）乡村学校教学质量提升

1. 东部乡村学校教学质量提升

东部县市区乡村学校注重课堂教学工作，以 ZZ 市实验小学为例，该校属省市重点实验小学，该校发展具有实验性、典型性、先进性。现有学

---

① 访谈资料来自 2021 年 12 月 15 日在 SN 县扶贫办对教育局工作人员 LY 的访谈。

生2531人，36个教学班，教职工114人，历任领导和教师勤奋工作，开拓创新，努力贯彻党的教育方针。①坚持以教学为中心，把提高教学质量作为学校管理的根本任务来抓。实施素质教育，立足于整体运筹，依托于科学研究，主攻于课堂教学，着眼于能力培养，特别是实践能力与创造能力的培养，注重个性发展。该校主抓如下教学工作：一是制定并建立常规制度和检查制度，有效地保证教学秩序法定化、正常化和规范化。组织教师学习新教学常规，制订贯彻实施新常规的工作意见，抓好各个教学环节的落实。二是深化课程改革，提高教学质量。三是集中力量主攻课堂教学。四是广泛深入地开展教学改革。

乡村学校打造乡村教学特色，以ZR县实验小学为例，该校创办于1913年。办学历史悠久，办学规模、办学特色及办学效益为该县第一。2000年以来，学校艺术教育成效凸显，教师在全国、省、市级获奖或表彰50多人次，学生艺术作品获全国、省、市级金、银奖400多人次。学校现有38个教学班，在校生达2100多人，教师编制105人。为进一步培养学生动手能力，该校设立两个实验室，一个仪器室，一个标本室，内有36件动物剥制标本，80件蝴蝶标本，53件浸制标本，57件植物标本。自然学科教学以加强实验教学为中心，结合课本内容组织学生参观标本室，学校实验器材使用率达100%，有效提高了学生动手操作能力；组织学生开展ZR母亲河水质调查研究，开展"蝴蝶标本的采集与制作"等活动，让学生走进大自然，开阔视野，增长见识。②

乡村学校注重实践教学开展。以ZZ城市职业学院为例，该校是2007年经福建省人民政府批准设立的一所公立全日制高职院校，占地面积约12万平方米，现有全日制高职在校生5300多人。教职员工368名。拥有省级教学团队两个、省级教学名师两名、省高等职业院校专业带头人两名，ZZ市优秀青年科技人才3名。先后聘用132名企业骨干、行家里手为兼职教师，建立了一支结构较为合理，专兼结合的教师队伍。教学设备完善，建有现代化的图书馆、运动场及70多个功能齐全的校内实训室，先后与62家知名企事业单位建立稳定且运行良好的校外实训基地。该校紧密围绕

---

① 访谈资料来自2021年11月7日在ZZ市扶贫办对教育局工作人员LL的访谈。
② 访谈资料来自2021年12月21日在ZR县扶贫办对教育局工作人员HT的访谈。

国家"一带一路"战略、海峡西岸经济区和福建自贸区建设，以及 ZZ 地方主导、新兴产业转型发展需求，设置教师教育系、学前教育系等七个系和公共基础部、继续教育与培训中心等；开设小学教育、计算机网络技术和物联网应用技术等 34 个专业。建成省级示范专业 1 个，省财政支持的职业教育实训基地建设 2 项，省高职教育教学改革综合试验项目 1 项，省级教学成果奖 2 项，省厅级创新创业教育改革试点专业 2 项、精品资源共享课 3 项。该校以服务为宗旨，以就业为导向，大力实施人才集聚、质量提升、服务拓展、文化塑造、特色培育等五大工程，开展职业技能竞赛、"双百计划"等系列活动，着力培育具备高尚品德、深厚知识、精湛技能和创新创业的高素质技术技能型人才。近年来，学生多次在国家、省市级比赛中获奖，毕业生"双证书"获取率达 99.2% 以上，就业率达 96% 以上。毕业生因笃学致用、踏实敬业、专业基础扎实、职业技能熟练，综合素质高而深受用人单位欢迎。该校积极开展海峡两岸职业教育交流，拓展闽台高等职业教育与文化交流平台。与台湾台中教育大学、台中技术学院签署合作办学协议，互派教师访学、共享教育资源，有效促进两岸教育相互借鉴和共同发展。[1]

乡村学校注重教科工作，以 XP 县 SS 中心小学为例，该校是一所历史悠久、规模较大、办学显著的百年老校。现有 24 个教学班，学生 1300 多人，教师 61 人。拥有一支高素质的教师队伍。近年来，有 20 多位教师获省级以上各类表彰，100 多篇教学论文、案例文章在省级以上刊物发表获奖。[2] "爱岗敬业、追求卓越"的学校精神蔚然成风，教科研氛围浓厚，成果突出。JC 区人民政府机关幼儿园是一所省级"示范性幼儿园"。自课改以来，该幼儿园参加教育部多项课题研究，获得"科学研究实验基地"，各项研究在课改中屡获好成绩，先后多次获得国家、省、市区级课例奖、科研成果奖。如 2018 年，获得中共福建省委文明办"福建省首届文明校园"表彰；2021 年，获得 2021 年度全国足球特色幼儿园示范园试点项目立项。[3] NJ 县实验小学坐落于 NJ 县城荆南路，占地面积 6800 平方米，建

---

① 访谈资料来自 2021 年 11 月 7 日在 ZZ 市扶贫办对教育局工作人员 LL 的访谈。
② 访谈资料来自 2021 年 12 月 13 日在 XP 县教育局对教育局工作人员 HXZ 的访谈。
③ 访谈资料来自 2021 年 12 月 9 日在 ND 市教育局对教育局工作人员 HPS 的访谈。

筑面积5680平方米，现有学生1923人，30个教学班，86个教职人员。学校是该县小学教育实验与示范的窗口学校，办学理念为"一切为了学生的发展""为孩子成长奠实基础，为学生生命润色添光"。在传承中发展，在改革中图新，围绕"发展"主题不断开拓创新，取得显著成效，以生为本，德育为首，全面发展的培养目标得到贯彻；人本管理，科学高效，部门分工合作管理模式初见雏形；校本活动课程、科技教育课程、信息教育活动课程扎实开展。该校被确定为省"基础教育课程改革实验基地校"，语文、数学学科的教研专题被确定为省级研究课题。[①] ZR县CG小学校园占地面积12346.7平方米，建筑面积9541平方米，有35个教学班，师生2000余人，是ZR县龙头学校之一。该校先后获得ZR县文明学校、ND市文明学校、福建省少先队红旗大队、福建省先进教工之家、福建省先进工会等几十项荣誉称号。60多位教师分别获得福建省、ND市、ZR县表彰；顺利通过了第九届福建省级文明学校初评。[②] 学校办学宗旨为"抓改革、创特色、争一流"，全面贯彻党的教育方针，规范内部管理，加强教育科研，努力以课题研究为抓手，全面开展课程改革，推进素质教育，努力做好该县的示范窗口和龙头，取得了显著成果。

乡村学校注重专业质量建设。以ND职业技术学院为例，该校是创办于1934年的全日制普通高等院校，为福建省示范性现代高职院校建设工程培育院校，高职专业有27个。设有8个二级学院（部），34个全日制专业。在编教职工313人。其中，有2个中央财政支持"提升专业服务产业发展能力建设项目"专业，具体为机械制造与自动化、茶树栽培与茶叶加工。7个省级高职教育示范专业，机械制造与自动化、电机与电器技术、数控技术、视觉传播设计与制作、计算机应用技术、计算机网络技术、茶树栽培与茶叶加工等。有3门省级精品课程，为《茶树病虫害防治》、《果树生产技术》等。[③]

"县域"东部县市区重视乡村学校教学质量提升，并重点围绕其实施素质教育措施，主要有：围绕乡村学校特点打造乡村教学特色；重视实践

---

① 访谈资料来自2021年11月13日在NJ县扶贫办对教育局工作人员XMH的访谈。
② 访谈资料来自2021年12月21日在ZR县扶贫办对教育局工作人员HT的访谈。
③ 访谈资料来自2021年12月9日在ND市教育局对教育局工作人员HPS的访谈。

教学，尤其是针对乡村职业教育学校开展实习实训基地建设，即以就业为导向，不断提升教学质量；重视教学研究工作，开展数学、语文等学科专业课程教学研究工作；重视专业建设，不断提升专业建设层次。东部县市区教育教学条件相对西部而言较好，这也在一定程度上助推了其开展特色教学、实践教学以及专业建设等各项教学工作的成效显现。

2. 西部乡村学校教学质量提升

西部乡村学校创新课堂教学方法，提高课堂教学水平。以 GH 县为例，该县教育局教研室深入乡村一线基层学校，了解学校不足，重点找准制约学校发展的"短板"，开出"菜单"，请 XM 支教教师逐一进行辅导，逐一进行解决。XM 市教科院教研员支教教师获得帮扶需求后，认真准备，聚集课堂，通过听课发现问题，开展示范课引导教师掌握正确的课堂教学方法，提高课堂效率。如支教教师在 GH 县回民第四中学帮扶中，就注重课堂教学质量提升。该校是一所农村寄宿制初级中学，有教学班 25 个，在校学生 1300 余人。① GH 县教育局提供的支教需求"菜单"指出，该校在实验课、生物课、年青教师教研能力等方面需要改进。XM 市教科院支教教师生物教研员 BHY 以及化学教研员 WF，针对学校提出的需求，进行具体指导。其中，WF 针对化学教师 HGQ 的实验课进行具体指导，帮助其解决与学生互动不足、未发挥学生主观能力性等问题。BHY 上了一堂名为"病毒"的生物示范课，引导当地教师了解学情，提升课堂针对性。GH 县 DK 小学校长 MCH 邀请 XM 市教科院语文教研员 QQZ 与同行对自身的课堂进行点评。XM 市教科院教研员聚焦课堂这一关键点，手把手地帮助 GH 县当地教师，促使他们转变观念，引导他们重视课堂、提升课堂效率，提高教学水平。

提升教学研究能力。以 GH 县为例，XM 市教科院支教教研员在深入帮扶学校的过程中，除了做好聚焦课堂外，还就学校的管理，特别是教研相关工作进行帮扶，针对不同学校存在的不同问题，做到一校一策略，通过开展各类教研活动，让教师在教研与学习中改变教学观念，不断取得进步。如 XM 市教科院 YDM 博士针对当地幼儿园缺玩具缺指导的问题，就地取材带领孩子们玩各种游戏。她还根据不同幼儿园的实际情况开设《对

---

① 访谈资料来自 2021 年 11 月 3 日在 GH 县教育局对教育局工作人员 HZK 的访谈。

园本课程建设的建议》《幼儿园的教学应立足幼儿的生活和游戏》《幼儿园区角环境创设》等专题讲座，示范主持园本教研，并指导幼儿园教师申报课题。为促进 GH 县小学美术课程规范化、系统化开展，培养美术教师专业化教学能力。ZJC 教师深入该县城关小学和城关第二小学，开展为期半月的对口帮扶教学活动。他对两所中心小学的专职美术教师进行摸底排查，交流座谈。进入课堂观摩美术常态课，并提出指导意见。分别选取 MBQ 和 MMQ 两位教师的美术课进行深入细致的教材研究、课堂观摩和教学指导。他还组织该县各学区，各中心小学的美术教师开展优秀教师示范课观摩活动，并成功举办该县首届小学美术教学研讨会，开展《立足现状 创平台 玩转美术育素养——关于 GH 美术课堂教学的几点思考》的指导讲座。在 XM 市教科院的安排下，该县还组织幼儿园、中小学教师赴 XM 学习，他们深入中小学、幼儿园跟岗学习。通过学习，该县教师教学观念得到更新，教育效率不断提高，教师业务水平提升，具体为：一是教学观念得到更新。在中小学，教师能根据《课程标准》所倡导的教学理念和教学策略，把握课改精神，不断更新观念，改善教育教学行为。幼儿园能主动投放玩具，幼儿户外活动时间增加，教学过程中能发挥幼儿的主体性。二是教研效率得到提高。青年教师和转行教师能主动向骨干教师和老教师请教，做到多问、多听、多看，并写好记录及反思。一些学校开始提早申报课题、参与教学技能大赛，教研意识不断增强。三是教师的业务水平得到提升。教师能做好课前准备工作，精心设计教学过程，做到因材施教，在教学中注重运用先进的教学手段，优化课堂教学结构，课中明确目标，讲透知识点，训练扎实有效。课后精心设计作业，作业在量上有所控制，注意"质"的精当，加强培优辅困工作，加强对学习困难学生的辅导，花大力气提高合格率和优秀率。XM 市教科院的做法，被《中国教育报》头版报道，并被教育部网站转载，得到社会各界的广泛认可。

注重素质教育教研工作。以 JSS 县 LJ 中学为例，该校位于 JSS 县城北部，占地面积 33 亩，校舍建筑面积 7140 平方米。2006 年被列为寄宿制学校。现有在校学生 641 人；教职工 70 人。[①] 办学目标为质量优、负担轻、特色明、环境美。该校坚持社会主义办学方向，认真贯彻党的教育方针，

---

① 访谈资料来自 2021 年 10 月 27 日在 JSS 县教育局对教育局工作人员 ZWZ 的访谈。

适应教育改革和发展的形势，端正办学思想，深化教育教学改革，依法治校，素质教育环境已形成。历任领导班子协同全体教职员工，将学校打造成家门口的优质学校。为激发办学活力，提高教育教学质量，坚持在改革中求发展。该校制定《LJ中学三年发展规划》、《LJ中学教育教学改革实施方案》，从观念的转变、管理体制改革到激励机制、竞争机制、考试测评制度的制定，为全面实施素质教育创造条件。为增强素质教育实效性，该校每年制定《研究性学习实施计划》，每位教师每学期制订详细的实验项目及课题方案，学校广泛开展教学方法、教学组织形式、教学手段等方面的教研教改实验活动，总结推广优秀教学成果，提高教学质量和效益。多位教师教研论文先后在省、市、县级获奖。每学年分别进行教龄五年以上和五年以下教师的优质课评选和教学新秀评选等活动，开展岗位大练兵。面对该县提出的"三名"工程，即名学校、名教师、名校长在全县范围内掀起的新一轮教育教学质量提升高潮，该校结合学校实际进行课堂教学改革，为该校发展注入新的动力。

TA区与KL县开展网络教学教研研讨活动。2020年以来，TA区通过远程视频将学科教学链接公开课及评课研讨活动过程传送给KL县的教师和学生。各学科立足于"学科教学中培养小学生问题意识和多元思维，提升学生思维品质"的宗旨，向KL县帮扶校的教师展示教育教学所思所得，双方进行微信评课互动交流，推进帮扶共研工作深入开展。

注重乡村学校教学质量建设，以LX县职业学校发展为典型。该校创建于2015年8月，是由新设立的XJ高中合并XJ初级中学和该县职业中学长线班而成立的LX州内唯一一所综合型中学。该校占地面积130亩，建筑面积43480.8平方米。有教职工108名。[①] 自成立以来，该校遵循"厚德博学，知技并重"的办学理念。按照以人为本的理念，以"抓管理、重教研、促质量、创和谐"的工作思路，根据不同的教育教学性质和办学目标，设立初中部和职中部两个学部。其中，初中部以全面提高教育教学质量为中心，抓好常规管理和课堂教学，取得了良好成效。该校曾获得该县县委县政府授予的"教育教学质量先进集体"，LX州州委州政府授予的"全州教育工作先进集体"等荣誉称号。

[①] 访谈资料来自2021年10月14日在LX县教育局对教育局工作人员WPS的访谈。

"县域"西部县市乡村学校教学条件相对薄弱，但是各学校均重视教育教学改革创新。重点围绕学校课堂教学，不断创新教学方法。同时，在获得东部县市区学校支教等支持下，东、西部县市区一起协作、共同提升教学质量。此外，西部县市区学校较多利用网络开展教学研讨等活动，促进共享全国先进教学资源。"县域"东、西部县市区通过不断提升教学能力和改善教学质量，振兴了乡村教育。

第四节 小结与讨论

本章第一节主要描述乡村教育基础设施建设。当前乡村教育各类学校发展普遍存在基础设施设备不足的问题。城镇化发展战略实施、农村劳动力转移至城市，乡村学校教学点逐步缩减，以FA市为典型，该市教学点呈现规模式缩减。无论是乡村学前教育学校数量，还是乡村义务教育学校数量，均难以满足当前乡村学生就读需求，以XP县为典型，该县接受义务教育的学生数量每年约以1000人的幅度递增，对乡村学校设施建设提出需求与挑战。

东部一些县市区优化乡村学校布局，满足学生就读学位需求。如ZR县优化乡村学校布局，加快推进基础项目建设。一些县市区加大乡村教育学校数量建设，以FA市、FD县等为典型。还有一些县市区通过"改""扩""建"等方式解决学生"上学难"问题。如SN县推进校园安全长效机制和薄弱校改造工程，ZR县实施校舍修缮、工作设施和寄宿制学校生活设施改善工程，推动各类学校设施配套设备建设。西部一些县市区也加大建设乡村教育基础设施力度。如LX州加强农村小规模学校和寄宿制学校建设，切实保障学生就近上学需要。YJ县近年重点实施三个乡村教育基础设施建设项目。乡村教育各类学校设施设备建设取得了良好成效，以XP县、PH县等为典型。

乡村教育各类学校发展存在信息化建设不足问题。乡村各类学校普遍未安装监控设备，学校收入有限，学校数量多等都是影响乡村信息化建设进度的重要因素。近年，各县市区注重乡村各类学校信息化建设。在完善基础设施基础上，加强学校信息化建设进度，促进城乡教育资源共享。如东部的ZR县推动教育信息化跨越式发展，先后完成校园宽带提速和教室、功能室等网络综合布线，安装户外卫星接收系统，实现乡村学校数字教学资源全覆盖。西部一些县市区也加大乡村各类学校信息化建设。YJ县以教育民生工程和重点项目建设为抓手，全面保障和改善基层基本公共服务，加快教育信息化发展。

本章第二节主要描述乡村教育师资建设。乡村教育各类学校师资建设问题主要为乡村教育内部各类学校师资建设发展不充分，一些乡村学校的师资队伍建设较好，但大部分乡村一线学校师资数量不足、甚至出现流失严重的问题，以XP县为典型。

乡村教师年龄结构不合理，总体上，乡村"一线"学校中老年教师居多、年轻教师较少，教师存在年龄断层问题。乡村教师职业幸福感低下，主要受乡村教师生活内容单调、不丰富；职称评聘不易、职称数量有限；待遇低下、收入总体水平差；社会地位不高、难以获得社会应有的尊重；成长发展缺乏有效保障，培训机制有待建设；编制数量缺乏，非编教师较多等客观因素影响。

各县市区加大乡村教师数量建设，实施具体措施有：一是加大乡村教师招聘、轮岗力度，如NJ县、LX州等配强师资力量。二是落实"特岗教师"制度，各县市区针对乡村教师缺编问题，普遍落实"特岗教师"制度。三是发挥乡村名师帮扶作用。名师帮扶乡村教师成长是乡村师资建设的重要手段。如XP县在职称评聘制度改革中，实施捆绑考核制度，即对名师捆绑考核其帮扶的乡村教师。四是实施东西协作支教。TA区支教KL县中，结合KL县的教育现状，统筹安排支教帮扶结对，深入开展两地互访、交流活动。五是提升乡村教师待遇，加大落实乡村教师专项补贴制度等。六是优化乡村教师职称评聘制度。大部分县市区设置更加合理的职称评聘制度，如实施教师只要评上职称就可以直接聘任的制度。七是加大乡村教师培训力度。加大对乡村教师培训力度。东部县市区以PH县、SN县为典型，PH县确立乡村教师培训总体目标为每五年实现每个教师平均获得培训1次。SN县强化教师业务水平提升，采取"请进来、走出去""外引内培"的方式学习先进教学理念，促进教师专业成长。西部县市区实施乡村教师培训，以LX州为典型。该州结合疫情防控需要，突出加强教师网络培训。各县市区乡村师资振兴取得良好成效，无论是东部还是西部县市区的各类学校，师资振兴都取得一定成效。

本章第三节描述乡村教育质量振兴。乡村教育安全管理是教育管理的重要构成。疫情防控期间,各县市区乡村学校努力做好疫情防控工作、筑牢校园安全防线。如 FA 市科学精准做好校园疫情防控工作,巩固疫情防控成果;SN 县抓好校园安全工作,营造良好教育氛围,做好常态化校园疫情防控工作。

各县市区乡村学校加大行政管理力度,以 ZZ 市第一中学为典型。提升乡村教育教学管理质量,加大乡村教育教学管理工作开展,以 FA 市为典型;注重乡村教育实践教学工作,以 ZR 县、FA 市为典型。提升乡村教育信息化教学能力,以 SN 县为典型。建设教学管理机制,提升教学质量方面以 SN 县为典型。

东部县市区各乡村学校提升教学质量,注重课堂教学工作,以 ZZ 市实验小学为典型;打造乡村教育教学特色,以 ZR 县实验小学为典型;注重实践教学开展,以 ZZ 城市职业学院为典型;注重教科工作,以 XP 县 SS 中心小学为典型;注重专业质量建设,以 ND 职业技术学院为典型。西部县市区乡村学校同步提升教学质量。西部乡村学校创新课堂教学方法,提高课堂教学水平,如 XM 市教科院支教教研员在深入帮扶 GH 县学校的过程中,重点针对教研相关工作开展帮扶,提升课堂教学水平。注重素质教育教研工作,以 JSS 县 LJ 中学为典型。注重教学质量建设,以 LX 县为典型。

第五章 乡村教育振兴客体

第一节 乡村教育振兴客体帮扶

乡村教育振兴客体具有特殊性，学生数量少、特殊困难学生多，需要帮扶少数民族学生、"辍学"学生、经济困难学生以及"女工"等特殊困难学生，以及建立相应的帮扶机制。"县域"东西部一些县市区积极实施帮扶，促进乡村教育客体振兴、实现乡村教育振兴以及乡村教育公平。

一 乡村教育客体特殊性

（一）乡村学校学生数量少

当前我国乡村学校及教学点的数量日益减少，学生数量也逐渐减少，以 PH 县为例，访谈中了解到，该县一些乡村中学教学点数量少，学生数量规模达到 500 多个的教学点更少。乡村小学的学生数量愈发减少，与十多年前乡镇中心小学相比，其学生数量减少了三分之一左右，如果以往有 4000 多个学生的话，那么目前大致为 1500 多个学生。还有一些乡村小学教学点学生数量缩减严重，假如该类小学原来为几百位学生，那么至今差不多剩下几十个学生。① 与此相反，城市城区学校的学生数量却不断增加。以 FA 市为例，该市经济总量从"十一五"末位于福建省第 12 位进入第 10 位，教育事业发展也同步跃升，先后获得"福建省教育工作先进市"、"教育强市"和"全国义务教育均衡发展县（市）"等荣誉，从而为该市全面迈进教育现代化奠定扎实基础，但还存在一些问题，如城乡教育发展反差大，老少边穷地区教育资源迅速萎缩，最为严重的是，如 2016 年，该市

---

① 访谈资料来自 2021 年 11 月 9 日在 PH 县扶贫办对教育局工作人员 FZZ 的访谈。

FK乡中心小学在校生从1985年的2588人下降至2015年的242人，三十年间，该所学校学生数量减少了90.6%。SL、XY、XW、SK、TT等乡镇学校学生数量缩减情况也与该校相类似。① 同时，以JSS县YC中学为例，该中学位于JSS县YC乡XZP村，占地15.4亩，建筑面积1489平方米，是世行贷款装备实验室项目中学。近年，该校学生大量涌入乡村二线县城读书，外加乡村独生子女较多，该校生源逐渐枯竭。现有学生不足200人，仅有6个教学班级。实际上，该校1987年创建时，有教职工12人，1988年有4个教学班、在校生合计有289人；1994年在校学生有385人。②

（二）乡村学校特殊困难学生多

访谈中了解到，乡村学生较多为经济困难、"单亲"家庭、成绩较差等特殊困难学生。以ND市为例，一直以来，该市农村教育发展的主要困难和问题为，因学生家庭经济贫困出现的"读书无用论"。乡村高中教育发展面临较为严峻的形势。乡村，尤其是贫困地区农村，农民年收入本来就少，收入大部分用于支付子女学费，一些多子女家庭极易出现教育致贫现象。农民不堪教育费用重负，导致其子女失学、辍学。此外，近年就业形势不容乐观，许多大学生难以就业，使得乡村出现"读书无用论"。一些家长认为，与其让子女读书，还不如让子女早点外出打工挣钱、补贴家用。尤其是家庭经济比较困难，而自身成绩又不太好的学生，受家庭经济财力制约，对教育需求减弱，甚至还未就读完小学。

以XC区ZS中心小学为典型，该校有学生合计933名。外来务工人员随迁子女760名，约占全校学生总数的81.5%，外省随迁子女共384人，分别来自安徽、甘肃、广西等16个省市，占全校学生总数的41.2%。学校除汉族学生以外，还有布依族、侗族、回族等少数民族学生，共94人，占该校学生总数的10.1%。学校学生文化差异大，家长文化程度偏低，大部分家庭经济都比较困难。③

乡村学生"单亲"家庭较多，以PH县为典型，访谈中了解到，当前乡

---

① 访谈资料来自2021年12月25日在FA市扶贫办对教育局工作人员LWH的访谈。
② 访谈资料来自2021年10月27日在JSS县教育局对教育局工作人员ZWZ的访谈。
③ 访谈资料来自2021年11月15日在XC区教育局对教育局工作人员GRR的访谈。

村"一线"小学毕业生总数不到该县乡村"二线"学校六中学生总数的一半。留在乡村"一线"就读的学生数量较少，且大部分学生的家庭条件差。其中，来自"单亲"家庭的学生数量较多，当地学校教师认为，这不是某个地区的个别现象，而是整个乡村社会的普遍现象。同时，他们还认为，在乡村一线学校就读的学生大部分不喜欢读书，家长对学生教育缺乏应有的重视，学生成绩也较差，学生家庭本身或多或少就存在一些问题，这些问题投射到学生身上，使得问题学生日益增加。正如访谈对象 LXA 谈道，"农村学校学生以'留守'儿童为主，在农村读书的学生主要是，一是家长对教育不太重视的学生，二是学习比较差的学生，三是家庭条件比较差的学生。父母去外地工作的农村'留守'儿童，面临家庭教育缺失的问题，同时，爷爷奶奶只能负责他们的吃饭温饱等，无能力为他们提供教育辅导等。实际上，农村迁往城市的学生家庭，一般经济条件都较好"[①]。

"县域"县市区师范院校实践实习支教关爱留守儿童教育模式，以 MN 师范大学为例，一是建设留守儿童关爱教育教学资源，组织编写关爱教育通识教程等系列教材；创办乡村"守望学堂"，开设国学、音乐和书法等素质教育课程。二是创新实习支教关爱留守儿童实践，学校发挥实习支教生与留守儿童年龄相近、时空相同、心理相亲和情感相融等优势，采用心理教育、社团活动及预约家访等方式方法，为留守儿童提供习惯养成、情感抚慰、行为矫正和社会融合等方面引导教育和心灵关爱；为具有特殊需求的单亲、残疾等留守儿童群体构建班主任、实习生和家长三方协同关爱体系；将留守儿童关爱教育工作成效纳入实习生成绩考评指标体系。如按照每位实习生结对帮扶 3—5 名留守儿童核算，7442 名支教生可为留守儿童提供 21000 左右人次关爱，接受关爱的留守儿童每周将比其他儿童多获 3.5 小时的关爱。学校招募各类专长志愿者构建志愿服务团队奉献关爱。三是建设协同支教关爱留守儿童信息平台。学校建设"童享阳光网"信息平台，为各师范院校、实习支教师范生、志愿者与各地教育主管部门、农村中小学幼儿园等提供相互之间精准对接和双向选择服务。至今，已有 9 所高校、2000 多名实习支教生和志愿者以及 63 所支教学校完成注册。[②] 学

[①] 访谈资料来自 2021 年 11 月 13 日在 NJ 县教育局对进修学校工作人员 LXA 的访谈。
[②] 访谈资料来自 2021 年 6 月 10 日在 MN 师范学校对工作人员 WSK 的访谈。

校探索实践的实习支教关爱留守儿童教育模式取得良好成效及社会认可。2017年学校申报的"实习支教促进留守儿童阳光成长的实践与研究"项目获福建省基础教育教学成果特等奖，2018年获国家级基础教育教学成果二等奖。2016年教育部原部长YGR对学校"实习支教+留守儿童关爱教育"实践探索进行高度评价，全国部分院校借鉴应用及推广该模式，《教育部简报》及《人民日报》客户端等媒体刊发报道该模式。

乡村教育客体具有特殊性，主要体现为：与城市相比，乡村学校及教学点数量日益减少，学生数量逐渐减少；乡村学校经济困难、"单亲"家庭、学习成绩差等特殊困难学生多。乡村教育客体的特殊，与当前我国处于特殊的转型时期，以及与我国婚姻家庭结构急剧变化、人口向城流动等形势有关，这也决定了需要对乡村教育客体实施相应帮扶。"县域"县市区师范院校是帮扶乡村教育客体的重要力量，其也积极开展关爱留守儿童教育服务等实践，有效回应了"县域"乡村教育客体的特殊需求。

二 乡村学校特殊困难学生帮扶

（一）帮扶乡村少数民族学生

少数民族学生是乡村教育学生客体的重要构成。少数民族学生在学习成绩以及经济等方面大多需要适当的帮扶。"县域"县市区积极实施针对少数民族学生的帮扶措施。以JSS县为例，该县是甘肃省唯一的多民族自治县，实施对少数民族学生教育帮扶措施。如2010年始，实施从幼儿园到高中的"全免费"教育。该县财政出资，配合国家的"两免一补"政策，对该县所有学生实施教育"三包"，即包吃、包住、包学习费用。对无法享受国家"两免一补"政策的初中和小学寄宿生补足每生每天部分生活费；免收高中寄宿生住宿费，并补足每生每天部分生活费；免除高中生、在园幼儿学杂费、课本费，初中和小学由学生学校从公用经费中提供作业本，实行零收费。①

以DX县第二中学、第五中为典型。DX县第二中学始建于1971年，是一所县属完全中学，位于DX县WT镇。该校占地面积18500平方米，

---

① 访谈资料来自2021年10月27日在JSS县教育局对教育局工作人员ZWZ的访谈。

建筑面积 10782 平方米，教职工 97 人，现有学生 1215 人。①该校为民族团结进步示范校，主要做法为：一是领导重视，工作机制健全。严格执行国家教育方针政策，依法治校、以德立校，秉承"尊师重教，捐资助学"的 WT 精神，本着"业精于勤，行成于思"的校训，遵循"以人为本，重德崇智，追求卓越，和谐发展"的办学理念，坚持"实施素质教育，培养创新人才"的办学目标，把民族团结进步工作作为该校工作的重中之重，着力促进民族团结，构建和谐校园。成立以校长为组长，党支部书记、副校长为副组长，各处室领导为成员的工作领导小组，党支部书记主抓此项工作，学校主管德育工作的副校长负责日常事务工作。认真贯彻执行党的民族政策，健全和完善定期走访、检查考核等工作制度，明确责任。校长和党支部书记、中层领导在民族上合理搭配，在工作中相互协作，在生活中相互帮助，经常互相沟通信息、互相支持，党政工团拧成一股绳，团结奋进，共同完成该校各项任务。实际上，长期以来，该校历届领导班子都把加强民族团结教育作为加快学校发展、提高办学效率的基础性工作，常抓不懈。二是重视宣传教育，积极创新民族大团结的载体。该校在办学实践中，把民族团结进步创建活动贯穿于整个教育教学活动全过程，专门安排一定的时间学习马列主义民主理论和党的民族政策，把民族教育有效地落实到教学工作中，通过思想品德、历史、语文等学科教学，对学生进行民族团结进步宣传教育，引导各民族学生互相尊重、友好相处、互相学习、共同进步。针对不同年龄阶段的学生，进行中华大家庭教育、民族团结教育、民族政策教育和国情、州情、县情教育，努力培养学生的爱国意识、团结意识、法律意识和权利义务意识等，提高学生明辨是非能力。该校采取多种形式和方法加大宣传力度，吸引干部职工广泛参与，充分利用各种大小会议，组织干部职工学习讨论民族大团结、大发展的历史，促进大家统一思想，提高认识，调动参与民族团结活动的积极性；充分发挥墙报、专栏、校刊的舆论作用，定期向全体干部职工及学生宣传民族团结理论，做到人人懂民族大团结的重要性，为民族团结各项工作的顺利开展奠定基础；通过举办民族团结征文、演讲等活动培养师生的团结意识，组织师生联谊、增进师生友谊和增强团队凝聚力；鼓励学生自主举办各种活

---

① 访谈资料来自 2021 年 10 月 25 日在 DX 县教育局对教育局工作人员 HDP 的访谈。

动,如一年一度的民族团结月、文艺汇演、学校文明用语征集活动,以及文化展览等,增强学生的参与意识,促进学生成为校园文化的主体,有效促进民族大团结。此外,为加强和改进未成年人思想道德建设,该校精心铸造"学校—家庭—社会一体化"的德育工作立体网络。每学年定期召开家长会,密切学校和家庭的联系,共同研讨不断变化的青少年思想教育工作,让每一个学生都能健康成长。三是坚持以人为本,完善以民族团结为核心的学校管理制度。该校在坚持推进素质教育的办学基础上,以人为本,坚持以民族团结为核心的学校管理制度建设,尊重和维护各民族师生的合法权益,努力营造民主、平等、和谐、互助的师生关系和教学环境。在财力非常有限的情况下,该校一手抓教职工待遇的普遍提高和生活条件的改善,一手抓办学条件的改善,强化环境的育人功能,不断推进教育现代化进程,为构建民族大团结的和谐校园做出不懈努力。为学生营造良好的学习、生活环境,以达到环境育人的目的,该校克服各种困难筹资,美化校园。在美化校园环境的同时,促进学生及时了解党的政策、方针,进一步增强学生的上进意识、公德意识、集体意识和爱美意识。为解决操场生均面积小,学生无法正常开展活动的问题,该校硬化操场4500平方米,建成篮球场地2个,羽毛球场地3个,排球场地3个。为培养学生能力,发展特长,提高素质,开展丰富多彩的教育活动,在活动中培养人,指导学生开办"校园之声"广播,宣传好人好事等和发表学生优秀作文,活跃校园气氛。校园环境的改善促进民族大团结的育人环境焕然一新。该校积极充实、更新教学设备,为现代化教育手段进入课堂提供物质保障。先进的设施,对培养学生的动手能力和研究性学习创造了良好的条件。远程教育,校园网络,促进学校和外界紧紧相连。富于人文思想和科学精神的环境,为人才培养,精神塑造,艺术薰陶,以及教学观念和教学方法的转变,以及有效促进民族大团结等,都起到积极的推动作用。深化教学改革,全力提高教育教学质量。该校坚决贯彻落实以教师聘任制、绩效工资制和岗位责任制为主要内容的人事制度改革,坚持科学规范的教师考核评价机制,重视师德师风建设,该校坚持以邓小平理论和"三个代表"重要思想为指导,以为人师表为宗旨;以敬业、爱生、奉献为主题;以勤奋钻研业务、提高实施素质教育的水平为重点,狠抓教师教书育人,为人师表的形象建设。通过师德建设的开展，大部分教师具备了良好的师德，做到依法规范自身教学行为，教学积极性明显提高。同时，注重教师理论素养提高，采取多种途径和措施强化教师专业水平和理论知识，不断把教学改革引向深入，教师教育教学研究氛围浓厚，近两年先后有 18 名教师在国家级刊物上发表教学论文；有 12 名教师在县教育局组织的全县中小学"五课"活动竞赛中获奖；有 6 名教师在所在州教育局组织的州中学多媒体论文及课件比赛中获奖；有 10 名教师先后被评为州、县级骨干教师；有 5 名教师先后被评为县级优秀班主任。通过广大师生的共同努力，该校各方面都有长足的发展，教育教学质量有明显的提高。[①]

DX 县第五中学是一所农村独立初中，建于 1976 年，1978 年秋至 1980 年秋间，校名变更为"DX 县第五中学"，设有高中部且招收第一届高中生，30 人左右，纯东乡族男生。1980 年秋至 1982 年秋间，教职工有 22 名，有四个教学班、合计 120 名左右学生，纯东乡族男生。1984 年秋，校名更改为 DX 县农业职业中学，从该县毕业生中招收高中生 33 名，其中，有 13 名女生，该校历史上有了女生。1985 年秋，又招收高中生 16 名，其中，女生 6 名，有三个教学班，70 名左右学生，20 名左右教职工。从 1987 年秋季开始，该校又招收初中生，纯东乡族男生；1991 年秋至 1993 年秋，有四个教学班，150 名左右学生，纯东乡族男生，20 名左右教职工；1993 年秋至 1995 年秋，有三个教学班，90 名左右学生，纯东乡族男生；1995 年秋至 1997 年秋，有三个教学班，80 名左右学生，纯东乡族男生，16 名教职工；1997 年秋以后，有三个教学班，52 名学生，纯东乡族男生，14 名教职工。为加强管理，有力团结领导班子及教职工，该校建立健全各项规章制度，确立"团结、进取、勤奋、活泼"的校训，推进各项工作逐渐制度化。2004 年始，有教学班 5 个、141 名学生，纯东乡族，其中，3 名女学生，教职工 14 名。2006 年始，该校有五个教学班，165 名学生，其中，女生 31 名、纯东乡族，14 名教职工。其间，该校被列为国家农村寄宿制建设项目学校，获得中央拨专款。2012 年 9 月，有 9 个教学班，423 名学生、纯东乡族，28 名教职工。[②] 2009 年，该校积极完善各种

---

① 访谈资料来自 2021 年 10 月 25 日在 DX 县教育局对教育局工作人员 HDP 的访谈。
② 访谈资料来自 2021 年 10 月 25 日在 DX 县教育局对教育局工作人员 HDP 的访谈。

规章制度，强化办学思想，团结带领全校师生以"控辍保学"为重点，确立"校风纯正，管理民主，内强素质，外树形象"的办学目标，明确"爱校守纪，文明有礼"的校训和"团结和谐，求真务实"的校风，兴寄宿，倡和谐，抓教研，促质量。特别是校园文化建设方面，加大绿化美化建设的同时，注重人文素质的培养，创作校歌，刊发校报，设立电子备课室，创办女生乐园，留守儿童之家等，举办各类兴趣活动，增强学校活力，促进教学质量和管理水平提高，该校形成了学先进、赶先进的良好氛围。该校以科学发展观为指导，切实加强作风建设，抢抓机遇，开拓创新，建设形成布局合理、设备齐全、功能显现、环境优美、师资优良、管理规范的崭新局面，促进区域民族教育事业又好又快发展。

"县域"县市区部分乡村学校实施少数民族学生帮扶措施并取得良好成效。其中，东部县市区以 ND 市民族中学为典型，该校创建于 1958 年，位于我国畲族人口最为聚居的 FA 市，是首批七所"全国民族中学示范校"之一，福建省一级达标学校，福建省创办最早、唯一以畲族学生为主的少数民族重点完全中学，是福建省民族教育的窗口。该校设有初中部和高中部，有 56 个教学班。其中，初中有 24 个班级、高中有 32 个班级，合计学生有 2829 名，少数民族生比例占 60% 左右，以畲族为主，住校生 1120 人，少数民族学生主要来自隶属 ND 市的九个县市区。有教职工 213 人，其中，专任教师 193 人、特级教师 4 人，国家级骨干教师 2 人，省名师培养对象 1 人，福建省名师工作室成员 2 人，省级学科带头人 7 人，ND 市名师 7 人，省、市级骨干教师 24 人。[①]

西部县市区以 JSS 县 BA 中学、JSS 县民族中学为典型。JSS 县 BA 中学是 1979 年经甘肃省、LX 州人民政府批准的一所全日制完全中学，拥有保安、东乡、撒拉、回、土、藏、汉等七个民族的师生。1981 年，该校被 LX 州、LX 县确定为重点中学。该校有教职工 103 人，共设 15 个教学班，603 名学生，其中，女生 176 人，少数民族学生 512 人。该校占地面积 19 亩，校舍建筑面积 4663 平方米，有各种教学实验仪器 1380 件（套）。[②] 各民族师生共同努力，该校全面贯彻教育方针，结合该校实际积极推进素质

---

① 访谈资料来自 2021 年 12 月 9 日在 ND 市教育局对教育局工作人员 HPS 的访谈。
② 访谈资料来自 2021 年 10 月 27 日在 JSS 县教育局对教育局工作人员 ZWZ 的访谈。

教育，强化绩效意识，办学效益显著提高。

JSS 县民族中学位于 CMT 镇北滨河路西端，是一所公办高中。占地 140 亩，总建筑面积 39000 平方米，2016 年该校被该县县委、县政府评为"民族团结进步创建活动示范学校"。现有教职工 148 人，教学设施齐全。采用"封闭式管理、开放式办学"的方式，突出"质量兴校，名师强校"的办学方针，在学生管理上注重养成教育和德育教育。①该校狠抓常规管理，强化过程管理，真抓实干，教育教学取得喜人成绩，校风正、教风好、学风浓，2021 年，该校被国家民委命名为第八批全国民族团结进步示范区示范单位。

"县域"县市区，尤其是西部县市区乡村学校少数民族学生数量较多。但无论东部还是西部县市区都开展素质教育，并对学生特别是少数民族学生实施奖学金、助学金等物质帮扶。帮扶工作取得了相应成效，如不仅促进学生成绩提升、学校教育质量提高，更对我国民族教育事业高质量发展起到了有效推动作用。

（二）乡村"辍学"学生帮扶

乡村学校存在学生辍学，原因众多。访谈中了解到，当前乡村学校学生辍学的问题，较多因为学生及家长对教育重要性的不准确认知。以 PH 县为例，访谈对象 CYP 谈到，"一个学校班级的学生，有 20 多个来自'单亲'家庭，这些学生家长对教育缺乏重视，学生的辍学问题较严重"②。家长对教育的不重视是学生辍学的主要原因，访谈对象 SJ 谈道，"这个地方也有重男轻女的思想，特别是山区，所以都是生很多孩子，有五六个七八个，因为不会刚刚好生出来都是男的，然后就一直生，就很多孩子。小孩读大学很少，现在即使考上大学，毕业出来也不好找工作，好的大学也没有几个孩子能考上，因为他们的起点都很低，差的大学读出来不好就业"③。访谈对象 JSY 谈道，"这个一定要上学，如果这个指标下滑的话，就脱贫不了，这个是'两不愁三保障'，里面有教育、住房和医疗保障，这是硬条件，这个达标不了，那就'一票否决'的啊。现在这个政

---

① 访谈资料来自 2021 年 10 月 27 日在 JSS 县教育局对教育局工作人员 ZWZ 的访谈。
② 访谈资料来自 2021 年 11 月 9 日在 PH 县教育局对教育局工作人员 CYP 的访谈。
③ 访谈资料来自 2021 年 10 月 26 日在 DX 县 BRG 村对村民 SK 的访谈。

绩这块还是有压力，尤其是少数民族呢，他们的观念比较滞后。不愿意上学，特别是女童，她们小学上完之后，家长就不让上初中接受教育，现在我们说自由恋爱这些，但他们是从小相信父母、听父母的话，就去结婚。所以，他们上的学越多，他们的思想就越开放"①。

处理乡村学生辍学的相关惩处制度有待健全。访谈中了解到，近年一些县市区将辍学、禁毒、普法知识等任务下放至学校，将任务压到学校层面让教师承担，导致教师承担的任务变得多样化，也进一步挤压了教师从教的时间与空间。以乡村学生"辍学"问题处理为例，很多县市区的做法都是要求学校校长牵头，学生所在班级的班主任负责和"辍学"学生的爷爷奶奶等家长进行劝学谈话，要求家长将"辍学"学生送回学校就读。访谈中，访谈对象 CYP 认为，"如果小孩未满 18 周岁、未到学校就读，家长未让小孩完成 9 年义务教育，应该让家长承担相应的刑事责任，学生家长应受到相应法律制裁，因为家长负有监管子女责任，不该将该责任推给学校承担。很多教师觉得该项工作难以开展，因为存在一些家长可能将学生带到广东等地方打工的情况，班主任就需要一直打电话联系家长，要求家长将学生送回学校就读，这是一件非常困难的事情"②。典型的案例为，CYP 继续谈道，PH 县一位家长将学生带至广东打工，该学生正就读初二，班主任打电话给家长希望家长将学生送回学校完成剩下的两年义务教育，但家长认为，学生留守在农村，其爷爷奶奶无法履行管教职责。班主任与家长双方之间谈话多次、无果，最终学校决定由校长亲自和该家长沟通，但是家长坚持认为送学生回校就读存在无人负责看管问题。这就导致该学生辍学的责任需要由学校承担，需要由教育系统承担。访谈对象 CYP 认为，该类学生"辍学"应列为家长监管不到位，需要实施如酒驾需要拘留一样的严厉处罚措施，将可能取得良好效果。

对于学生辍学的政府责任问题，访谈对象 CYP 谈道，"这个是硬的指标，你是完成的就可以了，完不成那就影响市里面的业绩，完不成就要被问责，完成了就是你正常的工作任务，问谁的责任呢，是连带的责任。对教育局长、分管的所有领导教育上出问题，你分管教育的副局长和相关的

---

① 访谈资料来自 2021 年 10 月 18 日在 YJ 县教育局对教育局工作人员 JSY 的访谈。
② 访谈资料来自 2021 年 11 月 9 日在 PH 县教育局对教育局工作人员 CYP 的访谈。

教育科室分管领导，这些都是需要被政府问责的"①。访谈对象 CYP 继续谈道，"所以这个阶段上学，这是你作为教育部门，其实这不光教育和学校的事情，如果孩子真的不上学，可以通过法院、公安联合执法，因为这是违法的，国家的教育法要求应该接受九年义务教育，你的孩子不上学，这是你作为父母没有尽责，是违法的"②。

  乡村学生辍学问题处理中，对教师相关工作职责需要准确定位。访谈对象谈道，目前国家对义务教育学生"辍学"率规定控制在 5% 以内，以福建省为例，福建省提出，"没有理由办不好教育"，要求严格执行该规定。实际上，义务教育学生"辍学"率控制制度在地市级及以上层面较好实施，因为该工作与绩效、文明奖等相挂钩，大致为只要不出现错误就"一等奖"，如果未获得"一等奖"，义务教育相关学校校长需要承担相应责任。但在县市区及以下基层执行层面，该项工作难以开展，访谈对象 CYP 认为，此类辍学学生家长思想工作应由政府执法部门、而非教师负责，教师主要职责在于教书育人，并建议国家制定出台该类职责准确归位的相关制度。此外，还有一些其他非教学任务，如一些县市区在创建文明城市中，要求学校教师作为督导员负责开展街道巡逻工作等。访谈对象认为，当前社会普遍存在一种错误的观点，认为教师在寒暑期间不需要从事教学工作、空闲时间多。当然，国家对政府投入教育情况进行教育督导，无形中促进了教师获得一些福利，如以往，一些县市区政府相关单位多年获得"平安奖"的福利，教育系统在这几年也获得该项奖励，但还有一些相关奖励教育系统至今未获得，如县市区相关部门获得"文明奖"，一些县市区教育系统至今却并未获得。访谈对象 CYP 继续谈道，"责任要精准，如果他是父母亲不让念书，这就需要政府督促，这个教师是没有权利，如果小孩厌学，教师可以帮忙学生调整情绪，这个是教师的责任，但如果小孩不念书，这个就是父母的责任，需要对学生父母实施监管的是政府，教师只能配合政府监管"③。

  一些县市区对辍学学生实施积极的帮扶措施。访谈对象 JSY 谈道 "LX

---

① 访谈资料来自 2021 年 11 月 9 日在 PH 县教育局对教育局工作人员 CYP 的访谈。
② 访谈资料来自 2021 年 11 月 9 日在 PH 县教育局对教育局工作人员 CYP 的访谈。
③ 访谈资料来自 2021 年 11 月 9 日在 PH 县教育局对教育局工作人员 CYP 的访谈。

州现在是最贫困的地区,但是目前来说,幼儿园教育是走在全国的前列。因为政府买单,这个做法全国层面现在还没怎么实施,政府买单就是幼儿保教费,每年都由政府直接支付,这个经费本应该由幼儿园、家长共同负担,当前政府的做法促进了儿童可以就读幼儿园"①。以 YJ 县为例,该县定期比对保精准,定期联合公安、扶贫、残联、卫健等部门对义务教育阶段适龄儿童少年学籍、户籍、建档立卡、兜底保障等数据信息进行系统比对,及时解决信息不匹配、不一致等问题,确保数据精准一致。在此基础上,该县教育局联合残联、卫健、民政等部门印发《YJ 县教育局等四部门关于成立 YJ 县残疾人教育专家委员会的通知》,组织残疾人教育专家委员会对该县所有适龄残疾儿童少年重新进行入学鉴定评估,建立健全评估档案,分类安置残疾儿童少年就学。以 SN 县为例,该县控辍保学。在疫情防控期间,加强对贫困家庭学生居家学习跟踪指导,做到停课不停学,如 2020 年,对各校摸排出的家庭经济困难中学(初三、高三)毕业班学生 340 多人开展"提网速、免流量"助学行动,其中,XD 乡 XW 学校获得该县移动公司赠送的学习移动终端,为贫困学生创造线上学习条件。对居家学习提供指导,确保"一个都不能掉队"。② 同时健全信息管理,开展动态排查,持续巩固义务教育成果。该县教育局中教股、初教股与各学校各乡镇对接,对疑似辍学学生名单全部摸排。开展党员教师结对帮扶活动,每个党员教师结对五名建档立卡贫困家庭学生,给予学生学业、思想、生活等方面的帮助。同时,对因残疾不能到校上课的建档立卡学生开展"送教上门",真正做到不让一个孩子因家庭经济困难而失学。

一些县市区建立帮扶辍学学生的工作机制,以 LX 州为典型,该州开展义务教育冲刺清零后续行动,措施如下:一是狠抓控辍保学工作,实施重点督战抓推动,把控辍保学作为挂牌督战的重中之重,制定落实《教育脱贫攻坚挂牌督战工作方案》,逐级签订和细化控辍保学目标责任,定期向该州脱贫攻坚领导小组汇报控辍保学工作。二是不落一人抓摸排,组织乡村和各级帮扶干部进村入户,结合"一户一策",上门核查了解适龄学生情况、入学就读情况,逐户逐人建立适龄少年儿童就学情况档案。同

---

① 访谈资料来自 2021 年 10 月 18 日在 YJ 县教育局对教育局工作人员 JSY 的访谈。
② 访谈资料来自 2021 年 12 月 15 日在 SN 县扶贫办对教育局工作人员 LY 的访谈。

时，通过学籍系统、人口信息系统、全国扶贫开发信息系统，多轮次反复比对数据，紧盯女童、"留守"儿童和举家外出务工家庭，从中摸排存在失辍学风险和疑似辍学的学生，确保做到数据精准、底数清楚。三是集中动员抓入学。利用中小学开学前后这段时间，采取发放义务教育明白卡、班主任逐一打电话联系、乡村干部入户宣传动员等办法，一对一、人盯人敦促适龄儿童少年按期入学，并安排所在州县（市）教育部门组建作战小分队，开展覆盖所有乡镇、学校的专项核查。四是因人施策抓保学。对以往劝返复学的学生，按照"一生一案"的要求，采取跟班就读、职普结合、送教上门、单独编班等方式，确保劝返学生留得住、跟得上、学得好。

近年控辍保学取得成效，特别是西部一些县市区的成效较为明显，访谈对象 JSY 谈道，"不过现在他们基本上都有读初中，基本上全部都上，一方面原因是政府要求，如果你不上，那么你的低保等相应的政策你就不能享受，再加上不是有义务教育法吗？如果不上，那就是违法，义务教育阶段是这样的，女童基本上初中，从今年开始全部基本上接受义务教育了"①。访谈对象 JSY 谈道，"非常需要 XM 的扶贫，在教育方面，因为我们本地的教师，教的那些都是课本上的知识，那些知识都过时了，他们没有去过外面，视野不开阔。XM 来的老师知识新，视野开阔。现在的老教师就是这样，教学没有质量。40 岁左右的还可以送出去培训下就好很多。这个州的一些县，特别是那些少数民族比较多的县，如 JSS 县，它的少数民族多，他们都不让小孩读书，安排小孩去做礼拜去读经，他们在偏远的地方，以前政府也不好管，现在会好一些，现在政府开始管了，他们读完小学就不敢不去读初中了。这些小孩的家长就孩子多，然后让孩子去养羊，去读经，女孩就早早结婚"②。

乡村学校存在学生辍学问题，其原因主要在于辍学学生及其家长对教育重要性认知不准确。"县域"县市区大多从制度层面着手，制度出台相应的惩处制度，如将部分的帮扶辍学学生工作任务交由乡村学校及其相应教师承担，但该做法效果有限。除此之外，还有部分"县域"县市区从学

---

① 访谈资料来自 2021 年 10 月 18 日在 YJ 县教育局对教育局工作人员 JSY 的访谈。
② 访谈资料来自 2021 年 10 月 18 日在 YJ 县教育局对教育局工作人员 JSY 的访谈。

生层面着手，直接对可能辍学的学生开展工作，如开展学生辍学可能性评估以及全面排查。更有一些县市区从自身工作内容角度着手，积极探索帮扶辍学学生的工作机制。上述措施都合力促进了"县域"县市区学生辍学问题的逐步解决。

（三）乡村经济困难学生帮扶

1. 县市区帮扶经济困难学生

"县域"县市区资助经济困难学生，东部县市区以 FA 市为典型。该市精准落实惠民政策。实施家庭经济困难学生资助，落实学前教育、义务教育、中职教育到普通高中教育的资助政策。如 2021 年，发放各级各类补助、受惠学生共 36500 人次。加大生源地贷款制度宣传和服务力度，确保"不落一人、不落一项"。2021 年，办理生源地助学贷款 5673 人。开展"控辍保学"专项行动，建立健全工作机制，做好台账管理，实行周、月报制度。其中，该市 WW 中学、FA 实小、CY 中心小学等 3 所学校经验做法入选福建省义务教育阶段控辍保学优秀案例。①

西部县市区以 YJ 县、LX 州为典型。YJ 县强化资助保障，阻断因贫失学。落实教育惠民政策，不让一个孩子因家庭经济贫困失学，让人民群众享受社会发展的红利。具体做法为：一是学生救助，应助尽助。精准摸底识别，确保建档立卡贫困户家庭学生"应助尽助，一个不漏"。如 2019—2020 年发放普通高中国家助学金，资助学生 6454 人次；为 84 名家庭经济困难大学生资助路费；2015 至 2020 年以来，为省内高职（专科）建档立卡贫困家庭学生 1745 人次免除学杂费、书本等。二是助学贷款，应贷尽贷。2013 至 2020 年，为 1518 名贫困大学生发放生源地助学贷款。三是营养早餐，应补尽补。2013 至 2020 年，投入营养改善补助资金，惠及学生 96000 人次。2019 年，XM 市 XA 区资助 YJ 县义务教育阶段建档立卡家庭经济困难学生，补助合计 220 人；2020 年，落实 400 名义务教育阶段建档立卡家庭经济困难学生每生每年补助。②

LX 州实施资助政策，提高教育保障能力。将建档立卡等家庭经济困难学生作为教育帮扶重点对象，坚持优先帮扶、精准扶贫，提高帮扶成

---

① 访谈资料来自 2021 年 12 月 25 日在 FA 市扶贫办对教育局工作人员 LWH 的访谈。
② 访谈资料来自 2021 年 10 月 17 日在 YJ 县教育局对教育局工作人员 WZZ 的访谈。

效，针对家庭经济特殊困难学生，按照该州"一家一案，一生一案"制定帮扶方案，认真落实义务教育"两免一补"、农村义务教育学生营养改善计划等惠民政策，对寄宿经济困难家庭的中小学学生给予交通补助，对考入"双一流"高校学生一次性资助、家庭经济困难学生一次性资助，不让一个学生因家庭贫困失学。组织开展受新冠疫情影响的家庭经济困难学生资助工作，与民政、残联等相关部门的数据进行认真比对，全面摸清建档立卡、农村低保、农村特困供养、残疾4类学生底数，提高资助工作精准度，确保资助资金全部落实到家庭经济困难学生。疫情以来，共资助家庭贫困学生279700人次。[①] 全面查漏补缺，抓好反馈问题整改落实。针对中央、LX州及各有关部门反馈的州教育帮扶中发现的问题，坚持问题导向，逐一制定整改方案，明确责任领导、时限完成，建立整改台账，制定问题整改周报制，实现全面彻底整改。特别是针对义务教育保障中控辍保学方面发现的问题，认真逐一落实每个学生实际就读情况，逐项整改义务教育、学生资助、办学条件等方面问题，及时跟踪回访，确保每一个学生都能完成九年义务教育。

2. 建设经济困难学生帮扶机制

一些县市区已建立经济困难学生帮扶工作机制。东部县市区以ZR县、SN县为例，ZR县教育局加强学生资助工作，推进教育帮扶。该县学生资助管理中心围绕"一个阵地、两条主线、三个到位"工作机制，推进学生资助工作，取得良好成效，如2018年，该县在福建省资助工作会议上作典型发言，具体做法为：一是精心打造"一个阵地"。选址该县青少年活动中心进行标准化建设，建成功能齐全、设施完备、人员充实的县学生资助管理中心，并通过福建省省级"学生资助管理中心标准化建设"验收，成为福建省45个达到标准化建设要求的管理中心之一。二是紧紧围绕"两条主线"。第一条为"精准资助"。将建档立卡等特别困难学生作为重点资助对象，采取"自上而下"方式，由该县扶贫办、民政局、资助中心精准比对，确认资助对象，实施精准资助。第二条是"立德树人"。实施关爱贫困学生"五个一工程"，即每个学生一张床、一套崭新被褥、一套洗浴用品、一部亲情电话、一位爱心妈妈，全力改善贫困寄宿生学习、生

[①] 访谈资料来自2021年10月9日在LX州教育局对教育局工作人员BL的访谈。

活条件。其中，该县第二小学"爱心妈妈"志愿者服务队被全国妇联、教育部和中央文明办联合授予"全国基层示范儿童之家"称号。三是努力做到"三个到位"。第一为管理到位。制定《ZR县学生资助管理中心管理制度》《ZR县学生资助管理中心工作职责》等9项管理制度及实施细则，做到工作有章可依，有规可循；第二为资金到位。该县财政把学生资助经费列入财政预算，调整财政支出结构，确保足额安排、拨付到位。①第三为监管到位。每年县教育局都组织内审股、纪检室、监察室联合督查各中小学校学生资助经费，同时广泛接受社会监督，确保资金使用到位。

以SN县为例。该县持续落实经济困难学生资助政策和应急救助机制，实施营养改善计划、落实随迁子女教育政策等工作，确保应助尽助，巩固脱贫攻坚成果同乡村振兴有效衔接。如2021年，该县落实义务教育寄宿制学校营养改善计划，合计开办8所义务教育寄宿制学校，寄宿生671人次；同时对建档立卡、低保等义务教育家庭经济困难学生发放生活补助费，惠及家庭经济困难学生3847人；发放学前、普高、中职学生助学金，受助学生1807人；实行高中家庭经济困难学生、职业学校学生免除学杂费；大学生生源地助学贷款资格申请人数达940人次；开展脱贫攻坚成果同乡村振兴有效衔接活动，对2021年考上本、专科院校的建档立卡47名学生给予县级财政补助；下拨2021年该县财政教育补助资金，惠及家庭经济困难学生3130人。该县教育局荣获2021年度ND市红十字会"99公益日"爱心单位。②

西部县市区以KL县为典型案例。该县落实国家东西部协作帮扶政策，TA区深化与该县东西部协作工作机制，于2019年6月首期与该县相应的学校、幼儿园建立两地同龄学生家庭结对帮扶130对。2020年6月，在两地校（园）结对共建基础上，新建两地同龄学生家庭结对帮扶共183对，计313对。③同龄学生家庭结对帮扶具体措施为：

一、高度重视，完善制度、精心组织、明确责任。为确保两地

---

① 访谈资料来自2021年12月21日在ZR县扶贫办对教育局工作人员HT的访谈。
② 访谈资料来自2021年12月15日在SN县扶贫办对教育局工作人员LY的访谈。
③ 访谈资料来自2021年10月23日在KL县教育局对工作人员WGS的访谈。

同龄学生家庭结对帮扶取得成效，TA 区教育局、各相关学校及幼儿园分别成立专项工作领导小组，明确工作责任、经办人，落实到每位小组成员，制定工作计划，坚持求真务实、开拓创新的原则，精心组织，周密安排结对帮扶工作。把两地同龄学生家庭结对帮扶作为东西部协作教育对口帮扶的任务和内容，组织师生关心该县教育发展，引导社会、家长及广大师生关注、帮助困难学生的成长。根据国扶办、福建省、XM 市对口办相关文件精神，以及实际建立结对帮扶工作管理制度等，工作组支教小组的 CHL、LYW 两位教师及时沟通协助两地教育部门同时制定可操作的实施办法，出台《关于开展"TAKL 一家亲，大手小手共成长"同龄学生家庭结对帮扶工作的通知》，制定完善两地同龄学生家庭结对帮扶规章制度，建立学生结对帮扶工作长效机制。工作组对 TAKL 结对帮扶工作开展周密部署，坚持做到有计划、有组织、有实施方案、有监督落实。两地教育部门结对帮扶小组及时研究和解决结对帮扶活动中存在的重点、难点问题，做到落实好每一个环节：落实时间、落实地点、落实资金、落实主体等，切实有效地开展结对帮扶工作，活动前进行细节上的考虑，活动后及时反思总结。各校（园）每月报送一次工作情况、每季度报送一次工作总结。TA 区教育局德育科工作人员建立帮扶微信工作群，工作组支教小组教师及时跟踪指导。各校（园）长是结对帮扶、共建的主要责任人，加强领导、落实工作责任制，建设两地同龄学生家庭结对帮扶工作日常监督管理制度，各校领导班子按要求做好结对帮扶建设管理档案的工作，教育系统组宣科、人事科及德育科等科室承担监控、服务及指导的职能，对学校开展帮扶工作规范化、常规化管理指导。校（园）以"同龄学生为纽带"，跟踪指导校（园）、家庭及学生加强两地同龄学生家庭的交流互动、明确结对帮扶对象。各相关校（园）帮扶小组和该县相关单位进行经常联系，做好 TA 爱心家庭征集工作，根据爱心家庭的家庭经济、学习、遵守社会公德等相关情况进行查核、筛选，了解帮扶幼儿情况，并对帮扶幼儿相关材料进行分析、研究相关解决方案，制定相应结对帮扶计划，及时做好公开、公示、登记等相关工作，确保两地加强协作，促进两地结对家庭的帮扶落实到位。

二、内容明确，措施到位。签订结对帮扶协议后，结对双方通过电话、电子邮箱、微信、书信等形式及时交流沟通，建立结对帮扶关系。两地同龄学生家庭结对帮扶的具体内容包括：第一，爱心助学。建立助学计划，开展力所能及的爱心帮扶，帮助贫困家庭结对学生顺利完成学业。第二，捐书赠物活动。TA区爱心家庭学生拿出零用钱购买图书或者文具等学习用品赠送结对学生，引导学生通过力所能及的小事奉献爱心，学会分享、体验分享。第三，心愿交流活动。爱心家庭学生和结对学生互相交流自身微心愿，鼓励结对学生满足对方的微心愿，培养学生互帮互助精神。第四，书信交流活动。通过书信介绍自己、学校以及挖掘本地历史文化，感受家乡的变化，增进彼此了解和友谊，互相学习，共同进步。第五，双方互访活动。在TA区教育局及帮扶协议校的支持下，双方利用假期往来互动等。根据目前实际情况，两地同龄学生家庭结对帮扶着重开展以"爱心助学、捐书赠物、心愿交流、书信交流"等为主要内容的结对帮扶活动，根据学生年龄特点和结对帮扶家庭情况实施相关的措施，从而解决实际困难，为把帮扶家庭建成"科学发展、生活宽裕、书香门第、家风文明"的文明家庭而努力。

三、求真务实，初见成效。通过两地教育部门、学校及爱心家庭的共同努力，结对帮扶工作取得了一些成效。爱心家庭对受助学生在日常生活、思想品德、文化学习、心理健康及家庭教育等方面给予实实在在的帮扶；结对校（园）每个月跟踪指导爱心家庭帮扶工作并及时汇总，落实结对帮扶工作。TA区爱心家庭陆续为该县结对帮扶学生捐赠爱心助学款、生活必需品，如衣服、棉被等日常用品，帮助建档立卡户困难家庭学生改进生活条件；爱心家庭的学生捐赠课外书籍，通过捐书活动，引导小朋友做好自己力所能及的小事，为远方的学生奉献自己的爱心，体会分享的快乐；大部分爱心家庭学生完成与结对学生互相交流的微心愿，并尽力为结对学生完成微心愿，为对方送去温暖，也通过分享交流自身"微心愿"，在联络过程中培养学生互帮互助的精神；大部分爱心家庭学生向结对家庭学生写一封书信，在班级和家长的指导下进行书信交流活动，介绍自身各方面情况，包括生活喜好、学校生活，家乡等。家长以文字的形式辅助爱心家庭学生在书信交往过程中增进双方的友谊，加深双方了解，互相学习，共同进步。

四、加强工作宣传，营造帮扶良好氛围。TA区教育局官网设立帮扶工作板块，及时宣传帮扶工作；各校（园）利用校园网、微信等媒介广泛宣传帮扶工作，营造良好帮扶工作氛围，获得众多爱心学生家庭、社会爱心人士的关注与支持。

两地同龄学生家庭结对帮扶工作是一个创新举措，是一项系统工程，是东西部扶贫协作的一个有效延伸，是东西部协作教育对口帮扶建设的一项长期历史任务，TA区以"久久为功，滴水穿石"的精神做好两地同龄学生家庭结对帮扶工作，营造良好帮扶氛围，利用多方面的措施和渠道扩大结对帮扶队伍，发扬工作优势，突出重点、狠抓落实，广泛宣传帮扶政策，让更多的社会人士、让学生关注、关爱、帮助贫困学生，让"TAKL一家亲，大手小手共成长"结对帮扶行动取得更好的成效。

3. 各类学校帮扶经济困难学生

"县域"县市区在各类教育领域开展精准帮扶经济困难学生工作。其中，以职业教育为典型。2019年，TA区教育局发出《XM市TA区教育局关于XM市TA职业技术学校拟向KL县定向招生的函》，面向KL县贫困学生招收多名初中毕业生到TA区接受中等职业教育，助力KL县培养现代实用型职业技术人才，给予到XM就读学生食宿交通补助，包括就读期间寒暑假，另，XM市人社局、教育局、财政局、对口办印发《关于进一步推进东西部扶贫劳务协作的通知》提出：增加贫困学生学杂费补贴，就读期间对LX州建档立卡贫困生学进行学费补贴，其中，学校根据助学金资助政策尽量为具备条件的学生争取助学金。TA区于2020年秋季，合计招收7名KL县建档立卡贫困户学生到TA职校就读。[1]

以LX州职业技术学校、HZ县职业技术学校为例。LX州职业技术学校现有19个教学班，其中，初中部9个、职教部10个。在校学生578人。有建筑施工、汽车应用与维修、学前教育等专业。该校所有学生均享受免学费政策，同时，一二年级学生享受国家助学金。[2] HZ县职业技术学校有

---

[1] 访谈资料来自2021年10月23日在KL县教育局对教育局工作人员WGS的访谈。
[2] 访谈资料来自2021年10月9日在LX州教育局对教育局工作人员BL的访谈。

专任教师40人，按现有在校生计算，生师比为3.5∶1，按农民工技能培训计算，生师比为85∶1。"双师型"教师比例为30%、兼职教师比例为1.7%。在校学生每年每生免部分学费，在校中职学生可享受国家助学金，除此之外，该校为每位学生免费发放军训服、实训服、校服及床上用品，大限度解决学生学习和生活上的困难。学校还专门设立资助办公室，负责学生资助工作，做到资助工作及时发放和落实。①

"县域"县市区重视经济困难学生帮扶工作。帮扶经济困难学生的措施主要为资助经济困难学生。无论是学前教育、义务教育、高中教育还是中职教育都建立有相关资助制度，为经济困难学生顺利就学提供了保障。还有一些县市区探索建立帮扶经济困难学生工作机制。其中，重点探索建立经济困难学生应急救助机制。西部县市区还积极落实国家东西部协作帮扶制度，完善经济困难学生相关资助工作制度，明确资助的内容及相应的形式，取得了良好成效。县市区乡村学校层面也积极实施各类帮扶经济困难学生的措施。通过"县域"县市区乡村政府层面、学校层面等合力帮扶，乡村经济困难学生得以顺利就读。

（四）乡村"女工"职业培训帮扶

扶贫必扶智，治贫先治愚。扶贫工作既要立足基本解决眼前问题，又要立足根本解决长远问题；既要保障贫困群众不愁吃、不愁穿、不愁住，又要帮助贫困群众理念上脱贫、思路上脱贫、精神上脱贫。"县域"县市区积极开展女工职业培训帮扶，促进贫困户提升技术技能，实现共同富裕。以东西部扶贫协作为例，XM市在开展东西部扶贫协作中，针对少数民族贫困地区受教育程度低的问题，在充分调研基础上，开创性地提出在扶贫工厂、扶贫车间举办职工"周末学堂"，解决贫困人口就业增收的同时，注重知识培训，防止脱贫后又返贫、贫困现象代际传递。

在XM市与LX州东西部协作举办周末学堂中，以TA区与KL县举办的周末学堂为典型。TA区教育局首创东西部协作在KL县企业举办职工周末学堂。TA区教育系统对口支援KL县教育系统，2017年，按《XM市落实国务院扶贫办东西部扶贫协作任务分解方案》的要求，TA区教育局与KL县教育局共同制订帮扶三年规划和年度计划。TA区教育

---

① 访谈资料来自2021年10月19日在HZ县教育局对教育局工作人员LJS的访谈。

局实施的短期支教主要通过开设专题讲座、示范课交流、同课异构、教学观摩、听课评课等，促进 KL 县提高教育教学水平，把 XM 市先进的教育教学理念传播到西部县市区。为落实国家东西部扶贫协作政策精神，进一步提升东西部协作，TA 区总工会与 KL 县总工会联合制定《KL 县东西部协作企业职工周末学堂实施方案》，KL 县援助 LX 工作组依托 TA 支教教师首创开展东西部协作企业 KZL 鞋业有限公司和 TL 雨具有限公司职工周末学堂。周末学堂的首创，深受社会各界好评，在 2019 年年底的国扶办考核工作中获得工作亮点认定并加分，其工作模式在 LX 州各县市推广。新华社于 2019 年 10 月 19 日发表了题为"家门口的职工学堂富口袋也'富脑袋'"的报道。届时，东西部协作企业 LX 州 KL 县 KZL 鞋业、TL 雨具企业员工共计 200 余人，其中，70% 以上为小学文化程度以下，她们有的未上过学、有的小学未毕业、有的还不会写名字、有的不会讲普通话等情况，在和外界的沟通、协作上存在着诸多困难、在脱贫致富上明显差于有文化的人。基于职工有进一步学习各种知识、提高普通话训练、提升文化素质等的需要，工作组依托支教组创新开展东西部协作 KL 县企业职工周末学堂工作。学堂依托企业高学历职工、支教人员、支医人员，抽调 KL 县总工会、妇联等单位干部及教育系统教师为师资，设立知识学习和综合培训两大部分课程内容。具体为：2019 年 6 月 XM 市赴 LX 州帮扶工作队 KL 县工作组领导 LJW 委托 KL 县支教组 CHL、LYW 两位教师就周末学堂开展的形式、内容及课程等进行前期谋划工作；9 月初，根据企业职工文化程度低的问题，支教组教师精准定位、精心编撰教材和编排课程，及时跟踪指导两家企业的周末学堂硬件设施建设，周末学堂开展工作准备就绪；课程设立初级班的拼音识字、中级班的阅读赏析、高级班的写作等内容。学堂目标为：帮助企业员工认识更多的字、词，提高文化素质；将爱护自然、团结协作、孝敬父母、为人处世等融入阅读赏析课之中；写作课结合生活、工作实际进行设计。在此过程中，抓住"识字、普通话"关键点，做到"精准"帮扶，为提升当地企业职工文化水平贡献力量。2019 年 9 月 12 日，东西部协作 KL 县企业第一家职工周末学堂（KZL 鞋业）如期开班；11 月 15 日第二家职工周末学堂（TL 雨具）开班并开讲第一课。2019 年，两家企业职工周末学堂共开设18场次课程，参与学习职工合计900余人次。① 其中，支教小组教师LYW负责编辑教材和设计制作两版KZL鞋业职工周末学堂活动风采展板，获得职工们的好评。2020年4月，第三批支教教师赴KL县开展为期一年的支教工作，DS中学的HYK、TX中心的ZSP等两位教师接过职工周末学堂授课接力棒，继续做好新的教材编辑、课堂授课等工作。具体措施为：

一是创新举措。2019年始，XM市赴LX州帮扶工作队结合帮扶工作实际，创造性地提出在KL县举办首个企业职工周末学堂，深入贯彻习近平总书记提出的"扶贫必扶智，治贫先治愚"的精神，进一步深化落实国家东西部扶贫协作政策精神，把扶贫与扶志、扶智结合起来。周末学堂在该州落地开花，解决贫困人口就业增收的同时，注重农村妇女文化知识培训，探索走出一条适合当地扶贫扶智的新路子。目前，XM在该州援建216个扶贫车间，分布在该州各县市的乡镇，已有27个扶贫车间开设周末学堂，2900多名工人成为学员。扶贫车间以鞋服箱包加工等劳动密集型产业为主，共有就业女工万余人，其中，有建档立卡户3095人。②

二是明确目标，找准定位。XM援助工作队明确扶贫工厂周末职工学堂办学目标，坚持以人为本，深入贯彻习近平新时代中国特色社会主义思想，以提高职工文化知识、提升思想和业务素质、增强岗位技能为主题，坚持面向生产、按需施教、学用结合的原则，围绕企业生产工作开展识字班、阅读班、写作班和各项技能培训，在广大职工中倡导终身学习理念，鼓励员工带着问题学习，培养职工的学习习惯，提高学习能力。开展企业职工周末学堂，广泛开展社会主义核心价值观宣传教育，提高文化自信和文化软实力，以打造讲政治、爱学习、敢开拓、肯奉献、重团结的团队为目标，营造终身学习、全员学习的浓厚氛围，使全体职工思想境界有提高、工作作风有转变、履职能力有提升、综合素质有改善。把提升职工素质作为增加劳务收入的重要手段，坚持把扶贫和扶志、扶智结合起来，引导贫困劳动力从"劳力型"向"技能型"转变。

三是开足课程，工学不误。在不影响企业的正常生产，扶贫工厂周

---

① 访谈资料来自2021年10月23日在KL县教育局对工作人员WGS的访谈。
② 访谈资料来自2021年10月23日在KL县教育局对工作人员WGS的访谈。

末学堂开课时间一般安排在周末。课程内容主要由知识学习和综合培训两大部分组成。初级学堂主要以识字班、普通话培训内容为主,提高职工的识字水平和文化素质,培训职工普通话,提高职工普通话交流水平。参加的对象以不识字的职工为主。中级学堂,主要是以阅读赏析名篇为主,要求职工有一定的文化基础,通过阅读理解,加强对中国文化精髓的理解,培养职工的爱国情怀和集体观念。参加对象以有一定的识字能力,但未完成义务教育的职工为主。提高学堂,主要以写作为主,提高职工的写作能力。如果职工能够撰写出较好的文章,在企业周末学堂报刊上给予发表,并给予适当奖励。参加对象以初中毕业及以上文化程度的职工为主。综合学堂,主要以安全教育、健康教育、爱国教育、传统文化教育等内容为主。通过扶贫工厂周末学堂的开办,提升企业职工思想道德修养和文明素质,以"身边人讲身边事、身边人讲自己事、身边事教身边人"为基本形式,大力倡导"爱国守法、明礼诚信、团结友善、勤俭自强、敬业奉献"等基本道德规范,推动安全、健康、先进的理念入脑入心、外化于行,使企业职工能够以厂为家,爱国爱家爱厂,为企业的发展提供文化支撑。

四是按需施教,脱贫摘帽。扶贫工厂职工通过在周末学堂学习,学好知识、做好工作,提升自身综合素质,提高收入,脱贫致富。周末学堂坚持面向生产、按需施教、学用结合的原则,围绕企业生产工作开展培训,在广大职工中倡导终身学习的理念,培养职工的学习习惯,提高学习能力。进一步激发企业员工内生动力,使企业职工能够以厂为家,爱国爱家爱厂,为企业发展提供文化支撑,加速当地劳动力向产业工人转型。周末学堂加强师资队伍建设,开足课程,提高教学成效,做好"扶贫必扶智,治贫先治愚"的工作,在广大职工中倡导终身学习理念,注重学用结合,坚持学以致用、用以促学、学用相长,提高生产能力,为企业发展出一份力,为顺利"脱贫摘帽"做出贡献。

此外,县市区积极开展"两后生"职业培训帮扶。农村贫困户"两后生"是指初、高中毕业生未能继续升入大学或中专院校就读的农村贫困家庭中的富余劳动力,该群体为年龄在 15 至 22 周岁之间的未婚青年。访谈中了解到,西部县市区学生就读职业教育意愿薄弱、动力不足,访谈对象 SJ 谈道,"职业教育我们这个不像南方,因为它就是初中,现在我们中考的时候就是初中的，国家职普比是6∶4，我们原来是2∶8，高中是八个、高职是两个，但是职业教育没人上，因为这里的职教基础设施差，学生毕业出来之后呢，没就业出处。今年开始往XM劳务输出，去年是140个指标，今年好像指标是120，劳务输出就是通过劳务输出解决就业"①。访谈对象继续谈道，"为了提高这个职普比例，不让上高中上职普，学生想上高中、考大学，职业教育这条路不走，这个还是需要一种思想转变，现在考上高中，但过几年高三念出来也还得上高职，那这样倒不如现在就直接上高职，因为上高职国家全部免费"②。XA区为进一步深化东西部扶贫协作，鼓励和引导YJ县"两后生"到XM市定向学习，帮助贫困家庭培养技能人才，实现一人稳定就业，全家脱贫致富的目标。同时，积极协助YJ县人社局，宣传、动员"两后生"到XM市HT涉外学院和XM技师学院就读学习，有效解决适龄少年失辍学问题，增长就业技能，为实现稳定就业打下了坚实的基础。

实际上，一些县市区已有职业教育帮扶振兴乡村实践。一直以来，我国将教育帮扶工作摆在脱贫攻坚先导性和基础性位置。2016年12月，教育部、民政部等六部门印发的《教育脱贫攻坚"十三五"规划》明确提出，以国家扶贫开发工作重点县、集中连片特困地区县以及建档立卡等贫困人口为重点，加大发展现代职业教育，提升教育脱贫能力，打赢教育扶贫攻坚战。③ 职业教育以市场为导向、产业作引领、就业为目标、具有应用性、实践性等特点，其作用及成效获得国家和社会的共识。2014年6月，《国务院关于加快发展现代职业教育的决定》明确提出，加大对农村和贫困地区职业教育支持力度……在人口集中和产业发展需要的贫困地区建好一批中等职业学校。④ 2021年，《中华人民共和国国民经济和社会发展第十四个五年规划和2035年远景目标纲要》提出，增强职业技术教育的适应性，创新发展职业技术教育办学模式，开展产教融合及校企合作，鼓励企

---

① 访谈资料来自2021年10月26日在DX县BRG村对村民SK的访谈。
② 访谈资料来自2021年10月26日在DX县BRG村对村民SK的访谈。
③ 《教育脱贫攻坚"十三五"规划》，http://www.moe.gov.cn/jyb_xwfb/xw_fbh/moe_2069/xwfbh_2016n/xwfb_161229_mtbd/201612/t20161230_293455.html。
④ 《国务院关于加快发展现代职业教育的决定》，https://www.gov.cn/gongbao/content/2014/content_2711415.htm。

业主体发展职业技术教育。① 这些制度政策都为职业教育创新发展提供了方向与保障。党的十九大报告强调,农业农村农民问题是关系国计民生的根本性问题,提出坚持农业农村优先发展,实施乡村振兴战略。② 职业教育在新时代依然承担着振兴乡村重要使命,全国各地也积极探索职业教育帮扶振兴乡村实践。其中,以 S 学校为典型,S 学校是我国典型的职业教育帮扶振兴乡村的实践,具体如下:

2009 年,民政部登记设立的 W 基金会捐资 1.8 亿元,选址 GZ 省典型贫困地区 H 县创办 S 学校。GZ 省地处我国西南部,长期以来为我国经济社会发展落后省份,且多为山区及农村。2007 年,GZ 省经济总量占我国经济总量的 1.09%、人均水平处于全国末位,农村居民人均年纯收入排全国倒数第二位,贫困人口占我国贫困总人口的 13.1%,是我国贫困面最大、贫困人口最多、贫困程度最深的省③,也是我国脱贫攻坚主战场。发展教育是该区域经济社会发展的重要抓手,S 学校的设立即是对 GZ 省教育帮扶振兴乡村需求的回应。2019 年,S 学校占地面积 221341 平方米、校舍总建筑面积 113297 平方米,教职工 242 人、全日制在校生 3929 人,历届毕业生大多数回籍贯地就业。2015 年,学校获 GZ 省"现代职业教育改革创新试点院校"荣誉称号。④

产业振兴是实现 GZ 省经济社会发展的内生力量,S 学校围绕 GZ 省大数据云服务、现代服务业、非物质文化遗产和农业等产业振兴发展目标,设置及动态调整,形成大数据云服务、现代服务、非物质文化遗产、茶产业等四个专业群,满足区域农村产业发展对技术技能应用型人才的需求,促进贫困人口受益面提升及区域社会振兴。

一是设置贫困人口受益面广的产业专业群。GZ 省在"十二五"规划期间,计划发展信息产业和服务产业等贫困人口能够受益、区域社会可以

---

① 《中华人民共和国国民经济和社会发展第十四个五年规划和 2035 年远景目标》,http://www.xinhuanet.com/2021-03/13/c_1127205564.htm。
② 韩长赋:《坚持农业农村优先发展大力实施乡村振兴战略》,《农村工作通讯》2019 年第 8 期。
③ 雷厚礼:《论贵州省情再认识》,《理论与当代》2008 年第 12 期。
④ 何丽:《全省职业院校办学经验交流会在贵州盛华职业学院举行》,《贵州教育》2014 年第 24 期。

尽快脱贫的产业，S学校围绕此产业发展需要技术技能应用型人才支撑的现实需求，设置大数据云服务、现代服务两大专业群共15个专业，具体为针对区域信息产业发展，建立大数据云服务专业群，包括大数据技术与应用、计算机应用技术等6个专业，培养电子信息工程、计算科学技术等信息产业岗位技术技能应用型人才，实现区域社会产品生产与销售有效对接、促进区域资源要素最大化整合，加快区域社会市场化、城乡一体化的进程。针对现代服务产业发展需求，设置现代服务专业群，包括财务管理、会计电算化、涉外旅游等9个专业，培育旅游、餐饮管理等服务产业岗位技术技能应用型人才，提升现代旅游、餐饮等服务业在该区域产业结构中的比重，促进区域服务业的转型升级，加快区域社会贫困人口就业发展以及乡村振兴。[1]

  二是设立区域农村社会特色产业专业群。非物质文化遗产、茶等都是该区域农村社会特色产业。该地区具有苗族、布依族等多民族丰富的非物质文化遗产，但近年受城镇化发展战略实施、中青年劳动力外出城市务工等影响，民族传统刺绣等非物质文化遗产相关行业发展受到冷落及制约。为传承保护和促进区域社会非物质文化遗产发展，以及促进少数民族群众尽快脱贫发展，GZ省省委省政府制定出台非物质文化遗产特色产业发展相关制度政策。S学校围绕此发展需求，建立非物质文化遗产专业群，设置绘画、美学、工艺加工等5个专业，培育一批具备非物质文化遗产技艺传承和创新实践操作能力的技术技能应用型人才。GZ省为我国第一大原茶产地，茶产业为该区域生态特色农业产业，为促进区域农村贫困人口脱贫发展，打造享誉全国乃至全世界的名牌茶产品，GZ省大力发展茶特色产业。S学校围绕此发展需求设置茶产业专业群，设立茶树栽培与茶叶加工、茶艺与茶叶营销、文化创意与策划等4个专业，培养一批懂生产、加工和营销等的茶产业岗位技术技能人才，为乡村产业振兴提供人才保障。[2]

  三是招收及帮扶农村特殊困难学生。S学校重点招收落后地区家庭经济困难等的农村特殊困难学生，构建完善的学生帮扶体系，促进学生顺利完成学业，为乡村振兴提供人才保障。

---

[1] 访谈资料来自2020年11月6日在S学校对S学校工作人员KBW的访谈。
[2] 访谈资料来自2020年11月6日在S学校对S学校工作人员KBW的访谈。

第一，精准招收农村特殊困难学生

S学校制定倾向招收集中连片特困地区农村户籍、贫困地区弱势群体及家庭经济困难等学生的招生制度，以残疾人、女性少数民族等弱势群体以及建档立卡家庭经济困难学生等为重点招生对象，实施与"百所爱心接力学校"以及H县周边初中、高中等学校建立生源关系的措施。依托互联网大数据有效招收农村特殊困难学生，如组建互联网线上招生宣传团队，宣传学校招收贫困生政策，并精准分析贫困县一些高中学生的消费行为、经济状况和就业需求等特征，依托软件系统实施互联网宣传方式，将考生报考需求与S学校招生目标生源相匹配，有效引导贫困县高中学生报考S学校。在2016至2020年5年间，S学校合计招收残疾学生、少数民族女生、建档立卡贫困生等5865人，总招生人数为7686人，特殊困难学生数占总招生人数比例为76.31%（见表5-1），确保精准帮扶振兴乡村的人才。[①]

第二，全面帮扶农村特殊困难学生

S学校实施多元筹集资助学生资金措施，如学校于2011年商议决定将学校应收学生学费的50%以上作为特殊困难学生奖助学金，帮助学生顺利完成学业；学校还获得W基金会在学校专门设立的"爱心帮扶基金"；通过官方媒体渠道向社会宣传办学宗旨与实践，获得一些具有社会责任感的爱心企业和事业单位捐资捐赠。[②] 学校以经济落后地区特殊困难学生为主要帮扶对象，构建"奖优帮扶""劳动帮扶""诚信帮扶"等类型学生帮扶体系，精准配置帮扶经费和物质资源。如学校资助GZ省H户籍学生在校就读期间三年学费；资助盲人学生、少数民族女学生等每月部分生活费以及每年部分交通费；资助国家建档立卡贫困户学生每年部分学费；资助2020年该校录取的援鄂医务人员子女三年学费及每年部分奖助学金等。S学校采取诚信承诺、勤工助学等方式开展学生帮扶工作，注重学生良好品质培养，以"讲诚信，有爱心，行为高尚"为品质培育目标，采取学生行为习惯养成和校园文化熏陶等方式，帮助学生树立良好品格，促进学生自食其力。

---

① 访谈资料来自2020年11月6日在S学校对S学校工作人员KBW的访谈。
② 访谈资料来自2020年11月6日在S学校对S学校工作人员KBW的访谈。

表 5-1　　2016—2020 年 S 学校招收弱势群体及
家庭经济困难等特殊困难学生　　　　单位：年；人；%

入学年份	学生人数	残疾学生数 人数	残疾学生数 比例	少数民族女生数 人数	少数民族女生数 比例	建档立卡贫困生数 人数	建档立卡贫困生数 比例	集中连片特困地区农村生数 人数	集中连片特困地区农村生数 比例	校内认定贫困生数 人数	校内认定贫困生数 比例	合计 人数	合计 比例
2016	1492	41	2.75	32	2.14	331	22.18	641	42.96	212	14.21	1257	84.25
2017	1379	19	1.38	47	3.41	520	37.71	468	33.94	103	7.47	1157	83.90
2018	1503	72	4.79	18	1.20	702	46.71	299	19.89	53	3.53	1144	76.11
2019	1601	80	5.00	26	1.62	733	45.78	223	13.93	46	2.87	1108	69.21
2020	1711	93	5.44	33	1.93	762	44.54	242	14.14	69	4.03	1199	70.08

注：a. 按健康、民族、性别状况将残疾学生、少数民族女生划为弱势群体学生；按经济状况将建档立卡贫困生、集中连片特困地区农村生、校内认定贫困生归为经济困难学生，同时将弱势群体、经济困难学生统称为特殊困难学生；

b. 残疾学生数、少数民族女生数、集中连片特困地区农村生数、校内认定贫困生数间可能存在交叉，本研究未做剔除统计处理；集中连片特困地区农村生未纳入校内认定贫困生。

四是培养乡村产业振兴应用型人才

第一，搭建校企合作应用型人才培养平台

S 学校基于区域产业可持续发展目标，依托自身、GZ 省教育联盟集团等教育资源以及 W 基金会的信息行业资源，贯彻落实 GZ 省发展大数据产业聚集规划，建立现代化大数字工业园，集教育事业、大数据产业、乡村振兴产业等新兴产业和高科技企业为一体，探索教育与区域信息产业等协同发展的模式，为开展校企合作培养应用型人才奠定良好基础。

S 学校引进 100 多家数据开发企业，解决了 1 万多名大学生创业就业，培育了十多家上市公司，引进十多名"两院院士"。截至 2021 年 1 月 1 日，S 学校引入联想之星、梦动科技、HTC 大数据互联网精准营销与互动中心等企业 110 余家，签约入住企业 70 多家，引进初创型企业及创客团队 100 余家，致力于打造近期百亿级、远期千亿级高端产业园区小镇。[①]

[①] 访谈资料来自 2020 年 11 月 6 日在 S 学校对 S 学校工作人员 KBW 的访谈。

第二，培养技术技能应用型人才

S学校针对各个专业群都邀请若干市场企业开展校企合作。与企业双方合作分工明确，S学校定期组织学生到合作企业单位开展教学实践。如，学校大数据云服务专业群和工信部—百度互联网营销学院、北京航空航天大学软件学院等开展合作，培养学生掌握现代信息行业高端技术技能；非物质文化遗产专业群和北京唐人坊文化有限公司等开展校企合作，培养学生掌握少数民族特有的民间工艺技能。S学校还实施定岗实习制度，安排学生在合作企业中定岗实习，促进学生顺利就业。与其合作的市场企业依托掌握相关行业前沿技术以及持有先进设施设备等优势，负责提供讲授专业技术技能的教师和场地等资源，确保合作顺利实现。

发展区域产业的技术技能应用型人才需要具备国际化思维与人文素养，从而促进区域产业走出区域社会、走向国际化。S学校对此开展国际引智行动，招募国际教师。学校专门设立外事部门开展全球志愿教师招募，相当数量国内外知名人士加入学校志愿教师队伍。2011至2021年间，到S学校开展志愿服务的教师合计有350人次，其中80%以上为外国籍志愿教师。学校针对各个专业群设立英语、国际文化及礼仪等国际化课程，国际志愿教师负责担任该类课程教学工作。国际志愿教师加入S学校，为培养具有国际化思维和文化素养等的学生提供了相应的师资教学保障。[①]

个案创新职业教育帮扶振兴乡村实践，针对乡村产业振兴设立专业群，帮助特殊困难学生实现入学、就读和就业，实施"智志双扶"帮扶方式方法，培养产业振兴技术技能应用型人才，发展乡村职业教育以及为乡村振兴提供人才保障、促进乡村产业振兴，形成了职业教育帮扶振兴乡村的独特模式，其特点如下：

一是职业教育帮扶振兴乡村目标明确。S学校将职业教育帮扶作为区域经济社会发展着力点，在贫困县农村创办职业院校，围绕区域贫困人口受益面广的产业、特色产业等发展需要设置相应专业群，精准培养技术技能应用型人才，助推乡村产业发展、振兴乡村以及促进区域经济社会发展。

二是职业教育帮扶"智志双扶"方式方法精准。"扶贫先扶志""扶贫必扶智"，S学校对落后地区的特殊困难学生开展奖助学金帮扶，综合实

---

① 访谈资料来自2020年11月6日在S学校对S学校工作人员KBW的访谈。

施爱心帮扶、劳动帮扶、创业帮扶等"扶志"方法，培育学生讲诚信、爱劳动等良好品质，促进扶志。开展校企合作培育学生掌握相关产业行业发展的先进技术技能，探索国际引才机制及设置国际化课程，培育学生国际化思维与人文素养，增强学生发展内生动力与能力，实现对特殊困难学生的"志智双扶"，为乡村振兴提供高质量人才保障。

三是职业教育帮扶振兴乡村路径准确。S学校在重点贫困区域农村创办职业院校，制定倾向贫困地区特殊困难学生的招生制度，重点招收少数民族女生和残疾人等弱势群体以及国家建档立卡家庭经济困难学生。精准确定教育帮扶对象，"授之以渔"，致力于培养特殊困难学生掌握相关行业技术技能与素养，提升学生就业创业能力，从而实施招生、助学和专业化培养等一体化路径培养振兴乡村人才，促进区域乡村振兴产业技术技能传承和乡村振兴。

实际上，以往对农村职业教育帮扶研究的内容主要为帮扶农村职业教育发展。对个案的研究与果红对云南边疆少数民族地区职业教育帮扶研究[①]的发现不同，其认为职业教育帮扶的着力点主要在于创新，具体为需要立足于区域资源，重点建设职业教育特色专业，培养全面素质教育人才。对个案的研究也与李尧磊、韩承鹏对滇西职业教育帮扶研究发现[②]有所不同，其发现形成了参与主体多元、注重激发内生动力、促进东西优势互补、以就业脱贫为导向的模式。本研究个案创新的职业教育帮扶振兴乡村模式，既具有帮扶农村职业教育发展特征，也具有依托职业教育帮扶振兴乡村的内涵。实际上，"智志双扶"帮扶方式方法，入学、助学和专业培养等一体化帮扶路径，以及依托职业教育帮扶振兴乡村，这些都是个案的重要创新。个案探索的职业教育帮扶振兴乡村模式是对以往相关研究的推进，也与习近平总书记提出的需要对扶贫对象实施精细化管理，精确化配置扶贫资源、精准扶持扶贫对象，确保扶贫资源真正用到扶贫对象、真正用在贫困地区[③]等精准扶贫思想具有一致性，基本实现了"治贫先治愚，

---

① 果红：《云南边疆少数民族地区职教存在的问题和特色研究》，《云南师范大学学报》（教育科学版）2000年第2期。

② 李尧磊、韩承鹏：《东西部职业教育协作参与滇西扶贫的模式研究》，《中国职业技术教育》2018年第9期。

③ 中共中央党史和文献研究院：《习近平扶贫论述摘编》，中央文献出版社2018年版，第58页。

扶贫先扶智。教育是阻断贫困代际传递的治本之策"[1]。

第二节 乡村教育客体素质教育

当前乡村学校素质教育较为薄弱，较多开展应试教育。这既与乡村学校素质类课程开展不足有关，也与素质类师资不足相关，更有其他相关因素。县市区加大开展素质教育，呈现出部分成效良好的典型案例。

一 乡村学校素质教育问题

乡村学校开展素质教育较为薄弱，较多围绕应试开展课程教学教育。乡村学校素质类课程设置不足，现有课程主要按照考试要求设置。访谈中了解到，上级部门要求乡村义务教育学校设置课程。但如果上级部门未对相关课程设置考试要求，那么，乡村义务教育学校就可能未设置相应课程，总体上，"考试"为乡村课程设置的指挥棒，这导致素质类课程设置及开展不足，素质教育有待提升。

乡村素质教育缺乏与素质教育师资不足有关。乡村技能科教师缺乏，不同乡村学校具体情况有所差异，但总体而言，技能科教师缺量比较大，技能科教师主要指美术、音乐和体育等学科教师，也即素质教育类教师。乡村学校语文、数学专业教师数量较多，但是体育、音乐、美术及科学的教师数量较为缺乏。该类教师在城市中本身就较为缺乏、未能配齐，因此，在乡村中就更为缺乏。访谈对象 ZF 谈道，"该类教师在民办培训机构中工作，比在公办学校就职的收入高，因此，他们愿意到乡村学校工作的可能性更小"[2]。目前，乡村学校虽然校舍等硬件设备有所配备，但擅长使用设施设备的相应学科专业教师较少，乡村教师在应用此类设备过程中大体能知道注意事项，但是并不擅长使用，因为这些是专业技能，需要相应学科专业教师开展。目前乡村教师基本上都身兼数职，素质类学科课程大多由专职教师兼任，即几乎都由语文、数学专业教师兼任。访谈对象 ZF 继续谈道，"以前师范院校培养出来的教师，大多为全能型的，他

---

[1] 《十八大以来重要文献选编》（下），中央文献出版社 2018 年版，第 40—43 页。
[2] 访谈资料来自 2021 年 12 月 13 日在 XP 县教育局对教育局工作人员 ZF 的访谈。

们既懂专业教育也懂素质教育，但是现在师范类院校培养的教师很少为全能型"①。

　　乡村教育对于心理专业的教师需求大，虽然对音乐、体育和美术等素质教育专业教师具有需求，但相较而言，心理学科专业教师更为缺乏，因为当前乡村"留守"儿童多，"留守"儿童大多需要心理专业教师关注与辅导，外加新冠疫情发展，乡村学校心理问题学生数量日益增多，非心理专业教师无法对此开展有效干预，需要专业心理教师介入辅导。虽然目前乡村小学及中学大多设有心理咨询室及配备相关设施设备，但是缺乏专业心理咨询师，学校持有心理咨询师资格证书的教师数量有限、且辅导效果不佳。事实上，国家对学校心理教师的配比有相应规定，即规定需要为每1000名学生配备1名心理咨询师，各省在此基础上进行相应规定，如福建省最初对此设定的标准为每800位学生配备1名心理咨询师，优质学校或示范类学校配备比例可能更高些，大致为每500位学生配备1名心理咨询师或每600位学生配备1名心理咨询师，但是乡村教育则无法达到此标准，以PH县为例，该县只有1名心理学专业教师，她需要身兼数职，担任多门课程教学及从事学校心理咨询工作。实际上，ZZ市教育局也曾经委托PH县进修学校开展教师心理咨询师资格培训工作，访谈中，访谈对象CYP谈道，"进修学校合计培训组织了250名教师参加考试，最后，70%的教师通过了考试"②。但是，访谈对象CYP认为，"教师持心理咨询师证并不等于教师就擅长从事心理辅导工作。理论与实践往往是两回事，此外，心理专业教师的配备难以依靠教育系统解决。教育系统心理专业教师需要当地政府编办提供编制，需要财政局给予教师投入编制费用等"③。

　　其他教师兼任心理咨询工作的积极性并不高，影响因素较多，如进修学校在对心理咨询工作兼职教师开展培训中发现，关于兼职教师参加培训工作量如何认定，学校并未规定；兼职教师较关注他们在职称评聘的时候，参与此类培训是否可以认定任课工作量，他们兼职心理咨询工作，为学生开展心理辅导的课时是否可以纳入工作量，以及如何纳入等，都需要

---

① 访谈资料来自2021年12月13日在XP县教育局对教育局工作人员ZF的访谈。
② 访谈资料来自2021年11月9日在PH县教育局对教育局工作人员CYP的访谈。
③ 访谈资料来自2021年11月9日在PH县教育局对教育局工作人员CYP的访谈。

学校及教育系统方面给予统筹规定。

访谈中了解到,目前乡村学生面临的学习压力并不大,关键影响因素是学生家长是否重视教育,如果家长重视教育,那么学生面临的学习压力就大些。总体上,乡村家长和教师之间关系也较为和谐,教师布置作业量并不多。教师经常到学生家庭中走访,尤其是关爱乡村困境学生。同时,乡村义务教育学校校园欺凌现象较城市少。城市中经常出现校园欺凌的问题与广告及抖音等媒体普及有关,学生主要通过观看媒体进行模仿和学习。但乡村学生的心理问题比较突出,典型案例如下,PH县一所小学一学生经常认为肚子痛,心理咨询教师常带他到医院看医生,但均未发现其患有疾病。后来了解到,该学生父母正在商谈离婚,平时主要由爷爷奶奶负责照顾,他就试图通过生病来获得父母及老师的关注。此类案例在乡村中较多。①

"县域"县市区重视乡村学校素质教育。乡村学校在开展应试教育的同时,逐步探索素质教育实践。但是,素质教育成功开展需要相应的师资、场地等支撑条件保障。乡村学校师资无论是在数量还是在质量方面都有所不足,更缺乏体育、音乐、美术以及科学等学科专业师资,也使得乡村素质教育开展面临困难及挑战。尤其是近年,乡村学校特殊困难学生较多,部分"单亲"家庭学生、"留守"学生等,对心理关爱存有需求,需要心理学专业教师开展教育及服务,但该类教师较为缺乏,这都影响了乡村素质教育成效的提升。

二 县市区开展素质教育

(一) 东部县市区开展素质教育

"县域"东部县市区开展乡村学校素质教育,以FA市、SN县、FD市为典型。FA市全面落实学生健康成长教育,德育实效增强。如开展"从小学党史 永远跟党走"主题教育系列活动、教育系统"爱我FA、从我做起"宣传教育活动、"习爷爷在ND的故事"进校园学习实践活动等。其中,该市CY中心小学、HC一小获得全国中小学中华优秀传统文化传承学校的荣誉称号。FA职校《公共艺术(音乐篇)》被确定为福建省省级思政

---

① 访谈资料来自2021年11月9日在PH县教育局对教育局工作人员CYP的访谈。

示范课程，入选福建省2021年中小学学科德育精品项目4个。YF小学、SXNH校区德育案例入选福建省"一校一案"落实《中小学德育工作指南》典型案例。全面提升体艺素养教育，加强和改进体育、美育。举办该市校园阳光体育系列竞赛、"请党放心 强国有我"FA市第十三届校园文化艺术节等活动。获ND市第十三届中小学生田径运动会小学组、初中组、高中组、团体总分四项第一名；获福建省第七届中小学生艺术节7个奖项及优秀组织奖、第36届福建省青少年科技创新大赛35个奖项、福建省中小学美育改革优秀案例三等奖等荣誉。加强学生心理健康教育，成立中小学生心理健康教育工作领导小组，出台《关于进一步加强中小学生心理健康管理工作的方案》，组织开展心理健康教育巡讲，落实学生全员心理健康筛查。将劳动教育落到实处，FA二中《基于山海资源的地理特色综合实践活动》获省教学成果二等奖。落实眼保健操制度、大课间体育活动和手机管理，完成学生视力筛查，建立视力健康档案等措施，促进学生素质提升。[①]

  SN县坚持以习近平新时代中国特色社会主义思想为指导、全面贯彻党的教育方针、落实立德树人根本任务、深化德育综合改革、将德育目标融入各学科课程、促进德育与智育、美育、体育、劳育有机融合、推动思想政治理论课改革创新、统筹推进中小学思政课一体化建设、把思政小课堂同社会大课堂结合起来、充分发挥爱国主义、优秀传统文化等教育基地和各类公共文化设施与自然资源的重要育人作用。构建学段纵向衔接、学科横向融通、课内外活动有机融合的德育课程体系。开展德育实践活动，提升学生综合素养。充分利用该县中小学研学实践基地（农科所）、ZGQ德育基地、发挥红色研学地方革命基地的育人功能，全面开展学生德育实践活动，合计有35所学校、24000多位学生参与。该县XD乡被确定为福建省省级研学实践教育基地。XD乡XW学校被教育部确定为第二批乡村温馨校园典型案例学校。SN一中和实验小学被认定为第三批全国中小学优秀传统文化传承学校。BL戏传承中心举办的《XD故事》为该县县城GZ小学、职专开展合计18场演出，合计有5000余名师生享受文化盛宴，推

---

① 访谈资料来自2021年12月25日在FA市扶贫办对教育局工作人员LWH的访谈。

动"习爷爷在 ND 的故事"进校园学习实践活动深入开展。① 该县落实"立德树人"的核心目标，完善大中小幼德育一体化体系，在各级各类学校中强化社会主义核心价值观教育，牢牢把握新时代中国特色社会主义办学方向。全面开展理想信念教育、社会主义核心价值观教育、中华优秀传统文化教育、生态文明教育、心理健康教育等，促进学生身体、心理和智力得到全面健康发展，符合我国乡村振兴需要，为建设社会主义新农村打下坚实基础。在教育方法上，通过统筹协调乡村学校教育教学工作的方方面面，真正实现课程育人、文化育人、活动育人、实践育人、管理育人，把优良道德品格的养成作为乡村一代新人全面发展的底色。

SN 县全面落实"双减"政策，认真贯彻执行中办、国办印发的《关于进一步减轻义务教育阶段学生作业负担和校外培训负担的意见》，出台《SN 县教育局关于成立"双减"工作领导小组的通知》，成立工作领导小组和"双减"工作专班，明确各股室工作职责；该县各学校开通"国家教育云平台"。将"双减"工作成效纳入县和学校义务教育质量评价体系，评价数据显示，目前 85% 及以上的学生能够在规定时间内完成作业的学校数有 31 所，占该县学校数的 100%；出台作业管理细则和作业公示制度的学校数有 31 所，占该县学校数的 100%；不给家长布置作业或要求家长批改作业的学校数有 31 所，占该县学校数的 100%。该县还制定出台《SN 县中小学校学生作业管理细则》，扭转一些学校作业数量过多、质量不高、功能异化等突出问题，减轻学生过重的课业负担，规范该县中小学校教育教学管理。同时，该县全面推行课后服务，制定出台《SN 县落实中小学生课后服务工作实施方案》，成立工作领导小组，在该县政府门户网站制作发布《SN 县落实中小学生课后服务工作政策解读》，该县各校按照"一校一案"的方式，开展自主阅读、社团活动、兴趣小组、辅导作业等各类课后服务方式，合计有 17449 人参加课后服务，31 所学校开展"午托"和"晚托"，实施"中央厨房"集体配餐，满足学生用餐需求，确保学生健康饮食。②

SN 县全面落实教育部关于加强中小学生作业、睡眠、手机、读物、体质等"五项管理"文件要求、落实社会协同育人责任、强化政府、学校、

---

① 访谈资料来自 2021 年 12 月 15 日在 SN 县扶贫办对教育局工作人员 LY 的访谈。
② 访谈资料来自 2021 年 12 月 15 日在 SN 县扶贫办对教育局工作人员 LY 的访谈。

社会、家庭等各方责任、推进育人方式改革、发展素质教育、形成校内外协同育人良好局面。落实规范学校办学行为和校外培训机构管理、扭转不科学的教育评价导向、引导社会树立科学教育质量观和人才培养观、减轻违背教育教学规律、有损学生身心健康的过重学业负担、促进中小学生健康成长、培养德智体美劳全面发展的社会主义合格建设者和可靠接班人。严格按照国家课程方案和课程标准实施教学、确保学生达到国家规定学业质量标准。突出学生主体地位、注重保护学生好奇心、想象力、求知欲、激发学习兴趣、提高学习能力。落实体育、美育、劳育等课程、加强健康生活方式教育。开展学校特色体育项目、保障学生每天体育活动时间校内、校外各1个小时。深化美育课程与教学改革、结合地方文化设立艺术特色课程、增强美育熏陶。在中小学每学年设立劳动周、充分发挥劳动综合育人功能、提升学生综合素质、以劳树德、以劳增智、以劳健体、引导学生树立正确的劳动观。

"县域"东部一些县市区开展乡村素质教育取得良好成效，以SN县为典型。SN县"两香校园"工作成效显著。2021年，该县参加ND市举办的诗词大会、汉字听写大赛，获奖合计达31人次。AY中学WBW入选CCTV第七季《中国诗词大会》百人团并进京参赛。该县在福建省第三届经典诵读比赛中取得3项一等奖、1项二等奖、两项三等奖；选送ND市市级经典诵读比赛的11个作品，均获得一等奖；承办ND市"红诗大会"，该县7人获得一等奖、7人获得二等奖，还获得教师组、中学生组第一名的成绩。同时，该县体育竞赛成绩突出。SN女子篮球代表队荣获ND市中小学生篮球联赛女子甲组比赛第一名，并获得代表ND市参加2022年福建省第十七届运动会女子甲组篮球赛的参赛权。该县男乙、女乙代表队在2021年ND市少儿排球锦标赛中，均获得冠军；广泛开展安全教育，运用多种宣传方式全方位、立体式对学生开展安全教育。合计邀请51名法治副校长进校园，举行专题讲座23场，开展法治进校园活动28场，普及学生法律知识。开展安全素养培训4场，参训人员累计600余人次；开展以防火灾、防地震、防拥挤踩踏为主题的应急疏散演练200余场；发放《致学生家长一封信》3万余份，捐赠《学生安全教育读本》1万余本。其中，SN一中、WQ中心小学、实验幼儿园被认定为第一批福建省省级平安校园。该县教育局在庆祝建党100周年暨ND市教育局系统创建平安校园文艺展演中，获得优秀奖。①

FD 市自"双减"政策施行以来，积极致力于让"双减"政策落地开花，通过精细优化作业，减少机械性、重复性作业，引导学生向自主性学习发展。除此之外，还积极落实课后服务工作，提升学生综合素养，丰富课后服务形式，在各校形成特色社团。目前，该市义务教育"双减"政策落地初见成效，开展课后服务的学校合计有 57 所，参与学生共 70294 人，有效解决了学生家长的后顾之忧。②

（二）西部县市区开展素质教育

"县域"一些西部县市区实施乡村教育客体素质教育，建设素质教育载体平台。以 YJ 县为典型，LDYJ 县青少年科技活动中心是整个 LX 州最好的活动中心，主要采取走出去引进来的方式教育帮扶，如每周周一到周五，科技中心开展一些学习课程，各乡镇青少年到科技中心上课，周末的时候，科技中心则开大篷车送教师乡下，为青少年提供科技教育。科技中心课程主要以音乐、科技、体育课为主。科技中心一楼主要为音乐设施，包括钢琴、电子琴等，还有科技方面的乐高、地震，攀岩等教室。中心希望通过科技馆及其提供的服务在当地的青少年心中种下希望的种子。科技中心的建设经费主要来源为 XA 区，目前正在探索相应的运营发展经费机制。运营经费包括设备淘汰和更新。因为课程多、学生多，师资数量有限，访谈对象 WY 谈道，"我们只要有老师，就有办法，没有老师，我们没办法，像刚才我们说到的在编在岗工作人员一共 11 名的话，这么大的馆子，我们忙不过来，上课的话，我们还在外面招聘了 20 名老师，有各个专业、各行的，但是老师数量还是不够"③。

"县域"东、西部县市区重视乡村素质教育，乡村学校大多结合自身区域特色开展素质教育，尤其重视拓展体育、艺术以及科技等素质教育内涵，积极开展相应素质教育实践。至关重要的是，将"立德树人"人才培养理念融入乡村学校素质教育中，为党和国家培养德智体美劳全面发展的社会主义建设者和接班人。与此同时，东、西部县市区还积极落实"双

---

① 访谈资料来自 2021 年 12 月 15 日在 SN 县扶贫办对教育局工作人员 LY 的访谈。
② 访谈资料来自 2021 年 12 月 18 日在 FD 市扶贫办对教育局工作人员 GXL 的访谈。
③ 访谈资料来自 2021 年 10 月 17 日在 YJ 县教育局对教育局工作人员 WZZ 的访谈。

减"政策制度，不断减轻乡村学生课业负担，为学生提供课后服务，重视学生身体、心理健康，不断提升学生综合素质。尤其是西部县市区，积极整合相关教育资源，为区域素质教育开展提供良好的硬件设施条件，有效提升了乡村学校素质教育质量。

三 乡村学校开展素质教育

县市区乡村学校实施各类素质教育措施，以NJ第一中学为典型。NJ第一中学实施素质教育。该校地处NJ县SC镇教育路溪雅滨，创办于1946年，1993年被评为福建省"二级达标学校"。是第六至第十届福建省省级文明学校。现有教职工242人，高中教学班54个，在校高中生2560人。是一所文化底蕴深厚、教育传统优良、教学设施、办学成就显著、社会信誉较高的省级重点中学。近年来，该校以人为本，以德为纲，以质立校，和谐发展，全面推进素质教育。坚持德育先行，确保德育首位，以"勤奋、进取、严谨、求实"的校训努力构建校园文化，营造良好的育人环境，建立"学校、社会、家庭"三位一体的教育网络，形成以学校教育为主体、以社会教育为依托、以家庭教育为基础的德育工作氛围。该校坚持不懈地加强青少年思想道德建设，注重学生行为规范养成教育、心理健康教育和学生自我管理能力的培养，结合重大纪念日和节日，开展系列主题鲜明、内容丰富的思想教育和道德实践活动，如以爱国主义、集体主义为主题的民族精神教育，以感恩思想和文明礼仪为主题的传统美德教育，以关爱生命、保护环境、土楼文化为主题的和谐理念、环保意识教育，以校共建为主题的国防意识、法制意识教育，以学会做人、学会学习、学会生活、学会合作、学会探究、学会创新为主题的自立自强意识教育和自我管理能力的培养。特别是近年来，抓住当地文化资源优势，在全面贯彻党的教育方针、实施高中新课程实验、推进素质教育的过程中，高度重视学生综合素质提高，营造浓厚的本土文化氛围，扎实开展本土文化德育系列活动，形成学校德育工作的亮点和办学的特色。多年来，由于该校德育工作开展扎实、有效，师生自觉做到爱国守法、明礼诚信、团结友善、勤俭自强、敬业奉献，校风、教风、学风和学校的文明程度不断提升，赢得了各级领导和社会各界的广泛赞誉。该校高度重视内涵式的发展，顺应素质教育和高中新课程实验的要求，加强内部管理和精神文明建设，全方位多举措地推进教育教学改革,有效地推进高中新课程实验,以教师专业发展和学生综合素质提升为目标,以课题研究为抓手,以校本教研和学生研究性学习为载体,实施素质教育,全面提高教育教学质量,扎实有效地推进高中新课程实验工作,取得了显著成效。近三年来,该校教师课题科研成果显著,课题总数达67项,其中,国家级课题1项、省级课题3项、市级课题8项、校级课题55项,形成较为浓厚的科研氛围。该校既抓普及又抓提高,运动成绩年年提高,学生在市、县运动会上也有突出表现,获得"ZZ市体育先进学校"荣誉称号。①

乡村各类学校实施的素质教育取得良好成效,在小学方面,以FA市实验小学、XP第一小学为典型。FA市实验小学是公立学校,建于20世纪70年代,先后被评为"全国艺术教育先进单位"、"全国体育先进单位"、"全国助残工作先进集体"、"全国写字先进实验学校"、"省文明单位"、"省文明学校"等,是ND市首所"全国书法艺术教育实验学校"、"书法艺术教育先进学校"。近三年,该校师生荣获国家级大小奖项179项,省级59项,地市级近200项。② XP第一小学属于公办小学,现有39个教学班,2600多名学生,教职工107人,为中国教育学会"生活作文"实验学校、全国小公民道德建设实验学校、中国科学院心理研究所"知识与能力同步发展的研究"实验学校。③

在中学方面,以FA市高级中学、XP第一中学、ZZ市第三中学为典型。FA市高级中学即FA市第十中学,创办于1984年,1988年升格为普通完全中学,公办学校,是省二级达标中学,也是射箭人才培养基地。现有44个教学班,学生2342人,教职工172人,其中,专任教师149人,本科及以上学历教师132人。该校是国家射箭重点学校,该射箭队十多年来先后在福建省省级、国家级乃至亚洲赛事中摘金夺银,多次被评为"全国群众体育先进单位"。④

XP第一中学属公立学校,是一所拥有119年历史的全日制中学,也是ND市办学历史最为悠久的百年老校,2019年,获得福建省首批示范性普

---

① 访谈资料来自2021年11月13日在NJ县扶贫办对教育局工作人员XMH的访谈。
② 访谈资料来自2021年12月25日在FA市扶贫办对教育局工作人员LWH的访谈。
③ 访谈资料来自2021年12月13日在XP县教育局对教育局工作人员HXZ的访谈。
④ 访谈资料来自2021年12月25日在FA市扶贫办对教育局工作人员LWH的访谈。

通高中建设学校，拥有3000多名学生以及300多名教职工。学校被国家教委、体委授予"全国施行《锻标》先进单位"和"全国体育卫生先进单位"。该校是全国青少年校园足球特色学校和全国开展校园足球工作优秀学校，学校开设有足球课，编写足球课程，成立校园足球队，招收足球特长班，先后培养有26名国家级足球裁判员和242位高校足球特长生和专业足球队员。足球队多次参加海内外足球赛事并获得殊荣，闻名遐迩。①ZZ市第三中学，位于该市XC区胜利东路中段，是福建省重点中学，省一级达标学校，载入《全国著名中学》名录。该校创建于1920年，至今已有102年的办学历史。环境优美整洁，素有"花园式校园"之称，是ZZ市"校园建设与管理先进单位"。校园占地53344.6平方米。教师获市级以上荣誉132次，在省级以上刊物发表交流论文140篇，在市级刊物发表论文68篇。多年来，该校先后获得"国家语文文字规范化示范校"、"全国体育项目传统学校"、首届全国"心理辅导特色学校"、"省师德建设先进集体"、"省实施素质教育先进学校"、"省体育特色和体育传统学校"等荣誉称号。现有教职工193人，以创建"学习型"书香校园为目标，以深入开展校本培训为起点，全方位、多渠道地开展教师技能培训活动，"终身学习"观念深入人心。该校创造条件，鼓励教师开展课题研究，促进教师向研究型、创新型发展。该校启动课改实验，确定"实现学生学习方式与教师教学方式的转变"课改总课题，并与集美大学合作"人文素质教育"课题研究。在ZZ市首届基础教育课题评比中，语文组承担的"语文活动课程理论与实践"获课题研究评比先进单位，"初中学生心理健康教育序列探索"获课题评比二等奖。②

"县域"县市区乡村学校开展素质教育取得了相应成效。一方面，乡村学校通过学校教育、社会教育以及家庭教育等协同联动的方式，促进学生思想道德水平提升以及综合素质提高。另外一方面，县市区乡村学校结合自身专业教育历史底蕴以及学科专业发展的优势，积极发展书法、射箭、足球等相应的学科专业专长，不仅有效促进了乡村学生综合素质提升，更极大促进了县市区乡村学校素质教育水平的提升及教学质量的提高。

---

① 访谈资料来自2021年12月13日在XP县教育局对教育局工作人员HXZ的访谈。
② 访谈资料来自2021年11月15日在XC区教育局对教育局工作人员GRR的访谈。

第三节 小结与讨论

本章第一节主要描述乡村教育振兴客体帮扶。乡村教育客体具有特殊性，一方面学生数量少、另外一方面乡村特殊困难学生多，具体包括经济困难、辍学、女工等特殊困难学生，"县域"县市区对乡村特殊困难学生实施相应帮扶。

少数民族学生在学习成绩以及经济等方面都需要适当帮扶，县市区积极实施针对少数民族学生的帮扶措施，以 JSS 县为典型；乡村学校同步实施针对少数民族学生的帮扶措施，以 DX 县第二中学、第五中学为典型，此类学校多建成民族团结进步示范校。乡村学校帮扶少数民族学生取得了良好成效，其中，东部县市区学校以 ND 市民族中学为典型；西部县市区学校以 JSS 县 BA 中学、JSS 县 BZ 中学为典型。

乡村学生辍学原因众多，但主要原因在于学生及家长对教育重要性的认知不足，以 PH 县为典型。处理乡村学生辍学问题中，相关的惩处制度有待健全，对教师相关工作职责需要准确定位。一些县市区对各类学校辍学学生实施帮扶措施，以 YJ 县、SN 县为典型。一些县市区已经建立辍学帮扶机制，以 LX 州为典型。该州建立的机制内容包括：一是狠抓控辍保学工作，实施重点督战抓推动；二是不落一人抓摸排；三是集中动员抓入学；四是因人施策抓保学。一些县市区辍学帮扶取得良好成效，尤其是西部县市区的成效较为明显。

一些县市区帮扶经济困难学生，其中，东部县市区以 FA 市为典型，该市精准落实惠民政策；西部县市区以 YJ 县、LX 州为典型。YJ 县强化资助保障，阻断因贫失学。具体措施为：一是学生救助，应助尽助。二是助学贷款，应贷尽贷；三是营养早餐，应补尽补。LX 州实施资助政策，把建档立卡等家庭经济困难学生作为教育帮扶重点对象，组织开展受新冠疫情影响的家庭经济困难学生资助工作等。一些县市区已经建立帮扶经济困难学生的工作机制，其中，东部县市区以 ZR 县、SN 县为典型。ZR 县精心打造"一个阵地"即县青少年活动中心；紧紧围绕"两条主线"，即"精准资助""立德树人"；努力做到"三个到位"，即管理到位、资金到位、监管到位。SN 县持续实施经济困难学生资助政策和应急救助机制，巩固脱贫攻坚成果同乡村振兴有效衔接。西部县市区以 KL 县为典型，该县落实国家东西部协作帮扶政策，开展同龄学生家庭结对帮扶，具体措施为：高度重视、完善制度、精心组织、明确责任；内容明确，措施到位；求真务实，初见成效；加强工作宣传，营造帮扶良好氛围。乡村部分学校经济困难学生帮扶取得成效，在职业教育方面，以 LX 州职业技术学校、HZ 县职业技术学校为典型。

一些县市区积极开展女工职业培训，促进贫困户提升技术技能，实现共同富裕。以 KL 县为典型，XM 市在开展东西部扶贫协作中，针对少数民族贫困地区受教育程度低的现状，开创性地在扶贫工厂、扶贫车间举办职工"周末学堂"，具体措施为：一是创新举措，二是明确目标、找准定位，三是开足课程、工学不误，四是按需施教、脱贫摘帽。其中，以 TA 区与 KL 县举办周末学堂为典型。此外，一些县市区还开展"两后生"职业培训帮扶。

本章第二节主要描述乡村教育客体素质教育。乡村学校素质教育开展较为薄弱。这既与乡村学校素质类课程设置不足有关，现有课程主要按照考试要求设置；也与素质师资不足有关，乡村技能科教师缺乏即素质教育类教师缺乏，更有其他方面原因。不同乡村学校的具体情况有所差异，但总体而言，素质教育教师缺量较大。乡村教育对于心理专业的教师需求大，因当前乡村"留守"儿童多，"留守"儿童大多需要心理教师更多的关注与辅导，外加新冠疫情发展，乡村学生心理问题日益增加，非心理专业教师对此无法开展有效干预，需要专业心理教师提供心理辅导。

其中，东部县市区开展素质教育中，以 FA 市、SN 县、FD 市为典型。乡村素质教育取得良好成效，以 SN 县为典型。西部县市区开展素质教育，建设素质教育载体平台，以 YJ 县为典型。

乡村学校实施各类素质教育措施，以 NJ 第一中学为典型。乡村各类学校素质教育取得良好成效，在小学教育学校方面，以 FA 市实验小学、XP 第一小学为典型；在中学教育学校方面，以 FA 市高级中学、XP 第一中学、ZZ 市第三中学为典型。

第六章 结论与讨论

第一节 研究个案特征及问题

一 乡村教育振兴实践个案特征

本研究通过对我国东西部"县域"17个县市区的乡村教育振兴主体、内容和客体的实践研究,发现个案建构了一个以政府为主体、社会和市场多主体共同参与。实施乡村学校基础设施建设、师资队伍发展以及教育质量振兴的乡村教育内涵建设,以及乡村特殊困难学生实施帮扶和开展素质教育等的实践,该模式具有以政府为主导,以基础设施建设为核心,以及以实施帮扶为主等的特点。具体为:

一是以政府振兴乡村教育为主导。政府无论是在政策制度出台,监督管理等各个方面都处于主导地位,同时兼有社会主体参与乡村教育振兴,但是还未实现规范化发展。市场主体参与乡村教育振兴较少,较多处于分散的状态,更少出现集团化办学;其中,"县域"东西部县市区乡村教育振兴主体存在差异性,如东部和西部均以政府为主,但是相较东部而言,西部社会力量参与主要来源于其内部与外部,东部社会力量参与较多来源于自身内部,西部市场主体力量参与乡村教育振兴较少。

二是以乡村教育基础设施建设发展为主,教育质量提升较为薄弱。无论是东部还是西部的"县域"县市区,均致力于乡村教育各类学校基础设施建设发展,以及兼顾提升乡村各类教育质量;东西部内部也存在差异性,相较于东部而言,西部"县域"县市区更致力于乡村各类学校的基础设施建设,东部"县域"县市区在建设基础设施的同时,提升乡村教育各类学校教育质量。

三是乡村教育客体学生具有特殊性,特殊困难类型学生多,素质教育开展及成效均相对薄弱。乡村教育各类学校的经济困难、"留守"、"单亲"家庭等特殊困难学生数量多,乡村教育大力实施相应的帮扶;乡村素质教育相对不足,因乡村教育师资、设施设备等方面限制。在此方面东部与西部"县域"县市区均存在上述问题。

二 乡村教育振兴模式的价值与意义

党的二十大报告指出,完善社会治理体系,健全共建共治共享的社会治理制度,提升社会治理效能,畅通和规范群众诉求表达、利益协调、权益保障通道,建设人人有责、人人尽责、人人享有的社会治理共同体。[①]乡村教育振兴是社会治理的重要构成。社会治理作为国家治理的重要内容,需要树立"以人民为中心"的社会治理理念,这也是新时代社会治理的最核心目标。社会治理同时也是我国经济、政治、文化、生态文明和党的建设治理体系,以及改革发展稳定、内政外交国防、治党治国治军治理能力现代化的基石。实现乡村教育现代化的社会治理,有利于促进中国式国家治理体系和能力现代化。

研究个案实践了一个教育振兴社会治理的新模式,即以政府为主体、市场、社会力量兼有参与,以乡村教育基础设施建设以及教育质量提升为支撑,以及以实施特殊困难学生帮扶、素质教育为着力点的教育社会治理新模式。该创新模式践行的是我国以"人民为中心""人民至上"政府治理体系和治理能力现代化的治理理念。我国教育社会治理致力于解决城乡教育发展不平衡、不充分的现实问题,将有限的经济、人力等资源优先投入乡村教育振兴社会治理中,促进教育资源城乡均衡发展,以及人人共享的教育现代化,这与西方国家的教育治理存在本质的差别。西方发达国家也重视教育治理,在教育服务领域投入大量的资源,但是,其教育发展具有阶级性,主要服务于资产阶级,这与我国践行的"人民至上"的教育社会治理理念存在差异性。两者的差别,深层次的原因在于社会制度的本质差异,西方国家社会本质为资产阶级社会,而我国是社会主义社会,两者

---

① 《高举中国特色社会主义伟大旗帜 为全面建设社会主义现代化国家而团结奋斗——在中国共产党第二十次全国代表大会上的报告》,http://cpc.people.com.cn/n1/2022/1026/c64094-32551700.html。

的社会属性不同,这也决定了当前我国乡村教育振兴致力于服务人民,满足乡村人民群众日益增长的教育服务需求,促进实现共同富裕以及中国式治理现代化。

研究个案的乡村教育振兴实践模式对我国各地乡村教育振兴具有一定的价值与意义。首先,"县域"县市区可以参考借鉴个案模式,如区域经济社会发展较好的乡村,可以鼓励、倡导市场力量参与教育振兴,但是需要加强对市场力量参与教育振兴的规范化管理,如区域具有浓厚的慈善文化,则可以倡导社会力量捐资捐赠办学,具体可以通过成立各类教育基金会的形式参与,但是需要注意防止摊派问题的产生,以及需要实施公开、透明的基金等管理制度。其次,如区域经济较为发达的农村地区,乡村教育振兴可以着力于提升教育质量,具体包括提升教育管理质量以及教育教学质量等内涵建设,县域经济欠发达的农村地区,可以继续着力提升设施设备建设,改善教育振兴硬件环境。再次,帮扶乡村教育振兴的客体乡村特殊困难学生,除了进行学业以及物质方面帮扶外,还需要给予充裕的心理、精神关爱,以及实施全面素质教育。总之,按照"县域"县市区不同的经济、文化以及学生现实情况,实施不同的借鉴个案模式思路,促进个案模式价值发挥。

三 乡村教育振兴实践问题及原因分析

(一)市场主体参与不足

当前,我国乡村教育振兴主要为政府主导"县域"县市区各级各类教育振兴,在此过程中,市场以及社会力量参与并不足。这一方面与教育的公益性属性有关,但在市场参与缺乏方面,更多与市场参与的激励优惠制度不足等相关。而社会参与不足,则与各个区域的传统捐资教育文化以及区域经济发展水平相关。实际上,教育的公益性,决定了教育振兴需要政府承担主导,政府需要在教育振兴的制度设计、监督以及管理等各个方面发展主导振兴教育作用。但是,当前我国乡村教育振兴起步晚、起点低、底子薄,导致了城乡教育发展不均衡、不充分,这也决定除了发挥政府的主导作用外,还需要发展市场以及社会力量参与振兴乡村教育事业的作用。目前,市场参与乡村教育振兴的税收以及土地等优惠保障制度有待健全,以及对市场力量参与规范办学的管理、监督制度等有待落实,这些都影响了市场力量参与乡村教育振兴的积极性和主动性。仅有的部分市场力量参与发展乡村教育，但存在高收费导致许多乡村家庭因教育致贫、以及影响公办师资力量流失等问题，需要政府给予适当的规范化引导以及约束，使其能够致力于教育服务事业发展。

（二）社会力量参与不足

社会力量在参与乡村教育振兴中，存在参与教育振兴的平台机构不足的问题，使得社会力量的教育资金以及人力、服务等资源分散、难以实现有效汇集。同时，社会力量参与教育振兴的载体有限，当前主要为学校教育发展基金以及私人教育基金载体，教育基金类型单一、数量少且规模小，难以实现规模化发展。同时，教育基金会信息公开等制度有待健全建设，具体包括需要建设教育基金资金的来源、管理以及使用去向等。目前，影响社会力量参与教育振兴的主要原因为：区域社会的慈善文化，总体上，一些具有社会力量捐资捐赠教育事业慈善文化的区域，其社会力量参与教育振兴的积极性和主动性则较强，反之，则较弱。同时，也与当前我国对社会力量参与教育振兴的引导和宣传动员等有关，一些重视发展教育事业的地区，能够对社会力量参与教育振兴进行充分的引导和动员，其社会力量参与乡村教育振兴则较多，反之，则较少。

（三）基础设施设备建设落后

乡村教育基础设施设备落后。长期以来，由于城乡教育发展的不均衡不充分，我国"县域"各县市区在基础教育发展阶段就存在一大批薄弱学校，尽管目前乡村小学在校舍及硬件设施配备上已有很大改善，但是，与城市小学相比，差距仍然很大，农村基础教育的很多需求而无法得到满足。如大部分农村小学微机室、多媒体教室缺乏或建设不完整，图书馆的书籍数量少且陈旧，体育器材也贫乏，很多设备仅是摆设，破损了也因缺乏资金而无法得到更新。同时，各乡镇不同程度存在学校食宿条件落后的情况。尤其是农村撤点并校，学校闲置资产未得到处置解决。以往一些地方在试点合校并点的实践中，缺乏因地制宜、统筹规划的思路，外加投资滞后，条件欠成熟。在寄宿制条件（食宿）不成熟下，盲目撤并，给8—14周岁小学段适龄儿童全员就近入学带来不便。撤点并校后学生盲目外出择校，尽管国家实行"两免一补"政策，但学生负担仍在加重。另外，撤点并校后学校资源闲置严重，被撤并学校闲置教育资产得不到积极全面使用，造成流失。经常出现各方争执不下，产权得不到妥善处置，一些被撤并学校用地被搁置；一些学校撤并后，学校闲置教育资产既没有被教育部门使用，对其他主体又缺乏吸引力，因而被闲置，造成公共资产流失。还有一些情况为，被撤并学校闲置教育资产留作公益场所时，没有被及时使用，却被其他主体无偿占用，从而造成公共资产流失。总之，乡村学校的设施设备硬件环境建设，尤其是经济欠发达地区的乡村教育设施设备建设，包括学校设施建设，以及校园内部的硬件设施以及图书、实验仪器设备等都需要不断着力加强。

（四）教育师资队伍薄弱

"县域"县市区乡村"二线"城镇教师不愿至乡村任教，乡村学校培养的优秀教师容易流失，农村骨干教师向城镇单向流动现象依然存在，乡村"一线"教师队伍中学科带头人及骨干少，知识老化严重，影响乡村教师队伍整体素质与质量。虽然，各地都开展乡村教师培训提升工程，但教师参加培训的目的很大程度上是为了获得规定的继续教育学分，同时，培训大多仍以被动式为主，农村教师勤于钻研、专心教学的内在动力不足。

农村学校布局不合理，教学资源未得到有效利用，办学效益不高。随着农民进城务工人员的增加，部分农村中小学班级学生只有20至30人，有的只剩不足10人，班级学生人数少，如果按编制标准要求安排教师，学校根本无法正常开展教学，事实上，教师超编现象在农村中小学普遍存在。还有一些农村中心小学，由于教学网点分散，班生额小，导致教师数量不足。教师队伍建设有待加强。在现有编制"只减不增"的大环境下，对教师进行重新核编并增加编制数难度大，教师队伍结构性矛盾突出，如存在义务教育教师高职称高学历比例低，特级教师、名师名校长稀缺；乡村教师职称评聘职数少，职称晋升难，部分学校教师学科性缺编；年龄层次不合理问题逐渐显现；职业教育师资水平较低，结构性缺编严重，专业教师缺乏，"双师型"教师比例偏低，学位缺口量较大，无法满足当前职业教育发展需要。

（五）教学质量有待提升

乡村教学研究活动形式不多。目前，部分乡村中小学教师数量少，单一学科教师人数大多1—3名，教师一起交流备课较少，集体学习研讨的氛围不浓，更少开展校际交流以及专题讲座。此外，由于所在区域及师资的限制，很多乡村学校难以接触到科研课题，平时的教研活动也仅限于校内的学科组或年段组，从而限制了教师教研空间，并未达到预期的实际效果。教师欠缺教学自省能力。教师教学自省能力欠缺的原因之一是学校不当的教学管理方式、不力的师德教育、繁重的教学事务、偏低的薪资待遇、残缺的教师培训。乡村小学教师教学自省能力欠缺，使其素质不高、教法不活、观念陈旧，导致课堂费时多、效益低。要练就一身强大的教育功夫本领，获得一本好的教育功夫"秘籍"，教师就需具备较强的教学自省能力。教学自省是教师结合自身的教学综合自评与他评引发自省，调整教学欠缺的地方。自省让教学发展的快捷方式。但在现实的乡村小学教学中，因处于僵化的学校教学管理中，教师也常处于较懒散的状态，课堂多表现为灌输多引导少，枯燥的教学方法难以生成生动和谐的氛围。除此之外，教师对所任教的科目缺乏系统的学习研究，不仅钻研度不够，而且备课态度随意。教师的教学自省能力滞后现象严重。教师应该更清晰地认识自身所欠缺和待完善的地方，促进教师专业化成长。

（六）乡村家庭教育缺乏

乡村教育质量影响因素为家庭教育。家庭教育是协同学校教育共同影响学生学习的不可缺乏因素。为提高学校的教学质量，学校就要提升学生的学习成绩，而家长就要采取正确的教育方式配合学校工作。但家庭教育尚存在待完善之处，主要表现为运用正确、合理的教育方法。尤其在乡村家庭中，家长普遍受教育程度低、自身文化素质水平不高，因此，在教育孩子时缺乏正确、合理的教育方式。具体表现在，家长用外在物质激励孩子学习，或采取极端的打骂教育方式，或只注重学习结果。乡村大部分家长为生计四处奔波，无暇过问孩子的学习情况，从而出现以物质奖励激励孩子学习的情况，以弥补自身对孩子学习、生活的照顾不周。有的家长虽有时间关心孩子的学习情况，但只问不管或不管不问，他们只注重孩子的学习成绩在班级的排名、孩子是否被班主任点名批评等。倘若孩子的学习出现问题，学习结果不理想，或被班主任、其他科任教师批评，或在学习上犯了不该犯的错误，部分家长就会用打骂等极端方式对孩子进行教育，这也成为乡村部分家长解决问题的方式。以上不合理的教育方式不仅会影响孩子身心、学习的健康发展，在无形中还会给教师教学工作带来困难和压力，自然达不到学校和家庭共同教育学生的效果。这是制约教学质量提高的主要因素之一。同时，农村学校"留守"儿童多，学生家庭教育缺失，学生自主学习的意识差；绝大部分家长文化程度至多为初中水平，指导子女学习能力有限，他们大多认为，教育是学校的事情，将自身置之于外。面对农村家长对当地农村教育的不配合，面对生源质量差的学生，教师积极性受挫，教学互动的良性局面很难形成。

（七）教育精准帮扶有待加强

教育精准帮扶，未能实现对乡村特殊困难学生帮扶的"全覆盖"。贫困人口主要集中在农村，教育扶贫的重点也在农村，但是农村面大而散，由于基层工作人力不足等一些原因，建档立卡确定的贫困户没有能够实现百分之百的精准。一是由于生活补助费采取打卡的方式发放，工作人员在核查的过程中询问家长，由于金额小，部分家长没认真留意，在回答时，说不知道是否收到，或者直接回答无补助；二是部分家长未向学生学籍所在的就读学校提供相关的证明材料，也有个别家长自愿放弃补助，造成遗漏补助，在外就读无法按就读属地原则给予补发到位；三是根据相关文件精神，异地就读家庭经济困难学生资助是由学籍所在地的学校负责资助，而非由户籍地县资助中心负责落实，由于贫困人口多，学生在外就读的人数大，资助中心落实在外就读情况的难度大，应由户籍乡镇负责落实。与此同时，教育部并未建立针对性的教育扶贫档案。同时就教育扶贫而言，作为重中之重的农村，特别需要具有针对性的帮扶政策以及相当数量的财政投入，但现阶段，从"县域"角度来说，还缺乏健全的针对性的教育帮扶政策。

教育发展水平还不够高，城乡之间、区域之间、校际之间教育均衡程度还需进一步提升，教育服务经济社会发展的能力亟待提高。教育体制机制不尽完善，教育治理能力还不适应经济社会持续健康发展和人民群众接受良好教育的要求。着力解决这些重大问题，是加快推进教育现代化的当务之急。特别是当前，我国乡村教育振兴实践成果与人民群众期待的优质教育还存有较大差距，依然存在教育主体参与不足、资源分配相对不均、师资力量薄弱、教育质量较低等问题，这些都需要在今后的工作中不断加以解决。如常年为乡村教育提供教师的师范类院校发展就存在如下问题：

一是当前部分师范院校办学无法适应乡村基础教育振兴新形势。大部分师范院校正依据乡村基础教育振兴新形势，加强建设教育学、数学等相关学科专业硕士点及博士点，培养适应乡村基础教育高素质复合型人才。但学校发展面临以人才问题为核心的系列难点。总体上，正高级职称教授及博士学位教师等高层次人才数量不足。学校加大内培外引人才制度建设，内培人才方面，科研能力不足严重制约教师发展；同时，国内大部分高校缺乏制定有接收在职教师攻读博士学位的相关制度，导致教师脱岗攻读博士学位动力不足、难度大。在外引人才方面，为高层次人才引进提供高薪资待遇能力有限，且师范院校地理位置大多偏僻，与高层次人才向北、上、广等经济及交通发达地区流动的择业偏好不相符。而高层次人才在择业中对学校办学层次有较高要求，使得该类学校难以在人才引进双向选择中实现成功。

二是部分师范院校教科研及社会服务能力薄弱，难以服务乡村基础教育振兴新需求。当前乡村教育学校坚持立德树人，将人才培养作为中心工作，不断深化教育教学改革。与乡村基础教育振兴对学校的新需求相比，师范院校学校高级别教科研项目数量不足、高层次教科研平台薄弱及社会服务能力不强。学校数学、教育学等基础教育相关学科专业带头人及骨干教师缺乏，既影响高级别教科研项目成功立项，也影响教科研平台升级。

三是部分师范院校建设发展经费不足，不能满足乡村基础教育振兴新要求。师范院校校舍及设施设备较为落后、破旧，长期未更新，目前大多正完善办学格局。改造升级校园、建设新校区，不仅面临复杂的手续办理程序及审批流程，更面临巨额经费投入问题。校区建设实际所需投入经费远远大于学校可供投入经费，资金缺口大。随着乡村基础教育振兴对高水平教师教育提出新需求，师范院校需要加强建设基础教育相关学科专业硕士点及博士点。这对学校办学场地、师资、设施设备及图书资源等软硬件相应配套条件提出要求，配套条件建设所需经费数额往往较大。但大部分学校建设发展经费来源渠道单一，以政府支持为主，主要依靠教育部生均拨款经费及地方政府办学经费支持；市场渠道资金来源有限，在依托教育学等学科专业开展继续教育培训服务中，面临市场竞争大、市场开发能力不足等问题，难以获得充裕市场创收资金；社会支持办学更少，部分学校教育基金会成立时间短、运营能力薄弱。

（八）素质教育质量有待提升

乡村素质教育质量有待提升，其原因主要为教师、学生、家长以及学校等综合影响因素。虽然乡村教师对素质教育实施十分支持，大部分都能够积极配合素质教育实施，但是由于缺乏专业指导，他们的一些想法难以得到很好的实施，进而影响他们开展素质教育的积极性。外加当前乡村教师学科结构失衡，如存在语文、数学和英语等科目教师相对较多，政治、历史、地理、物理、化学和生物等科目教师较少，音乐、美术、信息技术等科目教师更少等问题。教师的结构性短缺，无法确保乡村学校各年级均能开足全部课程。此外，乡村学校学生数量少、班级多且年级全，更使得无法为每个年级配备全学科教师。

学生及家长参与素质教育积极性有待提升。虽然乡村学生对素质教育实施基本了解，但他们对素质教育实施认识程度不一、从而产生了参与度不高等问题。同时，乡村学校家长对素质教育实施的认识程度也不一，家长对素质教育实施的参与度也不高。如，现实中存在一小部分家长对素质教育实施有一定了解，也开始慢慢转变教育观念，重视子女的身心全面健康发展，考虑子女的兴趣爱好以及关心子女的心理活动变化，从而让子女个性在一定程度上得到发展。但是，大部分乡村家长的观念还较为落后，对素质教育实施缺乏充分认识，依然坚持传统教育观念，认为子女只需要学习成绩好、考上好大学，其他方面不重要，兴趣爱好、特长培养更不在他们考虑范围内。乡村"留守"儿童以及来自离异类型家庭学生较多，上述类型学生的家庭教育主要为爷爷奶奶辈负责，爷爷奶奶辈文化素质普遍不高，对素质教育重视程度不够，疏于对学生的教育和管理。学生回到家之后，基本属于"散养"状态，经常上网打游戏、看直播、刷短视频等，导致大部分学生约束能力差，学习积极性及主动性不高。

当前大部分乡村学校基础设施等硬件条件都得到很大改善，尤其是校舍、校容、校貌均有很大提升。但还有部分乡村学校相对落后，如存在缺乏正规操场、塑胶跑道和户外活动场所等。虽然当前国家教育均衡发展政策制度不断推进，但是乡村学校教学设备还存在落后和缺乏的问题，如无法提供科学课程所需的专用教室和实验用品，以及教师对教学设施应用不充分等问题，尤其是部分教师对信息技术应用的能力难以匹配新型的智慧课堂，这都给乡村学校素质教育发展带来压力与挑战。

乡村学校音体美等素质类课程未被充分重视。如有的乡村学校设立有兴趣小组，但是没有坚持举办，经常受到各种因素影响取消；有的学校未设置有兴趣小组。乡村学校教学方式依然较为传统、单一，教师培训相对缺乏，导致教师对多媒体技术的使用全靠自身摸索，或者由老教师和刚毕业的年轻教师一起交流使用，总体上，教学方式依然单一。教学评价方式流于形式。大部分乡村学校在课程改革之后教学评价方式也发生较大变化，对学生的综合评价也考虑到不同方面、不同素质的表现，但是还是以传统评价方式居多。此外，校本课程创新性不够。由于地理位置环境等因素，乡村学校的信息、人力、财力等资源有限，同时受应试教育影响，教师开发校本课程的积极性未能得到有效调动，导致现有校本课程存在质量不高、课程内容乏味，对学生缺乏吸引力，更无法满足学生个性化需求。

第二节 乡村教育振兴路径优化

乡村教育需要振兴，原因错综复杂，既有城市化进程加快等外部因素的影响，也有教育内部体制机制的问题，更有我国教育现代化的需要。这都决定了当前我国需要给乡村教育振兴开"药方"、"号脉"，查看教育发展不均衡、不充分具体情况如何，以及需要实施哪些优化路径。

一 加强党政同责振兴乡村教育

（一）发挥党建引领作用

乡村振兴需要全面贯彻党的十九大及二中、三中、四中、五中全会精神，以及二十大精神和习近平总书记系列重要讲话精神以及治国理政新理念新思想新战略，增强"四个意识"、坚定"四个自信"、做到"两个维护"。按照"五位一体"总体布局和"四个全面"战略布局，牢固树立和自觉践行创新、协调、绿色、开放、共享的发展理念、全面坚持党的领导、全面贯彻党的教育方针、紧紧围绕国家、省、市"十四五"教育事业发展规划要求，以高质量发展为目标、以夯实基础、调整结构、优化布局、提升内涵为着力点，注重教育的公益性、普惠性、社会性、注重发展的全面性、协调性、可持续性、深入推进教育综合改革和现代化建设、创新教育管理机制、提升办学能力、凝心聚力推动现代化教育事业在新的起点上科学发展、跨越发展、朝着基本实现教育现代化的目标前进、为建设宜居宜业城市提供更有力的人才保障和智力支持。以贯彻落实全国教育大会精神、开启教育现代化新征程、加快推进教育现代化步伐、推动教育形态模式变革、推动教育发展方式向内涵式发展、高质量发展转变、提高教育治理体系和治理能力现代化水平、努力破解群众关切、社会关注的难点热点问题为总体目标。以立德树人为根本、坚持抓重点、强弱项、补短板、推进学前教育优质普惠发展、义务教育优质均衡发展、高中教育优质多样发展、进一步提升现代职业教育发展规模和质量、完善特殊教育服务体系、构建服务全民终身学习的教育体系、大力促进教育公平、确保"一个都不落下、每个都有发展"。

这就需要大力实施党建引领提升行动,全面加强党对教育工作的领导,如实施教育振兴、实现义务教育均衡发展,既是政治任务,也是民心工程,意义重大,影响深远。最大努力满足人民群众对接受更多更好教育的强烈期盼,着力转变观念、守正创新、攻坚克难、守住底线,加快教育高质量发展,推进教育现代化、建设教育强国、办好人民满意的教育,培养德智体美劳全面发展的社会主义建设者和接班人。

需要加强教育系统党的建设,落实全面从严治党政治责任、加强和改进教育系统党委自身建设、配齐配强专兼职党务干部、理顺各中小学校党组织隶属关系、建立统一归口、责任明晰、有机衔接的中小学校党建工作领导体制。推动各级党组织建立完善党建工作责任制、明确党组织主体责任和党组织书记第一责任以及分管责任人的直接责任、强化问责追责。深入开展理想信念教育、党章党纪党规教育和警示教育、确保党的教育方针政策在各级各类学校得到贯彻落实。严格执行党风廉政建设责任制、强化责任追究、健全反腐倡廉制度、完善监督制约机制、持之以恒深入纠正"四风"问题。如对于涉及资金投入的事项,需要列入财政预算,或者实行一事一议。在督导评价方面,需要主体明确,简化评价方式,避免走入重材料、轻实效的误区,发挥督导评价的"指挥棒"和"总开关"作用。

强化党内监督、加强巡视和纪检监察工作、严肃查处各种违法违纪案件。落实教育系统各级党委(党组)意识形态工作责任、加强意识形态阵地管理、把握正确政治方向。强化思想引领、巩固壮大主流思想文化。加强组织保障。建立新时代基础教育强师计划工作协调制度,推动发挥地方党委教育工作领导小组作用,如需要各地及有关高校建立强师工作专班,制定具体实施方案,切实加强协调。加强教育发展工作的跟踪监测和考核。如对于出台的政策措施、投入的资金、开展的工作进行系统全面的跟踪监测，并且将教育发展政策落实情况列入政府绩效考核体系之中，建立科学有效的督导评估、奖惩问责制度，发挥教育的作用，有力推进教育工作落到实处。

（二）发挥政府主导乡村教育振兴作用

"十四五"时期是我国由全面建成小康社会向基本实现社会主义现代化迈进的关键时期，是积极应对国内社会主要矛盾转变和国际经济政治格局深刻变化的战略机遇期。需要"县域"县市区与全国全省同步由全面建成小康社会向基本实现社会主义现代化迈进。需要积极迎接教育事业发展面临的新机遇和新挑战，牢固坚持"优先发展、育人为本、改革创新、促进公平、提高质量"的工作方针，解决人民群众反映强烈的教育领域热点问题，促进教育公平发展、均衡发展、优质发展，主动适应城镇化进程、人民生活水平日益提高以及人口、就业等形势的变化，探索教育体制改革和创新，如推进集团化办学、组建文教集团、城乡学校挂钩帮扶等工作，推进"县管校聘"等用人机制改革等，办好让人民满意的教育，满足人民群众日益增长的教育需求。

教育理念是教育发展的认知基础和思想前提，是行动的先导，乡村教育振兴也是如此。如教育部曾召开乡村振兴工作领导小组会议暨巩固拓展教育脱贫攻坚成果同乡村振兴衔接工作推进会，对乡村振兴、乡村教育振兴工作进行了安排部署。提出各地需要因地制宜，对区域乡村教育的未来有清晰的目标定位、价值追求和"画像"，形成区域乡村教育的基本发展理念。[①] 实现乡村教育振兴，要坚持外塑与内生并重的发展路径。所谓外塑，即要充分发挥各级各部门的职能作用，并广泛连结、汇聚社会力量，通过资金倾斜、政策支持、资源支撑、平台保障等外部因素，为乡村教育聚力、赋能，营造健康的乡村教育发展生态，推动乡村教育共建、共享、共生，从而彻底改变乡村教育的落后面貌。方向要明确。因乡村教育与城市教育所处的环境不同，发展方向也应不同，不能简单地套用城市教育的发展思维、发展模式、目标定位，否则将造成"水土不服"。乡村教育发

[①] 《统筹做好乡村教育相关和教育振兴乡村》，http://www.moe.gov.cn/jyb_zzjg/huodong/202112/t20212_589795.html。

第六章 结论与讨论

展应扎根乡土、联系生活、面向未来和放眼世界，理想的乡村学校应该是"小而美"的学校，是拥有紧密的师生关系、儿童友好的校园环境、生活化的教育内容、个性化的学习方式、人性化的管理的教育学校。实施乡村教育振兴，各级各地出台了文件，实施一些工程，并纳入督导评价。但出台的制度文件应该简洁明了，直指制约乡村教育发展的瓶颈，突显政策、体制、措施的创新点，激发乡村教育工作者干事创业的精气神。实施工程应明确投入和实施的主体，避免走入因主体不明确而将任务一股脑全压给乡村学校的误区，这样不但使本就因生源少而经费短缺的乡村学校"雪上加霜"，还加重学校额外工作负担，削弱他们创新、发展的热情。

1. 优化乡村教育振兴规划

"县域"县市区需要坚持把优先发展教育作为落实"五位一体"总体布局、"四个全面"战略布局、"五大发展理念"和推动经济社会发展的重中之重、履行职责、发挥主体作用、调动各方面的积极性和创造力、形成推动教育改革发展的强大合力。各相关部门对规划确定的约束性指标以及重大工程、重大项目和重要改革任务，需要明确责任主体、建立健全规划实施机制、对纳入规划的重大工程项目、需要简化审批核准程序、优先保障规划选址、土地供应和融资安排。明确责任分工，各相关部门需要主动对接省、市以及县市区国民经济和社会发展规划以及其他专项规划、周密部署、精心组织，根据规划提出的目标任务、明确分工、落实责任、制订配套措施、确定时间表、路线图、确保如期完成。教育部门需要加强与相关部门的沟通衔接、形成工作合力。各级各类学校需要细化落实规划提出的目标任务、编制实施好各自教育发展规划和年度计划，并按照职能分工、从实际出发、科学规划单位教育事业发展、从而形成齐抓共管的工作格局。

县市区政府应全面建立覆盖城乡、布局合理、资源均衡、公益普惠、优质高效的学前教育公共服务体系。加快发展学前教育。县市区的部分贫困地区要拔掉穷根，就不能让孩子输在人生的起跑线上。需要充分利用中小学布局调整的富余资源及其他资源发展学前教育。在学前教育方面整合农村"撤点并校"以后，不少行政村的空置校舍等资源，在人口较为集中的行政村，大力发展普惠性幼儿园；在人口分散的地区，因地制宜开办流动幼儿园。同时，政府需要在教育政策、资金、项目安排上持续向脱贫地区倾斜支持，不断夯实乡村教育发展基础，提升乡村教育质量水平，全面振兴乡村教育，持续保障乡村学前教育供给。推进学前教育普及普惠安全优质发展，推进"总园制"和镇村一体化等办园模式改革，督促指导各地通过政府购买、税费优惠、生均公用经费奖补等方式加大扶持力度，引导扶持更多民办园加入普惠行列。推进幼儿园课程游戏化，加强地方本土资源开发与利用，持续实施幼小科学衔接攻坚行动计划，纠正幼儿园"小学化"倾向。这需要多渠道扩充公办学前教育资源。根据人口生育政策调整、新型城镇化推进等形势、科学预测学前教育供求情况、优化学前教育资源布局、加快发展农村公办园、鼓励普惠性幼儿园发展。加大公办幼儿园建设力度、将公办幼儿园建设纳入城乡公共服务设施配套建设规划、推进城区公办园、城乡接合部和农村乡镇幼儿园建设。提高公办园比例、使公办园在提供"广覆盖、保基本"的学前教育公共服务中发挥主导作用。落实省、市关于新建小区配建幼儿园规定、落实配套幼儿园与城镇住宅小区同步规划、同步建设、同步交付使用的政策、加强住宅小区配套幼儿园建设。通过承办新园、回收购置小区配套园、租赁民办园等形式、鼓励公办幼儿园利用教师资源优势和管理优势、扩大优质学前教育资源。

推进义务教育均衡发展。均衡配置义务教育资源，完善义务教育均衡发展保障机制和城乡统一的义务教育公共服务制度、新型城镇化和人口与计划生育发展态势、均衡配置城乡义务教育资源。继续实施城区扩容工程、优化义务教育学校布局。同时，提升义务教育均等化水平、建立学校标准化建设长效机制、推进城乡义务教育均衡发展、在实现县域内义务教育基本均衡基础上、进一步推进优质均衡。

扩大优质教育资源、丰富普通高中学校类型、构建普通高中多样化特色发展体系、引导各类学校明确发展目标、定位、建设不同类别、不同特色的普通高中、统筹高中阶段教育资源、保持普通高中和中等职业学校在校学生规模大体相当、为学生提供更多选择机会。持续提升"县域"县市区高中教育水平。实施县域普通高中发展提升行动计划，扩大"县域"普通高中优质资源，并发挥其在"县域"基础教育的龙头作用，带动城乡教育优质均衡发展。

深化产教融合、保持普职协调发展、突出职业教育与社会经济发展相结合的特色和优势、打造特色示范专业；深化职业教育集团化办学、推进产教联盟、专业联盟建设、支持校企共建高水平专业群。同时，健全特殊教育保障机制、提升特殊儿童随班就读教育水平。促进各类教育资源得到有效整合，以及普通教育与职业教育、学历教育与非学历教育、职前教育与职后教育、学校教育与社会教育相互衔接沟通的终身学习"立交桥"进一步畅通。具体根据不同乡村的类型，进行学校布局规划，解决以前"撤点并校"带来的乡村学校布局不合理的问题，保障学生就近享有高质量的教育。持续扶持乡村职业教育发展。提升脱贫地区职业教育建设水平，支持县域中职学校高质量发展，办好一批县级职教中心，重点建设一些专业群，培养农村急需的实用技术技能人才。实施省级高水平职业院校和专业建设计划，重点支持建设一批涉农职业院校和乡村振兴相关专业群。支持涉农本科高校开展"专升本"函授教育，鼓励职业院校承担涉农职业技能培训任务。

2. 加大教育振兴经费投入

教育经费的投入可提升乡村教育振兴效果，教育发展作为一项涉及面广、人口多、任务重、周期长的工作，相关部门需要综合布局、系统谋划、保障落实。加大财政支持，保障农村地区教育发展资金顺畅。政策的实施与落地，需要人力、物力、财力相辅相成，互相支撑。乡村地区受限于地域人文发展的障碍和困境，需要国家财政给予强有力的保障和支持。如考虑乡村地区教育发展的现实需求基础，建议财政部门给予农村教育发展专项资金，建立"钱随人走""对岗不对人"长效帮扶机制，一方面可切实保障农村学生求学，另一方面有利于保障乡村教师留得住。

政府需要加大教育投入力度，落实教育优先发展战略地位、确保一般公共预算教育支出逐年只增不减、确保按在校学生人数平均的一般公共预算教育支出逐年只增不减。教育附加费专项用于教育事业，土地出让金、城市基础设施配套费等政府性基金收入需要划出一定比例用于教育。依法落实教育经费的稳定来源和增长、确保"县域"县市区财政性教育经费支出增长比例不低于县市区生产总值的增长比例。倡导社会力量出资、捐资办学、扩大教育社会投入。同时，加强教育资金的使用和监管、建立教育经费的绩效评价体系、对各级各类教育专款严格实行"专户存储、专户核算、专户管理、专款专用"制度、在投放及使用方面、向薄弱学校、重点项目、重点工作倾斜，着力提高资金的使用效益。完善各级教育经费保障机制。如将义务教育全面纳入财政保障范围、并逐步提高补助标准。落实国家各项扶贫助学政策、加大对义务教育阶段"低保"家庭子女教育资助力度、健全普通高中家庭经济困难学生资助政策、解决好进城务工人员随迁子女就学问题、推进教育公平。

　　加强对教师发展提供教育政策保障。县市区需要加强关心教师，完善教师评价制度和标准，制订出台教师激励支持政策，推进中小学教师减负，在全社会营造尊师重教的良好风尚。需要将依法依规落实教师待遇保障作为底线要求，支持服务教师专业发展和终身成长，确保各项政策措施全面落实到位，取得真正实效。需要中央和地方共同支持新时代基础教育强师计划实施。县市区需要优化支出结构，将教师队伍建设作为教育投入重点予以优先保障，加大对师范院校支持力度，适时提高师范专业生均拨款标准，提升教师专业素质能力、提高教师待遇保障。

3. 加强乡村教育振兴管理

　　需要加大"放管服"改革力度、落实教育行政权责融合、推进现代学校制度建设、逐步扩大办学自主权，向学校"自主管理、自主发展、自我约束、社会监督"的目标努力。构建政府依法行政、学校依法办学、教师依法执教、社会依法支持监督和参与教育治理的教育发展新格局、全面推进教育治理体系和治理能力现代化。深化教育行政审批制度改革、推进行政审批标准化、加强事前预测、事中事后监管。健全教育重大行政决策机制、将公众参与、专家论证、风险评估、合法性审查和集体讨论决定作为法定程序。同时，推动各级各类学校依法履行教育教学和管理职责、规范办学行为。如严格依照《教育督导条例》等法律法规、强化督政、督学、评估监测职能、完善学校督导的政策和标准、对学校开展经常性督导、引导学校办出特色、办出水平。完善督学责任区制度、落实常态督导、督促学校规范办学行为。完善督导协调机制、定期组织开展督导检查、建立有效的绩效评估和行政问责制度。根据不同发展任务和工作重点完善差别化的绩效评价考评体系、加强对规划约束性指标和主要预期性指标实施情况的监测评估和跟踪督查、强化对目标任务完成情况的综合评价考核、把教育督导结果作为考核、奖惩的重要依据。主动接受社会对教育规划实施情况的监督、吸收社会各界的意见建议、确保规划总体目标任务如期完成。需要各级教育督导部门将实施情况纳入政府履行教育职责评价内容，加强督导检查并强化督导结果运用。

运用多种形式、向社会广泛宣传教育规划在教育事业发展和服务经济社会发展中的重要作用。及时总结教育改革的宝贵经验和教育发展的重大成就、引导新闻媒体坚持正确的舆论导向、广泛宣传好经验好做法、动员全社会关心支持教育事业、增强教育改革发展的共识与合力、努力为规划实施营造良好的社会环境。需要加强宣传引导，深入细致地做好政策宣传解读工作。

二　社会力量参与路径优化

未来乡村教育振兴需要加大社会力量参与，尤其是西部"县域"县市区。具体可以采取设立乡村教育基金会等形式，并进一步发展各级各类乡村教育基金会规范化的发展流程以及管理等。

对口帮扶，完善机制，解决"学得好"问题。完善结对帮扶机制，帮扶单位和帮扶干部需要积极深入贫困学生等家庭，全面了解帮扶对象的学习和家庭生产、生活等情况，对贫困家庭学生就读建立长期助学计划，协调相关职能部门落实助学措施，引导社会各界捐资助学，确保贫困家庭学生顺利完成义务教育、高中教育等，不因贫困而辍学。实施教育对口支持，如中小学教育学校需要积极与发达地区的学校建立教育对口合作关系，县域学校要与城市学校建立教育对口支持关系。具体为支持学校每年可以向受援学校赠送图书教据、学习用品和衣物等，帮助贫困学生解决学习和生活上的困难。对口支持学校每年可互派一些骨干教师赴对方学校指导或学习，短期内快速为受援学校"传经送宝"，跟上主流教学。又如鼓励吸引社会力量举办普惠性幼儿园、通过分类定级、经费奖补、培训教师等方式、引导一批民办园提供普惠性学前教育服务。实施名园集团化战略、以优质学前教育资源为依托、充分发挥公办幼儿园的品牌效应、实行总园与分园集团化管理模式、实现优质学前教育资源的倍增效应、推动优质学前教育资源携手各级各类幼儿园提升办园质量。推进教育东西协作与结对帮扶。在对口支持、驻村帮扶的基础上，推进教育发展东西协作、结对帮扶，鼓励和引导东部发达地区、扶贫改革试验区、高校联盟到贫困乡村地区开展支教、走教、联合办校、联合培养等活动。

三 市场力量振兴乡村教育路径优化

未来乡村教育振兴需要加大市场力量参与，一是需要同步加强对市场力量振兴乡村教育的监管，具体如实施民办教育分类管理、实施差别化扶持政策、促进民办学校始终把社会效益放在首位、引导社会力量举办非营利性民办学校。规范民办教育管理、严格民办教育准入制、加大对民办教育机构的监督检查力度。同时，完善支持民办学校发展的政策、措施。督促民办教育机构改善办学条件、提高办学水平。坚持依法治校、完善学校法人治理、规范学校办学行为。

二是规范民办教育发展。需要贯彻《民办教育促进法》和新修订的《民办教育促进法实施条例》、推进民办教育管理体制改革、构建规模适度、结构合理、质量优良、特色鲜明、行为规范的民办教育发展格局。具体如引导社会力量举办普惠性民办幼儿园；调控民办义务教育办学规模、规范民办义务教育发展；支持民办普通高中学校特色发展、加强教育教学创新、满足社会选择性、个性化教育需求；鼓励企业举办或参与举办职业教育民办学校、引进资本、技术和管理、服务区域经济和产业发展。规范管理校外培训机构、停止审批设立新的面向义务教育阶段的学科类校外培训机构、严禁校外培训机构占用国家法定节假日、休息日和寒暑假期组织学科类培训、减轻义务教育阶段学生作业负担和校外培训负担。强化收费监管、将义务教育阶段学科类校外培训收费纳入政府指导价管理、科学合理确定计价办法、明确收费标准、坚决遏制过高收费和过度逐利行为。

三是坚持标本兼治、综合治理、惩防并举、注重预防的方针，加强和完善教育系统惩治和预防腐败体系建设。加强校风学风建设、治理教育乱收费、纠正损害群众利益的各种不正之风。完善矛盾纠纷排查化解机制、消除和化解影响校园和谐稳定的因素、着力解决好教育热点问题。加强校园网络引导、监控和管理工作、巩固和夯实校园思想文化阵地、维护意识形态安全。建立健全校园安全保卫工作长效机制、落实校园安全主体责任、完善落实人防、物防、技防设施建设、提升安全防范能力。提高学校综合防灾能力、加强安全教育、管理和演练、提高师生自我防范意识、应急避险和防范违法犯罪活动的能力。加强校园及周边治安综合治理。

四 乡村教育基础设施建设路径优化

（一）提升乡村教育基础设施设备质量

加强发展面向全体社会成员的继续教育、以乡村开放大学为服务终身教育学习实施主体、建设现代开放大学、形成开放式教育体系。调动政府、行业、企业、教育培训机构和学习者个人等积极性、整合所有可利用的资源、因地制宜开展教育、培训、老年教育等、构建惠及全民的终身教育学习体系、加快学习型社会建设。完善社区学校体系建设、丰富社区教育内涵、扩大社区教育的途径和范围、推进社区教育体验基地建设。加强乡村开放大学教育系统老年学校资源平台建设、师资培训、继续教育课程优化设置和教学管理、在条件成熟的乡镇（街道）恢复和建设老年学校。

巩固基础设施建设，运用好省级政策，科学规划乡村教育布点，加大乡村中小学扩容建设力度，解决好进城务工人员随迁子女就学问题；结合各地集镇建设规划，加强重点乡镇教育基础设施建设，办好重点乡镇义务教育阶段学校，实现城区和重点乡镇义务教育设施同步发展；加大农村薄弱学校改造，继续实施"全面改薄"，建成一批教学楼、宿舍楼、综合楼、体育教学设施等"全面改薄"项目。继续实施寄宿制学校"拎包入住"、"免费就餐"工程，改善偏远乡村贫困学生学习条件。改善中小学办学条件，缩小县域内校际之间的差异，推进办学条件均等化，促进县域内义务教育均衡发展。制定科学合理的招生政策，引导乡村适龄儿童在原户籍地就近入学，避免出现盲目"进城求学"现象，减轻乡村家长经济负担和城区学校就学压力。推进"互联网+教育"建设、推动各类学习资源开放共享。构建以卫星、电视等为载体的远程开放继续教育公共服务平台、为学习者提供方便、灵活、个性化的学习条件。

（二）加大乡村教育基础设施设备建设投入力度

根据《中华人民共和国教育法》《中华人民共和国义务教育法》等法律规定，乡村教育中小学学校教学设施的投入主要依靠政府财政拨款。因此，中央及地方政府应根据实际情况，对乡村小学实时拨付资金，保证乡村小学基础设施设备能够按时购置、及时更新。同时需要加强专项资金拨付，运用于更新、完善教学基础设施。学校的教学设备设施建设不完善，将制约乡村学校教学工作的正常开展和乡村学校教学质量的可持续发展。

除教学用房外，乡村小学若无多余房舍，则无法保障师生的活动。即使部分中心校配备了很多教学器材，教师也无法得心应手地使用这些设备，从而使愉悦而有质量的学校生活成了空中楼阁。更新完善乡村学校教学基础设施设备，对提高乡村内学校教育质量有着重要的作用。乡村学校难以靠自身"供血"，因此，乡村学校基础设施设备的建设离不开政府的大力支持。相关政策制度应尽可能地向乡村地区、偏远山区倾斜，着力提高乡村学校的教学质量，注重公共服务的均等性。相关部门应建立系统性的数据收集渠道，建立乡村学校发展的数据库并及时更新，监测教学质量、学校服务半径、学校设施、教学设备情况等。在数据基础上精准分析乡村学校的现状和存在的问题，做到精确督查，及时维护。具体如义务教育方面需要健全公办义务教育学校维修改造、抗震加固、改扩建校舍及附属设施项目建设规划编制制度。同时，需要加大对乡村教育发展薄弱环节投入。在实现"两免一补"和生均公用经费基准定额资金随学生流动可携带的同时，需要继续实施农村义务教育薄弱学校改造计划等相关项目，着力解决城乡义务教育发展中存在的突出问题和薄弱环节，提升义务教育均衡发展水平。巩固义务教育办学条件成果，推进"县域"城乡义务教育一体化改革发展，建设城乡紧密型教育共同体，提升乡村学校管理标准化水平，打造乡村温馨校园。还需要统筹乡村义务教育有关专项资金，聚焦乡村振兴和新型城镇化，加强义务教育薄弱环节改善与能力提升，优化义务教育学校布局结构调整，有序增加城镇学位供给，补齐原省级扶贫开发工作重点县乡村学校基本办学条件短板。支持设置乡镇寄宿制学校，保留并办好必要的乡村小规模学校。做好易地扶贫搬迁后续扶持工作，完善教育配套设施，保障适龄儿童少年义务教育就近入学。

（三）整治乡村教育闲置校舍

需要因地制宜，出台处置乡村闲置校舍相关政策。具体如：一是进一步加强乡村中小学校资产的综合使用和管理，避免有限教育资源被违法违规占用，盘活教育资源存量，最大限度发挥公共教育资源效益。二是明晰所有在用校舍和闲置学校资产的产权和使用权。加强闲置校产保护工作，防止国有资产流失。有效调剂可移动闲置学校资产，提高资产利用率。盘活闲置学校资产，发挥学校资产作用。三是建立县—部门—乡镇—村四方联动的机制，明确处置乡村闲置校舍"两个主体"，即：县市区级人民政府是处置闲置校舍主体，乡镇人民政府是闲置校舍"确权"主体，加强相关部门联动，促进各方履行相应职责。四是科学分类确权，落实优惠政策。对闲置校舍的排查、鉴定、资产评估、招拍挂等费用，给予相应政策支持。闲置校舍在明确所有权、使用权后需要按照简化手续、减免费用等的原则，并结合农村集体土地确权和登记发证等工作，尽快补办有关权证。五是闲置校舍的处置需要与当地城乡建设规划和教育、民政、人口等社会事业发展规划及中小学校舍安全工程相结合，统筹考虑，统一规划。

（四）提升乡村教育信息化水平

继续坚持信息技术与教育教学深度融合的理念、深入推进教育信息化2.0行动计划、建立健全教育信息化可持续发展机制、构建网络化、数字化、智能化、个性化的教育体系。加大乡村教育信息化投入力度、完善"三通两平台"建设与应用、实现网络教学环境全面普及提速、优质数字教育资源共建共享、信息技术与教育教学全面融合创新。加强教育信息化应用研究与实践、探索基于信息技术的新型教学模式、推进互联网下的"云教学"模式应用、拓展"网络学习空间人人通"应用广度与深度、开展多种方式的信息技术应用活动、实施网络条件下的精准扶智工程。开展数字校园、智能校园、创客空间建设与应用、推动新一代人工智能发展。完善教育网络安全支撑体系、提高教育系统网络安全防护能力。构建利用信息化手段扩大教育资源覆盖面的有效机制、逐步缩小区域、城乡、校际之间的差距、促进教育公平。

持续拓展教育信息化成果，依托省级教育资源公共服务平台，汇聚优质数字教育资源，推广网络学习空间建设和应用，为乡村地区学校、师生免费提供服务。规划建设省级教育专网，推进省县市区建设教育专网并接入省级网络，推动实现包括乡村地区学校在内的各级各类学校接入快速稳定绿色的互联网。构建在线教育平台，推动城乡优质教育资源互补，实现教育均衡化发展。

五　师资队伍建设路径优化

我国一半以上的学龄儿童在乡村，乡村教育质量如何，很大程度上关系着国家教育整体质量和发展水平。党和国家历来重视乡村教师队伍建设，在稳定和扩大规模、提高待遇水平、加强培养培训等方面采取系列政策措施，乡村教师队伍面貌发生了显著变化，乡村教育质量得到了较大提高，广大乡村教师为我国乡村教育发展做出了历史性的贡献。发展乡村教育，根本在教师。教师是影响学生健康成长的关键因素，是一切重大教育变革的核心力量。在乡村教育硬件资源相对匮乏的情况下，教师在一定程度上可以弥补硬件资源配置的不足，教师的作用是其他任何资源都无法替代。目前，我国城乡教育差距巨大，尽管原因众多，但根本原因是教师的差距。因此，要从根本上缩小城乡教育差距，必须把乡村教师队伍建设摆在优先发展的战略地位。这就需要必须建设一支真正"进得去"、"留得住"、"教得好"的乡村教师队伍。建设一支数量充足、结构合理、覆盖城乡的优秀教师和优秀干部队伍、配置更加科学合理的教师队伍。同时，可以开展国家教师队伍建设改革试点。鼓励支持地方政府统筹，相关部门密切配合，高校、教师发展机构、中小学等协同，开展区域教师队伍建设改革试点，包括师范生培养、教师专业发展、教师人事管理制度改革、教育教学研究与改革等。再适时总结推广试点经验，加快构建现代教师队伍治理体系，提升教育教学水平。适应教育现代化和建成教育强国要求，构建开放、协同、联动的高水平教师教育体系，建立完善的教师专业发展机制，形成招生、培养、就业、发展一体化的教师人才造就模式，实现教师数量和质量基本满足基础教育发展需求，教师队伍区域分布、学段分布、学历水平、学缘结构、年龄结构趋于合理，教师思想政治素质、师德修养、教育教学能力和信息技术应用能力建设效果显著，教师队伍整体素质和教育教学水平明显提升，尊师重教蔚然成风。具体为：

（一）激励优秀人才到乡村学校任教

保证优秀教师能够"下得去、留得住、教得好"。建设好乡村学校容易，但保证教师教得好是乡村学校办得好的关键。只有解决了乡村学校办得好的关键问题，才能形成一个良性的循环。这就需要继续实施省级公费师范生培养，支持地市与市属本科高校联合定向培养本土化教师。持续开展乡村优秀青年教师培养奖励计划，通过奖励和培养相结合的方式，培养一批乡村骨干教师。组织开展乡村教师省级专项培训项目，在省级部署开展名优教师送培送教下乡活动，优先安排革命老区乡村教师到省市级优质学校跟岗，提升乡村教师教育教学能力。深入推进"县管校聘"改革，推进县域内教师交流轮岗，推动优质师资向乡村合理流动，优化乡村教师资源分配。

（二）提高乡村教师地位和待遇

需要给予乡村教师特殊的支持。长期以来，在乡村教师队伍建设方面存在一些误区，错误认为加强乡村教师队伍建设只需要教师无私奉献，而不顾教师的待遇、工作环境等实际需求。教师也是普通人，有自身的家庭，也追求幸福生活。特别是在市场经济条件下，教师是否愿意从事乡村教育事业，即教育劳动力是否向乡村教育供给，是否安心乡村，教师在乡村教育岗位上实际劳动的供给，即付出多大的精力教学，取决于从事教育事业和付出教育劳动所能得到的报酬，也取决于其过去人力投资的现有收益。报酬与劳动在与其他行业劳动付出与所得之间横向比较的过程中平衡，如果乡村教师实际的报酬低，从人才收入差别选择机制的角度来看，必然导致人们不愿选择乡村教育职业，劳动力不愿向乡村教育供给；使得目前从事乡村教育职业的一些能力较强的教师也将千方百计调离乡村，而教学质量不高，到其他岗位也未必出色的教师，则安于现状，不愿被调出，长此以往，乡村教师队伍的质量将越来越差。不仅我国如此，一些发达国家在发展教育的初始阶段，也出现过诸如乡村教师地位和待遇偏低，致使乡村教师队伍不稳定的问题。因此，要加强乡村教师队伍建设，遏制城乡间教师不合理的"单向"流动，稳定乡村教师队伍，调动乡村教师工作积极性，就需要特别注意提高乡村教师的社会地位和经济待遇，改善乡村教师的物质生活条件。不可否认，根据目前世界上越来越明显的趋势，教师的社会地位以及人们对教师职业的评价等，类似于别的许多职业一样，在很大程度上取决于他们的经济地位。若允许教师工资落后于其他职业人员的工资，在容易丢失很多最好的教师，然后补充才能较差者。因此，保障乡村教师工资，提高乡村教师经济待遇是稳定乡村教师队伍、提升乡村教育质量的关键。具体如需要依法保证教师平均工资水平不低于或者高于国家公务员平均工资水平，并逐步提高，保障教师工资按时足额发放；对长期在农村基层和艰苦边远地区工作的教师，实行工资倾斜政策。需要把乡村教师队伍建设摆在优先发展的战略位置，多措并举，定向施策，精准发力，通过全面提高乡村教师思想政治素质和师德水平、拓展乡村教师补充渠道、提高乡村教师生活待遇，造就一支素质优良、甘于奉献、扎根乡村的教师队伍。

需要推进"县域"内义务教育学校教师、校长交流轮岗、教师聘期制、校长任期制管理、落实到乡村交流支教教师享受乡镇补贴等待遇、推动乡村"二线"城镇优秀教师、校长向乡村"一线"学校、薄弱学校流动、城区学校派出中层以上优秀管理干部到乡村"一线"乡镇学校担任校级领导、享受乡镇补贴及工作补助。巩固强化各级各类教师待遇保障、建立健全教师工资随当地公务员待遇调整的联动机制。落实教师年终绩效奖、综治平安奖和文明校园奖等、确保城乡教师平均工资水平不低于当地公务员工资水平。提高乡村教师待遇、增强乡村教师岗位吸引力、乡村乡镇教师均享受乡村教师生活补助、并提高发放标准。

需要加大经费保障力度,解决拖欠义务教育教师工资和欠缴社会保险费、职业年金、住房公积金等问题,全面落实义务教育教师平均工资收入水平不低于当地公务员平均工资收入水平要求,落实好公办幼儿园教师工资待遇政策,确保及时足额发放,民办幼儿园参照公办幼儿园合理确定教师工资收入水平。提高教龄津贴标准。各地绩效工资核定需要向乡村小规模学校、艰苦边远地区学校等倾斜,完善中小学教师绩效考核办法,绩效工资分配向班主任、教育教学效果突出的一线教师、从事特殊教育随班就读工作的教师倾斜。落实乡村教师生活补助政策,提高乡村教师地位待遇,形成学校越边远、条件越艰苦、从教时间越长、教师待遇越高的格局。加强乡村教师周转宿舍建设,支持"县域"县市区改善住房保障体系,加大保障性住房供应力度,解决教师队伍住房困难问题。

(三)提高乡村教师专业素质与能力

一是进一步调动乡村教师自我提升的内在动力,建立和完善乡村学校学习型模式和相关制度,针对任职资格达标问题进行脱产培训或不脱产培训,最后经过严格考核过关,提高农村学校自身的"造血"功能,提升乡村学校的师资水平。提升教师专业素质与能力。开展中小学教师全员培训、促进教师终身学习和专业发展。创新培训模式、推动信息技术与教师培训的有机融合、实行线上线下相结合的混合式研修、健全多层次、全方位的教师培训体系。改进培训内容、增强培训针对性和实效性、紧密结合教育教学一线实际、组织高质量培训、使教师静心钻研教学、切实提升教学水平。加强新任教师岗前培训、在职教师岗位培训和骨干教师研修提高、推进校本研修、把校本研修作为促进教师专业成长的主阵地。实施名师工程、完善骨干教师队伍体系,加强教研员队伍建设。

所谓乡村教师评价,即通过对教师素质及教育教学工作中行为表现状况的测量,评判教师素质水平和教育教学效果,并进一步提供切实可行的建议。教师评价是一种旨在提高教师素质和促进教师高质量完成教育教学工作的有效手段,它可以判定教师教育教学质量的高低,引导教师参与提升自身教学能力的相关培训。建立科学合理的乡村教师评价机制:一是需要注意定性与定量的结合。单独采用定量评价方法很难全面反映教师的教学实际情况,实际上,教师的教学也难以采用数量的关系予以表示,如果单独采用定量评价容易影响评价的公平性。鉴于此,以定量与定性方法相结合的方式,采用座谈、问卷调查、访谈等定性评价方法,更能够全面了解教师的教学实际情况,容易获得较为相对公平的评价。二是需注意内部与外部评价相结合。建立科学合理的乡村教师评价机制,不仅需要注意乡村学校内部的层级评价,还需要注意学生、家长等外部评价,考查教师的综合教学能力。综合内部与外部评价,促进教师本身主动反省教学实际存在的问题。结合内外部评价,促进评价结果更为客观公正,促进教师教学工作能力进步。三是需要注意过程与结果评价相结合。过程评价侧重于考查教师在教学过程中是否认真参与从点到面的教学培训活动、专题讲座、教研组讨论和集体备课,以及教学过程的教学效果。结果评价侧重于考查教师最后的教学成果。建立科学合理的乡村教师评价机制,将过程评价与结果评价结合在一起综合考查教师的教学能力,可以督促教师主动审检自身的教学日常工作,认真履行自身的责任,提升自身的教学能力。同时,还需要加强乡村教师团体教学自省管理。了解教师自省教学的不足之处。建立乡村教师团体教学自省管理机制,具体为由校长牵头,每周至少组织开展一次团体教学自省研讨活动,以实名制记分的形式对教师严加考勤。教学自省顺序可以以抽签形式确定,以教师教学状况做一个深刻的自省为主要内容,探讨自身教学的不足。教师教学自省具体包括教学内容、教学方法和教育对象等。教师自省结束,其他教师就该教师教学自省的结果进行评价,评价该教师自省方式是否具有值得借鉴的地方,以及是否有更好的建议等,同时,该教师通过自省调整自身的教学行为。但需注意的是,该种教学自省需要突出教师自省的主体性。所以,在教师互助自省中,其他教师相当于配角,而教学自省的教师相当于主体,以该种形式使教师在教学自省中处于主动自省地位。此外，建立乡村教师团体教学自省管理机制，避免教师存在自省不到位或自省有误，让教师更清晰地认识到自身的教学不足，小到提升学生的学习成绩方面，大到提升学校的教学质量方面。

需要加强对特级教师、教学名师、学科带头人、教学能手的管理，做强做实名师工作室，努力实现教师队伍的可持续发展，充分发挥骨干教师以及"三名一带"的示范、引领、辐射作用，造就一批教学名师和学科领军人才。推进乡村教师进修校建设与改革，实现培训、教研、电教、科研部门有机整合。搭建教师专业成长平台。充分发挥名师引领带动作用，深入开展教师技能大赛、教师基本功比赛和学科技能展示活动，促进教师专业发展。需要加强重视县市区进修学校教师。义务教育、非义务教育分别是一个独立体系，非义务教育体系包括高中、职高等。进修学校虽然来自义务教育体系，但是进修学校教师的工资等待遇与义务教育体系相应待遇却不相同，该问题为全国部分地区特有，如 ZZ 市进修学校就属于该市教育局下属单位。实际上，义务教育教师进修相关业务由进修学校承担，进修学校负责指导一线教学点教师工作。但也有一些地方并非如此，如在福建省的 XM 市，该进修学校所属教育科学研究院就为该市教育局下设的处级单位，其相应待遇则较好。

（四）加强教师师德师风建设

需要深化教育评价，建立充分体现乡村教育中小学教师思想品德、教学态度、教学行为和实际效果的评价标准、把师德师风作为评价教师素质的第一标准、把教书育人作为教育人才评价的核心内容。建立科学的教育评价体系、扭转唯分数、唯升学、唯文凭、唯论文、唯帽子的功利化倾向。发挥评价的激励、诊断和发展功能、引导教师更加关注学生的每一步成长。

需要把教师队伍建设作为基础工作来抓，构建教师思想政治建设、师德师风建设、业务能力建设相互促进的教师队伍建设新格局。遵循教师成长发展规律，以高素质教师人才培养为引领，以高水平教师教育体系建设为支撑，以提升教师思想政治素质、师德师风水平和教育教学能力为重点，筑基提质、补短扶弱、做优建强、提高教师培养培训质量，提升教师队伍教书育人能力素质，促进教师数量、素质、结构协调发展，为构建高质量教育体系奠定坚实的师资基础。需要坚持师德为先,把教师思想政治和师德师风建设放在首要位置,围绕落实立德树人根本任务,全面加强乡村教师思想政治建设,提高教师的政治意识、政治能力,落实师德师风第一标准,突出全方位全过程师德养成,推动教师以德施教、以德立身。

需要推动师德建设常态化长效化、创新师德教育、完善师德规范、引导教师以德立身、以德立学、以德施教、以德育德、争做"四有"好教师。实施师德师风建设工程。加强对教师思想政治素质、师德师风等的监察监督、强化师德考评、将师德作为教师考核、聘任(聘用)和评价的首要内容、提升师德师风水平。

提升教师思想政治素质。加强乡村教师思想政治建设,落实意识形态工作责任制。坚持教育者先受教育,将习近平新时代中国特色社会主义思想融入教师培养培训课程,将习近平总书记关于教育的重要论述作为首要必修课程,开展常态化的学习教育,引导广大教师深刻领会"两个确立"的决定性意义,增强"四个意识"、坚定"四个自信"、做到"两个维护",坚持"四个相统一",争做"四有"好老师,当好"四个引路人"。深入贯彻落实《新时代公民道德建设实施纲要》《新时代爱国主义教育实施纲要》,开展"四史"特别是党史学习教育,精选体现正确价值导向的优秀文学艺术、影视作品,组织和引导师范生、教师阅读观看,加强价值引领,加强铸牢中华民族共同体意识教育,引导师范生、教师树立和坚持正确的国家观、历史观、民族观、文化观、宗教观。强化师范毕业生思想政治考察,健全标准、程序,把好第一道关口。加强教师教育院校、乡村学校党组织、团组织建设,做好在优秀师范生、乡村教师中发展党员、团员工作。

常态化推进师德培育涵养,将各类师德规范纳入新教师岗前培训和在职教师全员培训必修内容。创新师德教育方式,通过榜样引领、情景体验、实践教育、师生互动等形式,激发教师涵养师德的内生动力。将师德师风建设贯穿于教师管理全过程,在资格认定、教师招聘、职称评审、岗位聘用、年度考核、推优评先、表彰奖励等工作中严格落实师德师风第一标准。完善教师荣誉表彰制度,加大优秀教师典型表彰宣传力度。落实新时代幼儿园、中小学教师职业行为准则和幼儿园、中小学教师违反职业道德行为处理办法,严肃查处师德失范行为,加大师德失范行为通报警示力度，继续开展违反教师职业行为准则典型案例通报。需要开展乡村教师师德警示教育，德法并举，提高警示教育实效性。提升全体教师法治素养。推进实施教职员工准入查询制度。推进师德师风基地建设，推动师德师风建设模式探索、方法创新，发挥引领示范作用。

需要服务教育高质量发展要求，加强高质量教师队伍建设，地方政府、学校、社会各方需要深度参与教师教育，强化师范院校在教师教育体系中的主体地位，推进职前培养和职后培训一体化，创新师范生教育实践和教师专业发展机制模式，提升教师培养培训质量。具体如深化精准培训改革。聚焦基础教育课程改革的理念、要求和教育教学方法变革，以中西部欠发达地区乡村教师校长培训为重点，发挥名师名校长辐射带动作用，实施五年一周期的"国培计划"，示范引领各地教师开展全员培训。发挥国家教师发展协同创新实验基地建设的示范作用，通过建立标准、项目拉动、转型改制等举措，推动各地构建省域内教师发展机构体系，建强县域级教师发展机构及培训者、教研员队伍。优化培训内容、打造高水平课程资源，建立完善自主选学机制和精准帮扶机制，创新线上线下混合式研修模式，提升乡村教师的信息技术应用能力和科学素养。

（五）改革教师编制制度

需要坚持强化保障。中央带动、分级实施，鼓励支持各地创新教师编制、职称、考核评价、待遇保障等方面举措，深化乡村教师队伍建设综合改革，提高教师教育基础能力建设水平，统筹规划、以点带面、辐射引领、整体发展，形成综合保障体系。深入推进"县域"义务教育学校教师"县管校聘"管理改革，加大音体美、劳动教育、信息技术、心理健康教育等紧缺学科教师补充力度，重点加强城镇优秀教师、校长向乡村学校、薄弱学校流动，发挥优秀教师、校长的辐射带动作用，扩大优质资源覆盖面，提升学校育人能力。完善交流轮岗激励机制，如将到乡村学校或薄弱学校任教1年以上作为申报高级职称的必要条件，3年以上作为选任中小学校长的优先条件。城镇教师校长在乡村交流轮岗期间，按规定享受乡村教师相关补助政策。继续实施银龄讲学计划，鼓励支持乐于奉献、身体健康的退休优秀校长教师到乡村和基层学校支教讲学。

优化教职工编制配置。落实关于进一步创新加强中小学教职工管理有关政策精神，在总量内盘活用好现有事业编制资源，按照标准及时核定教

第六章 结论与讨论

职工编制，优先满足乡村中小学教育发展需要。坚持创新管理，综合需求变化情况，加强人员和编制的动态调整，提高使用效益。结合实际合理核定公办幼儿园教职工编制，配足配齐幼儿园教职工。深化教师职称改革，完善岗位管理制度。充分考虑不同地域、不同学段、不同学科的特点和要求，完善教师职称评价标准，实行分类评价。对长期在乡村学校工作的中小学教师，职称评聘可按规定定向评价、定向使用，中高级岗位实行总量控制、比例单列，不受各地岗位结构比例限制。出台完善乡村学校岗位设置管理的指导意见，适当提高中、高级岗位结构比例。落实学校办学自主权，具备条件的学校在岗位结构比例范围内依据标准自主评聘中、初级职称和岗位，按照管理权限推荐或聘用高级职称和岗位，鼓励县市区进一步探索具备条件的学校在岗位结构比例范围内自主评聘高级职称和岗位。

需要编制部门每年核定县市区乡村教职工编制总量、在现有编制总量内、盘活事业编制存量、优化编制结构、向教师队伍倾斜、建立中小学临时周转编制专户、专项用于"产假式"缺编、老龄化及结构性缺员等教师补充；编制不足部分可使用"人员控制数"、通过政府购买服务、加快补齐教师缺口、采用编外临时聘用的方式、依规聘用一批品德优良、热爱教育、热爱学生、具备从教条件的临时教师，实行同岗同待遇、所需经费全额纳入同级财政预算解决，配齐学科教研员队伍。公办幼儿园临聘教师工资所需经费纳入同级财政预算。完善乡村教师补充机制、实施教师定向培养委托培养机制、精准培养乡村学校小学全科教师和中学紧缺学科教师。全日制师范类本科毕业生到乡村学校任教、采用考核或面试的办法予以聘用，并给予每月适当的生活补助、服务期满后、考核合格者可调入缺编的城区学校。

需要重视进修学校教师编制制度完善。进修学校在市及省级层面难以找到直接行政主管部门，因市级及省级教育行政部门主要开展教科研工作，未负责开展相应的教师职业培训业务。以福建省为例，福建省教育科学研究院主要在专业方面发挥引领作用。通常，他们将相关文件发给市县区教育局，教育局再将文件转给进修学校，除非比较直接的业务，如举办考试等，省级教科研院才直接指导进修学校负责。进修学校存在"身份不明"问题，既不算义务教育，也不属高中学校。虽然属公益类教育，但是进修学校教师职称评聘标准设立较为麻烦，既无法套用义务教育学校的职称评聘标准，又未设立独立职称评聘标准体系，外加进修学校教师的编制较少，主要按照义务教育标准获得编制数，同时进修学校职称评聘的要求比义务教育学校的高多倍，因此，进修学校教研员评职称更难。实际上，进修学校教研人员从事学生教育工作，致力于引领义务教育教师专业发展，更需要获得关注。

（六）加大师范生培养力度

需要加大建设国家师范教育基地。重点支持建设一批国家师范教育基地，构建师范院校为主体、高水平综合大学参与、教师发展机构为纽带、优质中小学为实践基地的开放、协同、联动的现代教师教育体系。需要加强师范生专业能力发展中心建设和师范专业建设，深化教师教育改革，推进教师教育信息化建设与应用。需要在教育硕士、教育博士授予单位及授权点方面加大对师范院校的引导支持力度，支持高水平综合大学开展教师教育，推动师范人才培养质量提升。

需要建立教师教育协同创新平台。鼓励支持高水平师范院校建立教师教育协同创新平台，推动优质课程资源共享、学科建设经验分享、教育科研课题共同研究，整体提升我国教师教育的办学水平。需要充分发挥部属师范大学的引领示范作用，建立部属师范大学和地方师范院校师范人才培养协同机制，支持县市区区域内相关院校在教育科学研究、教师教育师资队伍建设、师范人才培养和基础教育服务等领域开展合作。依托部属师范大学等高水平师范院校，为地方师范院校定向培养博士层次教师教育师资提供支持。支持部分办学历史悠久、质量优质、效益明显、地方发展急需的师范高等专科学校升格为普通本科高校。

需要改进师范院校评价。推进师范类专业认证工作，明确师范院校教育教学评估和相关学科评估基本要求，探索建立符合教师教育规律的师范类"双一流"建设评价机制，推动师范院校把办好师范教育作为第一职责，将培养合格教师作为主要考核指标，推动师范专业特色发展。

需要完善教师资格制度。严把教师入口关，全面开展中小学教师资格考试和定期注册制度改革。教师必须取得相应教师资格，持教师资格证方可上岗任教。推进师范生免国家中小学教师资格考试认定取得中小学教师资格改革，开展教师教育院校师范类专业办学质量审核。做好教育类研究生、公费师范生和优师计划师范生免试认定改革工作，教师教育院校对师范生教育教学能力进行考核。严格教师资格申请人普通话水平要求,提高新任教师国家通用语言文字教育教学水平。

需要实施高素质教师人才培育计划。持续实施卓越教师培养计划。推动本科和教育硕士研究生阶段整体设计、分段考核、连续培养的一体化卓越中学教师培养模式改革,推进高素质复合型硕士层次高中教师培养试点。推进部属师范大学公费师范生攻读教育硕士工作,加强履约管理。继续实施乡村学校教育硕士师资培养计划。扩大教育硕士、教育博士招生计划。适应基础教育改革发展,遵循教师成长规律,改革师范院校课程教学内容,改进教学方法手段,强化教育实践环节,提高师范生培养质量。实施新周期名师名校长领航计划,培养造就一批引领教育改革发展、辐射带动区域教师素质能力提升的教育家。搭建教师培训与学历教育衔接的"立交桥"。支持在职教师学习深造,提升学历。

需要实施中西部欠发达地区优秀教师定向培养计划。支持部属师范大学和高水平地方师范院校,根据各地需求,每年为中西部欠发达地区定向培养一批高素质教师,促进发挥示范带动作用,推进各地进一步加大"县域"普通高中和乡村学校教师补充力度。中西部欠发达地区优秀教师定向培养计划实施提前批次录取,学生在校学习期间免除学费,免缴住宿费,并补助生活费,毕业后到定向就业县中小学履约任教不少于 6 年,由定向就业县人民政府按定向培养计划统筹落实就业工作,确保岗位和待遇保障。鼓励支持履约任教的优师计划师范生职后专业发展,建立跟踪指导机制,持续提升教书育人本领。

六 乡村教育质量提升路径优化

(一) 加强乡村教育质量监测

农村教师在教研能力提升等方面业务一直由进修学校教研员引领,主要采用组织专家开展引领或者组织农村教师走出去接受培训等方式,因此,对乡村教育质量监测中,可将进修学校是否为义务教育范畴设立为监测指标,这对乡村教育质量发展具有正向促进作用。

乡村教育振兴成果有待检测,而检测乡村教育质量,则可见教育的具体成效。因此,为保证乡村教育发展目标实现,需要建立一套激励与约束并存的评价指标体系,督促教育发展政策落实,提升乡村振兴总体成效。

事实上，如果建立乡村教育工作绩效指标体系，可以实现教育发展目标责任制，能够增加乡村教育发展相关工作人员的责任意识，提高教育发展的行动力和实效性，促进教育发展政策和效果真正作用于乡村振兴。加强各级政府对乡村教育发展工作的指导和管理考核，加强对乡村教育发展工作的指导、协调和督促检查力度，督促全社会力量参与乡村教育发展工作。监测是公共管理工具，能够促进政府和组织目标达成，也是促进政策执行的重要手段与工具。政策发展模式主要包括问题识别、政策规划、政策制定、政策试行、政策执行和政策终止六个阶段。监测位于政策发展过程的中心位置，具体从政策问题的识别、界定，到形成初始方案，再到政策实施过程、政策评估与调整，都需要开展监测，以便及时回馈相关信息，为政策制定者和政策实施者提供相关决策依据。教育发展政策是我国政策内容的重要构成，其中，教育发展政策执行的监测即利用一切可行的技术和手段，收集相关教育发展信息、掌握政策运行的第一手数据及相关数据，为政府教育决策提供基础性保障，具体内容为：

一是确定教育发展维度。教育发展是一项牵涉面广，涉及因素众多的系统工程，对其开展监测需要从整体性角度把握教育发展的内涵、监测的关键和方向，以便构建适用于教育发展的监测框架。需要坚持系统论的视角，即将教育发展的监测作为整体思考，把教育发展中的各个环节与组成部分作为不可分割的子系统，探讨整个系统内外的各种关系。同时，需要采用多学科视角，其中，既需要坚持经济学理论的视角，对教育发展过程中各项教育投入的精准度、效益度等进行有效监测；也需要坚持教育学的理论视角，理清教育发展的本质内涵，把握教育的内外部关系基本规律，对教育发展的各项措施与实施过程进行有效监测，以符合"人才培养"的终极目的；还需要管理学的理论视角，对教育发展中的各利益相关者行为进行有效监测，及时回馈与调节各行为主体之间存在的矛盾，提高教育发展的成效。

二是筛选教育发展监测指标。对于教育发展的监测，确定其监测维度是一种宏观层面的指导方式或思维框架，但要确实保障教育发展监测的实施、实现监测的目标，还需要对教育发展政策进行抽丝剥茧，逐步分解，从而确定监测的各项指标。一方面，从教育发展目标层面着手，对乡村教育发展的目标、内涵与路径等进行分析，从教育发展需要达到各类大目标着手分析指标体系；另一方面，从教育发展的工作体系着手，对教育发展政策实施过程中涉及的各种要素进行分解。也因此，应该从教育发展对象、教育发展资源投入使用、教育发展工作管理、教育发展工作绩效等四个方面选取指标体系。在教育发展对象指标方面，包括考虑按照经济发展水平选取我国经济发达地区及经济欠发达地区的乡村教育发展质量等；在教育资源投入使用指标方面，包括考虑教育资源投入的数量、种类、分配结构、使用情况等；在教育发展工作管理指标方面，包括考虑教育发展工作的过程管理相关行为发展工作效益、教育对象满意度评价等；在教育发展工作绩效指标方面，包括考虑人才培养、社会文明成效等方面内容。

三是完善教育发展质量监测主体、方式与方法。教育发展工作是一项复杂的系统工程。根据我国乡村教育发展相关政策制度的基本原则和指导思想，我国乡村教育发展质量监测，需要构建与完善监测实施的主体结构，充分发挥政府主导力量的作用，需要立足于国家、省市、县乡（镇）、村四级监测主体结构基础上，重点发挥村级监测主体的作用；需要构建与完善监测数据分析系统，包括监测数据的采集、数据的分析、信息的呈报与发布系统；需要构建与完善多元监测方式，即实施现场监测、网络监测等不同类型的监测方式，促进乡村教育发展监测达到预期目的。乡村地区教育发展质量监测主体，需要第三方参与，即除了政府以外，还需要社会、市场等主体参与。在上述三个主体中，以政府为主导、发挥政府的领导及权威性，实施政府主导下的多方参与监测制度。同时，监测评估方必须具有行政背景，如果缺乏政府的主导，评估方就难以组织评估，难以顺利进入乡村学校开展评估工作。如果能够发挥政府牵头作用，组织相关单位组成监测团队推进，则具有较好的效果。

需要结合各地乡村教育规划和乡村教育发展大数据平台，对乡村教育发展现状进行摸查。首先需要解决摸查与评估工作"由谁来做"的问题。考虑到乡村教育发展是一项涉及面较广的工作，建议成立乡村教育发展联合工作小组，由其专门负责监测的协调、统筹、落实等工作。考虑乡村地区特殊地理人文等特征，建议工作小组的成立以全国乡村地区为单位。考虑评估的科学性、客观性和公正性，建议工作小组与相应的牵头部委合作，组建以教育、经济、社会、法律和管理等领域专家为主的跨部门、跨组织、跨学科第三方评估团队，参与乡村教育发展规划的制定、重大事项的协商以及工作的推进和落实。

其次,要解决"摸查什么"的问题,在教育发展联合工作小组等进行评估和制定规划之前摸清一些底数。一是对乡村地区学校进行摸查,搞清底数,包括幼儿园、小学、初中、高中学校数量及其布局特征。二是对乡村地区乡村教师进行摸查,包括排查乡村教师总数量、特岗教师数量,年龄结构、学历结构、流动情况、培训与待遇等。三是对政府教育投入情况进行摸查,包括出台的教育发展政策、涉及和参与的职能部门、财政资金投入数量、政绩考核标准等。在摸清现状的基础上,根据各乡村地区自身特点,制定适宜的教育发展规划。

需要公开乡村教育发展质量监测结果。目前县城教育发展质量监测大部分实施随机抽样的监测方法;在监测内容信息公开方面,对相关内容主要实施保密,不对外公开,总体上,监测内容很少向乡村"一线"学校及教师披露,监测程序也比较复杂。实施教育发展质量监测目的在于完善教育发展质量,如果未将监测内容反馈至基层教学"一线"教师,那么"一线"教师则无法获得如何提高教学质量的建议。因此,在监测过程中,需要将相关信息公开。乡村教育发展质量监测的主要主体即基层教师。目前,教育部门出台很多比较细致的管理制度,如出台学生手机、睡眠和作业管理等"五项管理"制度,这些制度都需要基层"一线"教学教师进行落实。乡村教育发展质量监测的末端是"一线"教师,因此,质量监测的结果应当全面反馈至"一线"教师。实际上,前几年一些地方教育发展质量监测后均举行监测结果相关讨论会和解读会。

事实上,教育评价标准对学生成绩非常重视。其中,最硬性的指标为学生升学率以及成绩水平。但实际上,在监测教育方面,监测结果的使用也具有重要性,如果将监测结果仅仅当做数据存储起来显然意义不大,因此,需要将相关监测结果反馈至"一线"教学点进行整改。以福建省 ND 市 XP 县为例,该县已经开展了多次省、市级监测,也被评为监测先进县,教师积极性较高,但是,相关监测结果和内容都属于组织监测单位定义的保密文件,相关工作人员只能大致了解到监测结果所表现出来的量化具体分数。但"一线"教师和非专业评估人员无法准确理解分数的具体所指意义,更无法知道监测结果情况。如果"一线"教师对自身负责的教学内容及质量无法形成一个准确的认识,那么容易导致教师无法进行反思及改革教育。

家长也是乡村教育监测的对象,但直接监测学生家长,尤其是直接监测学生家长对教育的满意度,效果可能并不佳。因为在测试操作过程中,需要学校将相关家长集中到学校开展访谈等,收集信息数据,学校教师给家长提供相应问题的"答案",这就容易产生家长不敢给教师较低的评价。测试学生家长对学校教师的满意程度等问题,家长基本上都选择"满意"的答案选项,因此,需要从学生的角度开展相应测试。而非对学生家长开展监测,建议由第三方机构对学生家长开展访谈获得相关信息。

监测村干部对村庄义务教育重视程度,就需要考核乡镇党委或者教育行政部门,需要由县政府督查教育的行政部门解决村干部对教育发展的重视问题。总之,必须采用监管行政部门的思路,如"三高普九"即为考核县政府,其在考核中一旦发现存在问题就直接考核县长、县委书记等领导,甚至扣除县长及书记等领导的绩效奖金,该监测办法实施的效果总体较好。此外,村庄是否开办幼儿园,与村庄的领导干部对教育重视程度也有一定关系。

(二)提升乡村教育教学质量

需要完善以人为本的制度文化,以人的发展为根本的核心价值追求、按照"高品位、精内涵、强特色"的工作思路、不断加强以理念文化、制度文化、行为文化和环境文化等为内容的乡村学校文化建设和研究。需要加强对学生文明行为、教师教育行为、学校管理行为等的监管、彰显符合时代要求的精神文化、树立"以学生发展为本"的理念、构建融合自然启迪、社会影响、生活现实、环境熏陶、人与自然和谐共存的大教育观、培育文明和谐的行为文化。需要立足于乡村学校实际、传统底蕴、工作优势、周边资源等因素、努力创建个性鲜明、富有特色的校园文化体系、彰显"一校一品"特色发展、丰富乡村学校建筑和景观的文化蕴涵、使学校文化成为教育发展的内生推动力、核心竞争力和持久辐射力。

需要深化课堂教学改革,发展学生智慧。遵循"一切认知源于感觉"的课堂教学原则,强调"概念为本,实物配对",采取探究式、启发式、浸润式教学模式,让学生充分体验感知,通过小组合作探究的方式,用实物启动智能,启发学生思考,让学习经由体验而真实发生,从而发展每一位学生的智慧。

坚持质量与效益并重、优化教育资源分配、提升教育质量、推进义务教育优质均衡发展。坚持以课堂教学为核心、深化课程与教育教学模式改革、加强学生社会责任感、创新精神与实践能力培养、促进学生全面和个性发展。需要坚持立德树人根本任务、五育并举、德育为首、用德育铸魂、用智育培智、用体育强体、用美育怡情、用劳育励志、德智体美劳全面发展。推进义务教育管理标准化学校建设和义务教育教改示范校建设、加快乡村学校内涵发展、鼓励特色办学、为学生成长提供更加丰富的优质教育。强化乡村义务教育学校的建设和质量提升，改善乡村贫困地区义务教育薄弱学校基本办学条件，加强寄宿制学校建设，提升乡村教育质量。实现城乡义务教育均衡发展，解决好该问题，不但对提高乡村学校的质量有较大作用，也有利于解决不均衡发展造成的城镇学校大班问题。

需要推动普通高中特色多样化发展。以"强化特色、创新模式、多元发展、提高质量"为目标、探索高考改革与课改背景下教育实现方式创新、开展校本课程开发和研究型课程建设、构建优质多样的高中教育。推动普通高中内涵发展、深化教育评价和升学制度改革、支持民办普通高中提高办学质量和水平、推进普通高中的优质特色多样化发展。

需要深化普通高中教学改革。落实国家高考综合改革和普通高中课程改革要求、推进普通高中学业水平考试和综合素质评价制度改革。健全高中走班教学管理制度、推进课堂教学、选课走班、学生综合素质评价制度和学生发展指导制度建设、满足学生多样化发展需求。

推进专业课程改革、完善与地方主导产业的合作机制。深化复合型技术技能人才培养培训模式改革、启动1+X证书制度试点工作、进一步发挥好学历证书作用、鼓励职业院校学生在获得学历证书的同时、积极取得多类职业技能等级证书、拓展就业创业本领、缓解结构性就业矛盾。

推进现代学徒制改革、推进职业教育与行业、企业、科研和技术推广单位的合作、实现开放式人才培养模式。培养教师队伍的整体教研能力，提高教师的专业化程度。通过特色学校建设，锤炼教师队伍，提高教学质量，提高乡村学校的教学管理水平，调动乡村教师的教学积极性，丰富乡村学校的教育资源，提升办学的社会满意度，让乡村家长愿意将子女留在乡村学校就学。推进教师队伍建设信息化。建设师范生管理信息系统，加快完善教师管理信息系统和教师资格管理信息系统，提升管理服务支撑功能。完善国家教师管理服务信息化平台，精准到人，为乡村教师队伍建设提供信息化决策和便捷化服务支撑。加强信息系统安全防护，确保教师信息安全。深入实施人工智能助推教师队伍建设试点行动，探索人工智能助推教师管理优化、教师教育改革、教育教学方法创新、教育精准帮扶的新路径和新模式，总结试点经验，提炼创新模式，逐步在全国推广使用，挖掘和发挥教师在人工智能与教育融合中的作用。运用现代信息技术，创新教学与网络相结合的新型教育传播模式，真正实现任何时间、任何地点、任何方式开展教学观摩、听评课、现场培训等教育教学活动，让乡村教师能够不受时空限制，最大限度地实现自主学习，促进乡村教育整体水平的提高。

七 教育发展客体帮扶路径优化

当前教育帮扶未能实现从学前到高中全覆盖。在建设教育帮扶的档案方面，只有针对学前、义务教育、高中、职业教育的不同特点，才能做到有的放矢，实现教育脱贫。具体而言，学前教育阶段主要侧重于解决乡镇中心校附属幼儿园师资严重短缺问题，义务教育阶段则主要聚焦中小学生生命安全、营养改善和乡村教师流失严重问题，普通高中教育阶段主要注重高中贫困生资助问题，职业教育阶段主要聚焦中职免费和对口帮扶，以及农村地区劳动力技能提升问题等。

（一）加强经济困难学生帮扶

需要延续优化教育帮扶政策。需要持续巩固拓展教育脱贫攻坚成果，保持现有帮扶政策连续性基础上，同时继续保持稳定兜底救助类政策，实现政策体系、制度体系和工作体系的平稳过渡和有效衔接，健全教育帮扶工作长效机制。具体如对于经济贫困学生的帮助，除了物质帮助政策，还需要健全精准资助政策。需要进一步完善从学前教育到高等教育全学段的学生资助体系。如加强与民政、乡村振兴等部门的数据比对和信息共享，提高资助数据质量。需要创新资助资金发放机制和发放方式，探索建立智慧资助云平台，更加安全及时地将资助资金发放给受助学生。需要实施营养改善计划。进一步改善农村学生营养健康状况，坚持以食堂供餐为主，提高学校食堂供餐比例和供餐水平。需要全面应用"营养改善计划在线监管平台"，加强食品安全和资金安全监管。加强与市场监管、卫健、疾控等部门的合作，强化营养健康宣传教育、食品安全及学校食堂检查。需要研究完善政府、家庭、社会力量共同承担膳食费用机制，鼓励本土优质企业参与学生营养改善计划，降低成本，提高供餐质量，扩大实施范围。需要对未享受补助政策的在外就读建档立卡学生开展核查，精准落实政策享受情况，对于确实未享受到生活补助政策学生，需要提出具体解决办法。需要加强残疾学生职业技术教育、推进特殊教育向学前教育和高中教育延伸、建设覆盖全体、功能齐全的特殊教育体系。

需要进一步落实惠民助学政策。一是完善学前教育资助制度，帮助家庭经济困难儿童、孤儿和残疾儿童等接受普惠性学前教育，将老少边穷地区的学前教育逐步纳入义务教育管理，并给予相应的政策、资金扶持，加大贫困地区乡村学前教育的推进力度。具体如，对已取得办园许可证，享受上级补助的普惠性幼儿园，建立督查机制，确保补助资金用于添置教学玩具、设施设备、安防维护设施等，促进各类幼儿园协调发展，形成县、乡、村学前教育网络。需要建立和完善学前教育精准帮扶工作机制。如以县市区管理为依托、以促进教育公平、提高保教质量为核心、按照"精准帮扶、联动提质"的总体思路，以"结对帮扶+公民办联动"为依托、发挥各级示范性幼儿园的引领辐射作用。推行"管理互通、研训联动、资源共享、评价考核"的管理模式，实现县域内教育资源共享、不断深化幼儿园办园内涵、提升城乡公民办幼儿园办园质量、管理水平、全面推进学前教育优质、均衡发展。

二是继续落实省定的城乡统一义务教育学校生均公用经费基准定额标准（含增加寄宿制学校、规模较小学校公用经费补助）、免作业本费，以及农村义务教育学生营养改善所需经费等。推进义务教育小学"大手牵小手"薄弱校帮扶活动、全面推进初中重点培育与城乡结对帮扶工作、以教育质量为核心、完善合作机制、拓宽合作领域、充分发挥乡村"二线"城镇龙头学校的优势、带动乡村"一线"学校教学教研工作、提高乡村教师教学教研水平、促进城乡教育均衡发展。探索集团化办学、融合办学试点工作。

三是根据社会产业发展的实际要求完善职业教育资助政策，落实好中职教育免学费和助学金政策，在国家奖助学金等资助政策上对职业学校涉农、艰苦、紧缺专业的农村家庭经济困难学生倾斜。鼓励支持工贸企业、文化旅游企业参与校企合作。广泛开展职业技能培训，通过加强贫困群众就业培训，解决就业技能缺乏问题。给政策、给资金、给项目，有效帮助贫困家庭发展经济，授之以渔，培养有知识、有技能、懂管理、会经营的新型农民。同时，需要人力资源和社会保障、教育、扶贫、农业等部门因地制宜制定培训计划，深入基层广泛开展实用技术培训，指导帮助贫困乡村群众学习技能，发展生产。要依托职业学校及相关部门，实施"新型职业农民培育工程"、"雨露计划"，组织安排有学习意愿、具备一定文化素质的农村贫困家庭青年免费参加厨师、家政服务、家电维修、养殖种植、乡村文化、乡村旅游、家庭教育等职业技能培训，从而保障他们享有生存发展的继续教育权，提高他们科技致富能力。

四是加大投入、解决"学得起"问题。让贫困学生上得起学，是教育公平的重要体现，也是教育帮扶的底线。因此，需要在全面贯彻国家各项教育惠民助学政策的基础上，进一步加大县级财政投入力度，同时面向社会广泛募集助学资金，健全完善贫困学生全覆盖助学体系，确保所有经济贫困家庭学生都能上得起学。落实好国家资助政策和义务教育阶段"两免一补"政策，将乡村贫困家庭子女学前教育、义务教育及高中教育阶段就读期间，全部纳入贫困家庭学生资助范围，优先享受资助政策。实行所有在校贫困学生登记造册，率先从建档立卡的贫困家庭学生开始实施普通高中、中等职业教育免学杂费政策，让未升入普通高中的贫困家庭学生都能够接受中等职业教育。积极为当年被全日制大专及以上院校录取及在校就读的贫困家庭大学生办理国家生源地助学贷款，帮扶贫困家庭适龄儿童完成义务教育，确保考入大中专院校的贫困家庭子女不受影响。逐步提高资助标准。当前由于县级财力有限，对贫困家庭学生的资助标准还不高，学前教育贫困学生资助标准、义务教育、高中、职业教育贫困家庭学生生活补助每年每生较低，且大多是残疾、低保、孤儿以及烈士子女，人数较少，辐射面还不够广。但随着经济社会发展，需要县市区扶贫办会同教育局收集汇总贫困家庭子女就学情况，并分送至有助困助学职能的单位和社会团体，需要适时调整资助标准，加大资助力度，扩大资助覆盖面，让贫困家庭学生不仅上得起学，而且逐步上得好学，确保教育公平。实施统一助学资助。实现全社会教育帮扶资源的精准化配置。将贫困学校、贫困家庭学生的需求信息与社会各界尤其是慈善机构、志愿者组织的帮扶资源、帮扶意愿进行有效对接，将相对贫困家庭信息定期向社会公布。需要由县市区团委研究制定助学捐款指南，让爱心人士和社会组织清楚了解捐款程序，受援学校及贫困家庭等信息，防止助学过程中出现"盲区"或重复资助。推动"救急难"工作，落实临时救助帮扶资金，对贫困户子女享受资助情况进行全程动态跟踪管理，对已实现脱贫致富的农村家庭停止对其在读子女的资助，对因病、因灾、因残等特殊原因返贫的农村家庭，按程序给予其在读子女相应资助，帮助他们安心学习，顺利完成学业。治贫先助"技"，需要加强县市区省级新型职业农民培育试点建设。积极争取上级就业培训专项资金并向贫困劳动力倾斜。认真落实好农村贫困家庭子女职业学历教育财政补贴政策，帮助贫困生完成中专以上职业学历教育。利用各种媒体，宣传国家和省、市关于发展职业教育的优惠政策，以及县职业学校的办学特色和就业优势，让广大群众和学生对职业教育有正确认识，引导初中毕业后未考入高中的学生进入职业学校就读，掌握实用技能。加大政策扶持，做好职业培训，解决"学得出"问题。"学得起"、"学得好"后，就需要解决"学得出"问题，也就是就业问题。通过完善政策保障机制，加大政府投入力度，建立和完善支持大学生创业就业政策体系，确保学有所成的贫困学生都能够实现创业或就业，从而实现教育帮扶工作目标。实施定向委培计划。在学生自愿的基础上，选拔一批被"二本"以上院校农林、水利、城市建设、教育、医疗、公共事务管理等专业录取的大学新生进行定向委培，签订定向培养协议，由县市区财政解决其所需学费，同时每年补助一定生活费，毕业后直接分配至定向县市区工作。加大创业政策支持。进一步健全完善大中专学生返乡创业就业优惠政策，重点完善大中专学生创业项目资金扶持、行业准入、税费减免、创业和再就业培训等相关政策，建立大中专学生创业基地，确保贫困大中专学生创业有渠道，就业有保障。在确保所有贫困家庭学生能入学的基础上，进一步创新助学工作形式，通过采取结对帮扶、助学助教、远程教学等多种有效途径，切实做好贫困家庭学生学习、生活帮扶工作，确保贫困学生都能学得好。

（二）加强特殊困难学生心理关爱

需要从精神上给予特殊困难学生关心，让他们在享有接受平等教育权利的同时，人格也得到正常的发展。尤其是任课教师和班主任对班级的经济贫困等特殊困难学生需要多关注、鼓励和帮助，多与他们交流，了解他们的基本情况，重视他们的心理健康教育工作，以及及时地解决他们的实际问题。具体如落实儿童教育关爱。加强农村"留守"儿童和"困境"儿童的关心关爱工作，强化控辍保学、教育资助、重度残疾儿童送教上门等工作措施，对有特殊困难的儿童优先安排在校住宿，改善"照顾有人、亲情有爱、学业有教、安全有保障、活动有场地"的"留守"儿童及"困境"儿童教育关爱工作格局。加强心理健康教育，健全早期评估与干预制度，培养农村儿童健全的人格和良好的心理素质，增强承受挫折、适应环境等的能力。注重心理教育，健全学生人格。需要各县市区乡村学校开设心理健康、沙盘游戏、团体培训等活动课程，以性别教育、爱与生命教育、情感和责任教育等为主要内容，构建青少年性别教育成长课程，为学生提供有准备的心理成长环境，支持每一个学生自我创造，实现生命的健康、完整成长。

（三）巩固控辍保学成果

健全控辍保学工作机制，推进控辍保学从动态清零转向常态清零，确保除身体原因不具备学习条件外的脱贫家庭义务教育阶段适龄儿童不失学辍学。如健全政府、有关部门及学校等共同参与的联控联保责任机制。以及健全数据比对机制，精准摸排辍学学生，实施台账动态管理，"一生一表"做好辍学学生工作档案管理。健全依法控辍治理机制，完善用法律手段做好劝返复学的工作制度，严防辍学新增反弹，严防学生无正当理由长期请假造成的事实辍学。

实施义务教育免试就近入学政策、完善义务教育阶段随迁子女家长自主报名结合随机派位的入学方式，确保随迁子女公平接受教育。公办初中学校通过单校划片对口直升或多校划片随机派位等方式组织入学，促进教育公平。加强中小学、幼儿园招生计划管理、规范招生秩序、实施阳光招生、接受社会监督。实施高中阶段学校考试招生制度改革、完善初中学业水平考试和学生综合素质评价制度、建立统一组织的基于初中学业水平考试成绩、参考综合素质评价的高中阶段学校考试招生录取模式。建立中等职业学校学业水平考试制度、优化中等职业学校招生办法、推进中本贯通和中高职贯通试点。

（四）加强就业帮扶

全面掌握乡村家庭经济困难高校毕业生情况，并建立"一对一"帮扶工作机制，实行"一生一策"分类帮扶和"一人一文件"动态管理。加强农村家庭经济困难毕业生就业指导和能力培训工作，创新就业招聘活动形式，鼓励和支持用人单位通过网络等形式开展宣讲和招聘。

县市区职校要积极与省内高职院校建立合作办学关系，对接高职院校现有优势专业，推行"2+3"等培养模式，即前2年为中职教育性质，学习成绩合格者即可获中职毕业证书并免试直升高职院校，后3年为高职教育性质，按高职教育有关规定进行教学管理，学习成绩合格者即可获高等职业教育毕业证书，从而增加就业机会。需要加强职业技能培训。县市区职校需要进一步做大做强职业教育，推进职业中专向职业大专升格，增强办学能力，专业设置上更贴近市场，达到"招得进、留得住、送得出"的办学目标。在确保全年未升学的初高中毕业生全部进入职教中心学习专业技能的同时，统筹整合人社、农业、科技等部门职业教育资源，按需开展培训，扎实抓好乡村新增及转移劳动力的实用技术培训和短期技能培训，着力提高其创业就业能力和致富增收本领。总之，教育振兴既是一项最具普惠性的系统而复杂的社会工程，也是一项需要长期坚持的重大民生工程。需要把握精准帮扶的精髓要义，瞄准重点，定向施策，精准制导，关注每一位特殊困难学生，让每一位学生都能够享受公平优质的教育，通过教育改变个人和家庭命运，实现脱贫致富。

（五）强化特殊教育保障水平

积极推进特殊教育资源中心建设、配齐、配足特殊教育教师、送教上门教师和残障儿童随班就读巡回指导教师、研训结合、提高特殊教育教师专业水平和综合素养。加大特殊教育专项投入、提高特殊教育生均公用经费标准、乡村学校配备基本的特殊教育教学和康复设备。以生态化小区融合教育为教科研统领、实施从学前到高中阶段的15年免费特殊教育、推进特殊教育向学前和高中阶段"两头延伸"、构建适龄残疾儿童青少年教育全覆盖的特殊教育体系。健全残疾儿童筛查鉴定及"一人一案"安置机制、完善以特教学校（特教班）和随班就读为基础、送教上门为补充的教育模式、对未满18周岁的智障学生开展职前教育、进一步促进全纳教育、融合教育、切实保障重度残疾儿童少年受教育权益。推进9+1+4生态小区融合教学模式，培养适应生活、融合社会的残障学生。

（六）打造优质特色民族教育

贯彻落实党中央和国务院颁发的《关于加快发展民族教育的决定》，重视支持民族教育事业发展，形成以民族文化为学校特色的中小学校。加强对民族学校的教学指导和帮扶，提高民族学校的管理水平和教育教学水平。加大对民族教育师资培养培训力度，提高教师的政治素养和业务素质。鼓励民族学校以弘扬优秀传统文化为要求，以校本课程和综合实践活动为载体，创建具有民族特色的校园文化。

八　乡村素质教育提升路径优化

振兴乡村教育需要不断深入挖掘乡村蕴藏的丰富的教育资源，开展优秀传统文化教育、耕读教育等。如果仅仅从"教"的角度，用分数和升学率衡量教育发展，因师资、教学条件和家庭等各方面的原因，乡村学校一时赶不上城市学校。但如果从"育"的角度来看，乡村环境在某种程度上有自身的优越之处，从全生命成长的需求出发就会看到乡土、自然、亲情和优秀传统文化教育的重要。乡村学校要回归乡村，回归土地，让乡村孩子走进大自然，学会观察大自然、倾听大自然的声音，将乡村丰富的自然资源转化为课程资源，建设乡村特色课堂。研发乡村学校课程，发展学生天赋。如基于国家课程标准，开发大阅读、实体化教学、课本剧、童话剧、形体课等特色课程。借助乡村优势，开发资源，建立劳动教育基地、研学旅行基地，形成系统的研学课程体系，激发学生热爱家乡的情怀。在此基础上，立足节日节点仪式开发活动课程，从入学礼、感恩孝亲周、冬至、春节、元宵节、清明节、端午节、毕业节等课程入手，让每个孩子都体验到生命的高贵，被看见、被尊重。

需要继续提升乡村教育质量，在教学及行政等领域需要加强管理。教育理念加快"先行"，义务教育加快"一体"，高中教育加快"多元"，加快推进中小学课程改革，贯彻核心素养下的新课程理念，落实立德树人根本任务，加强教育教学质量监测，探索教科研工作新途径，如促进中小学教育教学质量稳步提升。打造"特色"学校，全面提高教育教学水平。实施普通高中课程改革建设与成果推广机制、推进实验教学、利用现代信息技术改进教学方式、探索人工智能教育、提高课堂教学效果、创新人才培养模式。推进学校在教学常规、课堂教学、实验和实践教学、校本研训、考试评价、复习备考等精细化管理实施。

充分利用现行"互联网+"时代的教育,为乡村地区的学生提供平等、开放的远程教育平台,缩小城乡、校际之间的教育资源差距。支教教师可以在所属学校或者在家给受助学生上课,解决路途遥远、成本过高等影响自身教学质量的问题。远程教学还可以突破班级授课的限制,一个教师可以同时担任数个学校的支教教师,扩大乡村学校助教面。"县域"财政可从帮扶资金中拿出一部分设立专项经费,在已建好的录播教室的基础上,继续兴建录播教室,形成县域录播教室系统,为乡镇学校的远程教学系统提供保障。

落实属地招生政策,扩大优质普通高中招生名额定向分配至初中学校的比例,确保每一所乡村初中及薄弱初中都有一定比例学生被录取到优质普通高中。推进普通高中育人方式改革,突出德育时代性,强化综合素质培养,拓宽综合实践渠道,实施"空中课堂",实现优质教育资源共享,提升乡村地区普通高中教育教学质量和办学水平。提升学前教育保教质量。遵循幼儿身心发展特点和规律、坚持保育与教育相结合。以游戏作为基本活动形式、纠正学前教育"小学化"倾向、促进儿童健康快乐成长。关注幼儿学习与发展的整体性、培养幼儿的基本社会常识、团体意识及动手能力、自理能力等、充分尊重幼儿发展个体差异、支持幼儿主动探索、合作交流和表达表现。加强普通高中与中等职业教育渗透融通,探索发展以专项技能培养为主的综合高中或普职融通班。加强对学生理想、心理、学习、生活和生涯规划等方面指导,帮助学生更好适应高中学习生活。如深入推进课程改革、推进培养模式多样化、提高职业教育质量。推进规范化的城乡文化技术学校、综合性小区学校和职业培训机构建设、建立多层次、多形式、多门类的灵活开放终身教育体系。

九 教育振兴乡村路径优化

当前,乡村教育振兴以习近平新时代中国特色社会主义思想为指导,全面贯彻党的十九大和十九届历次全会以及二十大精神,深刻认识乡村教育是"优先发展农业农村"和"优先发展教育事业"两个"优先发展"的重要结合点,将巩固拓展教育脱贫攻坚成果放在突出位置,保持教育帮扶政策总体稳定，有效对接农村低收入人口和欠发达地区帮扶机制，全面振兴乡村教育、推动教育振兴乡村，为全方位推进高质量发展超越、全面加快新发展阶段建设贡献教育力量。具体为：

一是确立乡村教育振兴的工作目标：即全面落实过渡期要求，以延续优化帮扶政策、实现乡村教育振兴、推动教育振兴乡村三大任务为重点，从集中资源支持教育脱贫攻坚转向巩固拓展教育脱贫攻坚成果和全面推进乡村振兴，办好人民满意的乡村教育，提升教育服务乡村振兴的能力和水平。实现教育脱贫攻坚成果巩固拓展，稳步提高乡村教育普及水平，夯实乡村教育高质量发展基础，健全乡村家庭经济困难学生教育帮扶机制，缩小城乡教育差距，提升教育服务乡村振兴的能力和水平，基本形成乡村教育振兴和教育振兴乡村的良性循环。

二是坚持乡村教育振兴的基本原则，稳定过渡。过渡期内严格落实"四个不摘"要求，对现有教育帮扶政策分类进行延续、优化、调整，确保政策连续性，做好教育兜底保障。坚持统筹推进，发挥教育系统优势，提升教育振兴乡村能力，推动形成乡村教育振兴和教育振兴乡村"双促进，双循环"的工作格局。坚持育人为本，坚持扶志与扶智相结合，突出教育的立德树人导向，培养自立自强、向善向上的高素质人才，以教育阻断贫困代际传递。

三是推动教育振兴乡村。主动衔接脱贫地区乡村振兴战略需求，发挥教育系统人才优势和教育服务支撑功能，提升教育服务乡村振兴能力。继续做好高校招生专项计划工作。实施省重点高校地方专项招生计划，对专项计划实施区域（原贫困县）符合条件的普通类本科批录取控制分数线的考生仍执行倾斜照顾政策，单列招生计划、单独招生批次、单独组织录取。实施原建档立卡贫困家庭毕业生"专升本专项计划"，对建档立卡贫困家庭学生报考专升本，单列招生计划、单独组织录取。

四是加强乡村振兴人才培养。扩大基层服务项目计划规模，在"一村一名大学生"计划基础上，升级打造"乡村振兴人才培养计划"，持续做好"三支一扶""服务小区计划"等基层服务项目计划。推进"新农科"建设，加大涉农高校、涉农学科专业建设力度，调整优化学科专业结构，升级改造现有涉农学科专业，支持高校开设乡村振兴相关专业，构筑新型农科专业人才培养体系。鼓励青年大学生自主创业创新，吸纳具有较强经营意识的"一村一名大学生"进入农村各类经济合作组织、家庭农场工作，打造一批具有专业技能的新型农民。发挥乡村振兴人才培养优质校引领作用，培育高素质职业农民，会同省级农业农村部门实施高素质农民学历提升工程。探索产教融合、校企合作、工学结合的学历继续教育新模式，鼓励高校广泛参与农民工学历提升计划，会同省级总工会开展农民工"求学圆梦行动"，帮助农民工学员提升学历、提高就业能力。

五是发挥高校智力帮扶优势作用。配合做好科技特派员选认工作，围绕脱贫地区主导产业和科技人才需求，选派高校优秀专家及团队下乡。推动高校发挥学科、人才、技术优势，主动对接乡村振兴产业发展需要，深化校地、校校、校企合作，培养应用型、复合型人才，推进面向农村农业的科技创新与成果转化。立项建设若干面向农村农业的高科技创新平台，加强平台建设和运行管理。

六是加强民族和西部地区人才培养。继续实施面向西部民族地区倾斜招生，落实高校民族预科及脱贫地区民族专项招生计划，加大师范类、医学类等急需紧缺人才培养力度。落实国家少数民族高层次骨干人才培养计划，加强民族地区高层次人才培养，提高人才培养和人才需求契合度。发挥乡村学校校长和教师这一乡村教育发展主力军的作用，依靠其实施乡村教育振兴战略，为其聚力赋能。支持乡村学校整体提升的同时，通过简政放权、典型培育、联盟结对、评选表彰、评价改革等措施，努力为乡村学校营造宽松、自主的发展环境，调动和激发基层乡村学校的创新热情，用乡村教育的内生力量实现自我发展和振兴。

七是加强组织领导。做好巩固拓展教育脱贫攻坚成果同全面推进乡村振兴在工作力量、组织机构、要素保障方面的有机结合，做到"一盘棋、一体化"推进。按照省负总责、市县乡级抓落实的要求，建立健全省级巩固拓展教育脱贫攻坚同乡村振兴有效衔接的工作推进机制，形成责任清晰、各负其责、执行有力的工作体系。

八是完善政策保障。优化教育财政支出重点，聚焦支持脱贫地区巩固拓展教育脱贫攻坚成果和乡村振兴，适当向原省级扶贫开发工作重点县倾斜。落实巩固拓展教育脱贫攻坚成果同乡村振兴有效衔接的重大举措、重大工程项目等教育事业"十四五"期间重点工作任务。

九是强化考核督查。省级教育厅、乡村振兴局进一步优化对各级党委政府实现巩固拓展教育脱贫攻坚成果同乡村振兴有效衔接考核指标设置，对各级督查考核中发现的问题，及时研究，积极解决，推动各项政策举措落实落地。省级教育行政部门和各级各类学校需要扎实推进各项具体工作，做出经得起历史和人民检验的工作成效。

十是强化乡村人才供给、实施新型职业农民培育工程和农村实用人才带头人素质提升计划、发挥好职业教育和成人教育在服务乡村振兴战略中的重要作用、培养一批高素质现代农民。当前我国职业农民的教育培训还处于初级阶段。农村中、青年农民多数外出务工，组织群众开展培训工作难度大，加上在家务农人员文化水平低，集中培训效果不尽理想，因此，绝大多数的职业农民还未取得一种以上的农业特有工种职业资格证书。需要重视发展职业教育。如要大力发展服务区域特色优势产业和基本公共服务的现代职业教育。如重点支持一批社会有需求、办学有质量、就业有保障的特色优势专业，更好满足区域产业发展对技术技能人才的需求。需要重视传承创新民族文化、民族技艺。如重点支持一批体现本地民族文化特点、具有产业化前景的民间传统技艺专业。

做强做特职业教育。如主动对接新产业、新技术、新业态发展需求、完善职业教育和培训体系、深化办学体制改革和育人机制改革、优化专业布局、以促进就业和适应产业发展需求为导向、深化校内实训基地和校外实习基地建设、推进职业学校、实训基地、联合培养基地有机融合、着力培养高素质劳动者和技术技能人才。深化产教融合、校企合作、推动产业与骨干职业院校协同育人、探索引校进厂、引厂进校等校企一体化的合作形式、大力推广订单培养、顶岗实习、现代学徒制等技术技能人才培养培训模式。

十一是促进乡村基础教育发展。乡村教育振兴战略实施需要与老区苏区教师教育事业发展协同，从而促进老区苏区与全国同步基本实现社会主义现代化，因此，需要从办学层次提升、项目安排优先及政策资金倾斜等方面给予该类地区师范院校支持。支持其办学层次提升，提高乡村基础教育振兴能力。实际上，国家发展改革委在"十三五"期间支持师范院校建设，重点加强师范院校办学能力和学科建设，整体提升师范院校和师范专业办学水平。2018年《中共中央国务院关于全面深化新时代教师队伍建设改革的意见》

也提出，支持高水平、有特色的教师教育院校健全教师培养体系；① 教育部等五部门还印发了《教师教育振兴行动计划（2018—2022年）》，该文件提出深入实施"卓越教师培养计划"，建设一流师范院校；② 2018年教育部印发的《教育部关于实施卓越教师培养计划2.0的意见》提出，加强教师教育学科建设，完善学位授权点布局，教育学硕士、教育学博士授予单位及授权点向师范院校倾斜。③ 当前我国老区苏区师范大学大多为地方师范院校且具有发展特色，需要教育部加大推动上述相关政策制度倾斜支持该类大学发展教育学硕士点与博士点，推动其提升办学层次，培养更多乡村基础教育振兴卓越教师，引领老区苏区教师教育改革发展。在优先支持相关项目安排，服务乡村基础教育振兴方面，具体可如下：一是统筹安排教科研项目。该类大学为老区苏区乡村振兴提供智力支持和人才保障，发展该类大学是补齐老区苏区教育公共服务发展短板。需要相关国家部委在高级别教科研项目及高层次教科研平台布局等方面向该类大学倾斜支持；需要出台扶持该类大学发展的政策制度，如针对该类大学出台高层次人才引进、培养及队伍建设等倾斜性人才项目政策，破解该类大学发展的人才难题。同时，需要依托教育部一流专业建设"双万计划"，倾斜支持认定该类大学教育相关专业列入国家级一流专业建设点，提升学校专业建设整体水平及基础教育人才培养质量，发挥该类大学"师范优势"在老区苏区教师教育领域的引领作用。二是统筹纳入卓越教师培训相关计划。我国教师"国培""省培"计划及乡村优秀青年教师培养奖励计划大部分用于扶持老区苏区振兴，需要将该类大学统筹纳入上述相关计划，承接相应的计划业务。倾斜支持相关政策资金，保障乡村基础教育振兴经费。三是需要享有部属本科院校同等政策待遇。部属高校自2018年实施"师范生公费教育政策"，即在实施部属高校本科生均拨款的基础上，提高师范生生均拨款标准，将公费师范生毕业班学生实习补助政策拓展至所有师范专业毕

---

① 《中共中央 国务院关于全面深化新时代教师队伍建设改革的意见》，http：//www.moe.gov.cn/jyb_ xwfb/moe_ 1946/fj_ 2018/201801/t20180131-326148.html.

② 《教师教育振兴行动计划（2018—2022年）》，http：//bxsx.hue.edu.cn/2019/09/9/c/3283a76231/page.htm.

③ 《教育部关于实施卓越教师培养计划2.0的意见》，http：//www.moe.gov.cn/srcsite/A10/S7011/201810/t20181010_ 350998.html.

业班学生。同时，在分配部属高校改善基本办学条件、部属高校捐赠配比等专项资金方面向师范院校倾斜。该类大学大多为省属本科师范院校，在发展建设中难以享受部属本科院校乃至985工程院校、211工程高校等类型高校相关政策支持。四是需要获得政策资金倾斜支持。目前，中央财政对地方高校主要通过"支持地方高校改革发展资金"予以统筹支持，引导各地逐步提高地方高校生均拨款水平，各地根据当地实际统筹用于师范院校建设和师范生培养，健全地方师范生公费教育政策体系，探索免费培养、到岗退费、学费补偿和国家助学贷款代偿等多种方式，开展地方师范生公费教育，省级人民政府负责制定具体办法，地方财政统筹落实所需经费。该类大学在建设发展中具有较大经费需求，"支持地方高校改革发展资金"向该类大学倾斜支持，缓解该类大学建设发展普遍面临的经费不足问题。五是需要建成一批国家师范教育基地，形成一批可复制可推广的教师队伍建设改革经验，培养一批硕士层次中小学教师和教育领军人才。需要完善部属师范大学示范、地方师范院校为主体的农村教师培养支持服务体系，为中西部欠发达地区定向培养一批优秀中小学教师。稳步提高师范生生源质量，逐步缓解欠发达地区中小学教师紧缺情况，保障教师培训实现专业化、标准化，显著提升教师队伍管理服务水平。

附录一　访谈提纲

一　政府教育、扶贫等相关部门工作人员访谈提纲

（一）教育局部门振兴乡村教育情况

1. 您单位在振兴乡村学前、义务、高中、职业等教育中，具体在师资建设、质量管理以及学生帮扶等制度建设工作中，实施哪些措施？

2. 您单位在振兴乡村学前、义务、高中、职业等教育中，具体在师资建设、质量管理以及学生帮扶等制度建设工作中，取得了哪些成效？

3. 您单位在振兴乡村学前、义务、高中、职业等教育中，具体在师资建设、质量管理以及学生帮扶等制度建设工作中，存在哪些问题？

4. 您对乡村学前、义务、高中、职业等教育中的师资建设、质量管理以及学生帮扶等制度建设工作，有哪些意见或者建议？

5. 您单位近年在振兴乡村学前、义务、高中、职业等教育中，在制度落实监督和管理方面，实施了哪些措施？

6. 您单位近年在振兴乡村学前、义务、高中、职业等教育中，在制度落实监督和管理方面，取得了哪些成效？

7. 您单位近年在振兴乡村学前、义务、高中、职业等教育中，在制度落实监督和管理方面，存在哪些问题？

8. 您对振兴乡村学前、义务、高中、职业等教育的制度落实监督和管理等工作，有哪些意见或者建议？

（二）扶贫办或乡村振兴局振兴乡村教育情况

1. 您部门在参与乡村学前、义务、高中、职业教育振兴中，主要开展了哪些工作？

2. 您部门在参与乡村学前、义务、高中、职业教育振兴中，取得了哪些成效？

3. 您部门在参与乡村学前、义务、高中、职业等教育振兴中，存在哪些问题？

4. 您对当前乡村学前、义务、高中、职业等教育振兴，有哪些建议或者意见？

二 乡村学校工作人员访谈提纲

（一）各级各类乡村学校管理人员参与乡村教育振兴情况

1. 您单位在振兴乡村教育中，对设施设备建设方面主要实施哪些做法或措施，取得了哪些成效，存在哪些问题？

2. 您单位在振兴乡村教育中，在师资建设方面主要实施了哪些措施，取得了哪些成效，存在哪些问题？

3. 您单位在振兴乡村教育中，在学生帮扶方面主要实施了哪些措施，取得了哪些成效，主要面临哪些问题或者困难？

4. 您对当前乡村学前、义务、高中、职业等教育振兴，有哪些建议或者建议？

（二）各级各类乡村学校教师参与乡村教育振兴情况

1. 您对当前乡村教育振兴满意度如何，您有哪些看法？

2. 您在振兴乡村教育中，主要开展了哪些工作，取得了哪些成效，面临哪些问题？

3. 您对当前乡村学前、义务、高中、职业等教育振兴，在教师待遇保障、教学能力水平等方面，有哪些意见或者建议？

三 乡村教育振兴学生及其家长访谈提纲

（一）各级各类乡村教育振兴学生参与情况

1. 您在乡村学校就读中，对学校的师资、基础设施设备、教学质量等方面的看法如何？

2. 您在乡村学校就读中，在学习、经济等方面是否存在一些问题？您对乡村教育振兴满意度如何？

3. 您对乡村学前、义务、高中、职业等教育振兴，在学生培养方面有哪些对策或者建议？

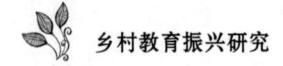

(二) 乡村教育振兴家长参与情况

1. 您对子女在乡村学校就读的学习及生活的情况满意吗？

2. 您对当前我国乡村教育振兴的评价如何？

3. 您平时关心子女在乡村学校就读的成绩等情况吗？

4. 您对当前我国乡村学前、义务、高中、职业等教育振兴，有哪些对策或者建议？

附录二 《中华人民共和国义务教育法》

第一章 总则

第一条 为了保障适龄儿童、少年接受义务教育的权利,保证义务教育的实施,提高全民族素质,根据宪法和教育法,制定本法。

第二条 国家实行九年义务教育制度。

义务教育是国家统一实施的所有适龄儿童、少年必须接受的教育,是国家必须予以保障的公益性事业。实施义务教育,不收学费、杂费。国家建立义务教育经费保障机制,保证义务教育制度实施。

第三条 义务教育必须贯彻国家的教育方针,实施素质教育,提高教育质量,使适龄儿童、少年在品德、智力、体质等方面全面发展,为培养有理想、有道德、有文化、有纪律的社会主义建设者和接班人奠定基础。

第四条 凡具有中华人民共和国国籍的适龄儿童、少年,不分性别、民族、种族、家庭财产状况、宗教信仰等,依法享有平等接受义务教育的权利,并履行接受义务教育的义务。

第五条 各级人民政府及其有关部门应当履行本法规定的各项职责,保障适龄儿童、少年接受义务教育的权利。适龄儿童、少年的父母或者其他法定监护人应当依法保证其按时入学接受并完成义务教育。依法实施义务教育的学校应当按照规定标准完成教育教学任务,保证教育教学质量。社会组织和个人应当为适龄儿童、少年接受义务教育创造良好的环境。

第六条 国务院和县级以上地方人民政府应当合理配置教育资源,促进义务教育均衡发展,改善薄弱学校的办学条件,并采取措施,保障农村地区、民族地区实施义务教育,保障家庭经济困难的和残疾的适龄儿童、少年接受义务教育。国家组织和鼓励经济发达地区支援经济欠发达地区实施义务教育。

第七条 义务教育实行国务院领导，省、自治区、直辖市人民政府统筹规划实施，县级人民政府为主管理的体制。县级以上人民政府教育行政部门具体负责义务教育实施工作；县级以上人民政府其他有关部门在各自的职责范围内负责义务教育实施工作。

第八条 人民政府教育督导机构对义务教育工作执行法律法规情况、教育教学质量以及义务教育均衡发展状况等进行督导，督导报告向社会公布。

第九条 任何社会组织或者个人有权对违反本法的行为向有关国家机关提出检举或者控告。发生违反本法的重大事件，妨碍义务教育实施，造成重大社会影响的，负有领导责任的人民政府或者人民政府教育行政部门负责人应当引咎辞职。

第十条 对在义务教育实施工作中做出突出贡献的社会组织和个人，各级人民政府及其有关部门按照有关规定给予表彰、奖励。

第二章 学 生

第十一条 凡年满六周岁的儿童，其父母或者其他法定监护人应当送其入学接受并完成义务教育；条件不具备的地区的儿童，可以推迟到七周岁。

适龄儿童、少年因身体状况需要延缓入学或者休学的，其父母或者其他法定监护人应当提出申请，由当地乡镇人民政府或者县级人民政府教育行政部门批准。

第十二条 适龄儿童、少年免试入学。地方各级人民政府应当保障适龄儿童、少年在户籍所在地学校就近入学。父母或者其他法定监护人在非户籍所在地工作或者居住的适龄儿童、少年，在其父母或者其他法定监护人工作或者居住地接受义务教育的，当地人民政府应当为其提供平等接受义务教育的条件。具体办法由省、自治区、直辖市规定。县级人民政府教育行政部门对本行政区域内的军人子女接受义务教育予以保障。

第十三条 县级人民政府教育行政部门和乡镇人民政府组织和督促适龄儿童、少年入学，帮助解决适龄儿童、少年接受义务教育的困难，采取措施防止适龄儿童、少年辍学。居民委员会和村民委员会协助政府做好工作，督促适龄儿童、少年入学。

第十四条 禁止用人单位招用应当接受义务教育的适龄儿童、少年。根据国家有关规定经批准招收适龄儿童、少年进行文艺、体育等专业训练的社会组织，应当保证所招收的适龄儿童、少年接受义务教育；自行实施义务教育的，应当经县级人民政府教育行政部门批准。

第三章　学　校

第十五条 县级以上地方人民政府根据本行政区域内居住的适龄儿童、少年的数量和分布状况等因素，按照国家有关规定，制定、调整学校设置规划。新建居民区需要设置学校的，应当与居民区的建设同步进行。

第十六条 学校建设，应当符合国家规定的办学标准，适应教育教学需要；应当符合国家规定的选址要求和建设标准，确保学生和教职工安全。

第十七条 县级人民政府根据需要设置寄宿制学校，保障居住分散的适龄儿童、少年入学接受义务教育。

第十八条 国务院教育行政部门和省、自治区、直辖市人民政府根据需要，在经济发达地区设置接收少数民族适龄儿童、少年的学校（班）。

第十九条 县级以上地方人民政府根据需要设置相应的实施特殊教育的学校（班），对视力残疾、听力语言残疾和智力残疾的适龄儿童、少年实施义务教育。特殊教育学校（班）应当具备适应残疾儿童、少年学习、康复、生活特点的场所和设施。普通学校应当接收具有接受普通教育能力的残疾适龄儿童、少年随班就读，并为其学习、康复提供帮助。

第二十条 县级以上地方人民政府根据需要，为具有预防未成年人犯罪法规定的严重不良行为的适龄少年设置专门的学校实施义务教育。

第二十一条 对未完成义务教育的未成年犯和被采取强制性教育措施的未成年人应当进行义务教育，所需经费由人民政府予以保障。

第二十二条 县级以上人民政府及其教育行政部门应当促进学校均衡发展，缩小学校之间办学条件的差距，不得将学校分为重点学校和非重点学校。学校不得分设重点班和非重点班。县级以上人民政府及其教育行政部门不得以任何名义改变或者变相改变公办学校的性质。

第二十三条 各级人民政府及其有关部门依法维护学校周边秩序，保护学生、教师、学校的合法权益，为学校提供安全保障。

第二十四条 学校应当建立、健全安全制度和应急机制，对学生进行安全教育，加强管理，及时消除隐患，预防发生事故。县级以上地方人民政府定期对学校校舍安全进行检查；对需要维修、改造的，及时予以维修、改造。学校不得聘用曾经因故意犯罪被依法剥夺政治权利或者其他不适合从事义务教育工作的人担任工作人员。

第二十五条　学校不得违反国家规定收取费用，不得以向学生推销或者变相推销商品、服务等方式谋取利益。

第二十六条　学校实行校长负责制。校长应当符合国家规定的任职条件。校长由县级人民政府教育行政部门依法聘任。

第二十七条　对违反学校管理制度的学生，学校应当予以批评教育，不得开除。

第四章　教师

第二十八条　教师享有法律规定的权利，履行法律规定的义务，应当为人师表，忠诚于人民的教育事业。全社会应当尊重教师。

第二十九条　教师在教育教学中应当平等对待学生，关注学生的个体差异，因材施教，促进学生的充分发展。教师应当尊重学生的人格，不得歧视学生，不得对学生实施体罚、变相体罚或者其他侮辱人格尊严的行为，不得侵犯学生合法权益。

第三十条　教师应当取得国家规定的教师资格。国家建立统一的义务教育教师职务制度。教师职务分为初级职务、中级职务和高级职务。

第三十一条　各级人民政府保障教师工资福利和社会保险待遇，改善教师工作和生活条件；完善农村教师工资经费保障机制。教师的平均工资水平应当不低于当地公务员的平均工资水平。特殊教育教师享有特殊岗位补助津贴。在民族地区和边远贫困地区工作的教师享有艰苦贫困地区补助津贴。

第三十二条　县级以上人民政府应当加强教师培养工作，采取措施发展教师教育。

县级人民政府教育行政部门应当均衡配置本行政区域内学校师资力量，组织校长、教师的培训和流动，加强对薄弱学校的建设。

第三十三条　国务院和地方各级人民政府鼓励和支持城市学校教师和高等学校毕业生到农村地区、民族地区从事义务教育工作。国家鼓励高等学校毕业生以志愿者的方式到农村地区、民族地区缺乏教师的学校任教。县级人民政府教育行政部门依法认定其教师资格，其任教时间计入工龄。

第五章 教育教学

第三十四条 教育教学工作应当符合教育规律和学生身心发展特点，面向全体学生，教书育人，将德育、智育、体育、美育等有机统一在教育教学活动中，注重培养学生独立思考能力、创新能力和实践能力，促进学生全面发展。

第三十五条 国务院教育行政部门根据适龄儿童、少年身心发展的状况和实际情况，确定教学制度、教育教学内容和课程设置，改革考试制度，并改进高级中等学校招生办法，推进实施素质教育。学校和教师按照确定的教育教学内容和课程设置开展教育教学活动，保证达到国家规定的基本质量要求。

国家鼓励学校和教师采用启发式教育等教育教学方法，提高教育教学质量。

第三十六条 学校应当把德育放在首位，寓德育于教育教学之中，开展与学生年龄相适应的社会实践活动，形成学校、家庭、社会相互配合的思想道德教育体系，促进学生养成良好的思想品德和行为习惯。

第三十七条 学校应当保证学生的课外活动时间，组织开展文化娱乐等课外活动。社会公共文化体育设施应当为学校开展课外活动提供便利。

第三十八条 教科书根据国家教育方针和课程标准编写，内容力求精简，精选必备的基础知识、基本技能，经济实用，保证质量。国家机关工作人员和教科书审查人员，不得参与或者变相参与教科书的编写工作。

第三十九条 国家实行教科书审定制度。教科书的审定办法由国务院教育行政部门规定。未经审定的教科书，不得出版、选用。

第四十条 教科书价格由省、自治区、直辖市人民政府价格行政部门会同同级出版主管部门按照微利原则确定。

第四十一条 国家鼓励教科书循环使用。

第六章 经费保障

第四十二条 国家将义务教育全面纳入财政保障范围，义务教育经费由国务院和地方各级人民政府依照本法规定予以保障。国务院和地方各级人民政府将义务教育经费纳入财政预算，按照教职工编制标准、工资标准和学校建设标准、学生人均公用经费标准等，及时足额拨付义务教育经费，确保学校的正常运转和校舍安全，确保教职工工资按照规定发放。国务院和地方各级人民政府用于实施义务教育财政拨款的增长比例应当高于财政经常性收入的增长比例，保证按照在校学生人数平均的义务教育费用逐步增长，保证教职工工资和学生人均公用经费逐步增长。

第四十三条 学校的学生人均公用经费基本标准由国务院财政部门会同教育行政部门制定，并根据经济和社会发展状况适时调整。制定、调整学生人均公用经费基本标准，应当满足教育教学基本需要。省、自治区、直辖市人民政府可以根据本行政区域的实际情况，制定不低于国家标准的学校学生人均公用经费标准。

特殊教育学校（班）学生人均公用经费标准应当高于普通学校学生人均公用经费标准。

第四十四条 义务教育经费投入实行国务院和地方各级人民政府根据职责共同负担，省、自治区、直辖市人民政府负责统筹落实的体制。农村义务教育所需经费，由各级人民政府根据国务院的规定分项目、按比例分担。

各级人民政府对家庭经济困难的适龄儿童、少年免费提供教科书并补助寄宿生生活费。义务教育经费保障的具体办法由国务院规定。

第四十五条 地方各级人民政府在财政预算中将义务教育经费单列。

县级人民政府编制预算，除向农村地区学校和薄弱学校倾斜外，应当均衡安排义务教育经费。

第四十六条 国务院和省、自治区、直辖市人民政府规范财政转移支付制度，加大一般性转移支付规模和规范义务教育专项转移支付，支持和引导地方各级人民政府增加对义务教育的投入。地方各级人民政府确保将上级人民政府的义务教育转移支付资金按照规定用于义务教育。

第四十七条 国务院和县级以上地方人民政府根据实际需要，设立专项资金，扶持农村地区、民族地区实施义务教育。

第四十八条 国家鼓励社会组织和个人向义务教育捐赠，鼓励按照国家有关基金会管理的规定设立义务教育基金。

第四十九条 义务教育经费严格按照预算规定用于义务教育；任何组织和个人不得侵占、挪用义务教育经费，不得向学校非法收取或者摊派费用。

第五十条 县级以上人民政府建立健全义务教育经费的审计监督和统计公告制度。

第七章 法律责任

第五十一条 国务院有关部门和地方各级人民政府违反本法第六章的规定，未履行对义务教育经费保障职责的，由国务院或者上级地方人民政府责令限期改正；情节严重的，对直接负责的主管人员和其他直接责任人员依法给予行政处分。

第五十二条 县级以上地方人民政府有下列情形之一的，由上级人民政府责令限期改正；情节严重的，对直接负责的主管人员和其他直接责任人员依法给予行政处分：

（一）未按照国家有关规定制定、调整学校的设置规划的；

（二）学校建设不符合国家规定的办学标准、选址要求和建设标准的；

（三）未定期对学校校舍安全进行检查，并及时维修、改造的；

（四）未依照本法规定均衡安排义务教育经费的。

第五十三条 县级以上人民政府或者其教育行政部门有下列情形之一的，由上级人民政府或者其教育行政部门责令限期改正、通报批评；情节严重的，对直接负责的主管人员和其他直接责任人员依法给予行政处分：

（一）将学校分为重点学校和非重点学校的；

（二）改变或者变相改变公办学校性质的。

县级人民政府教育行政部门或者乡镇人民政府未采取措施组织适龄儿童、少年入学或者防止辍学的，依照前款规定追究法律责任。

第五十四条 有下列情形之一的，由上级人民政府或者上级人民政府教育行政部门、财政部门、价格行政部门和审计机关根据职责分工责令限期改正；情节严重的，对直接负责的主管人员和其他直接责任人员依法给予处分：

（一）侵占、挪用义务教育经费的；

（二）向学校非法收取或者摊派费用的。

第五十五条 学校或者教师在义务教育工作中违反教育法、教师法规定的，依照教育法、教师法的有关规定处罚。

第五十六条 学校违反国家规定收取费用的，由县级人民政府教育行政部门责令退还所收费用；对直接负责的主管人员和其他直接责任人员依法给予处分。

学校以向学生推销或者变相推销商品、服务等方式谋取利益的，由县级人民政府教育行政部门给予通报批评；有违法所得的，没收违法所得；对直接负责的主管人员和其他直接责任人员依法给予处分。

国家机关工作人员和教科书审查人员参与或者变相参与教科书编写的，由县级以上人民政府或者其教育行政部门根据职责权限责令限期改正，依法给予行政处分；有违法所得的，没收违法所得。

第五十七条 学校有下列情形之一的，由县级人民政府教育行政部门责令限期改正；情节严重的，对直接负责的主管人员和其他直接责任人员依法给予处分：

（一）拒绝接收具有接受普通教育能力的残疾适龄儿童、少年随班就读的；

（二）分设重点班和非重点班的；

（三）违反本法规定开除学生的；

（四）选用未经审定的教科书的。

第五十八条 适龄儿童、少年的父母或者其他法定监护人无正当理由未依照本法规定送适龄儿童、少年入学接受义务教育的，由当地乡镇人民政府或者县级人民政府教育行政部门给予批评教育，责令限期改正。

第五十九条 有下列情形之一的，依照有关法律、行政法规的规定予以处罚：

（一）胁迫或者诱骗应当接受义务教育的适龄儿童、少年失学、辍学的；

（二）非法招用应当接受义务教育的适龄儿童、少年的；

（三）出版未经依法审定的教科书的。

第六十条 违反本法规定，构成犯罪的，依法追究刑事责任。

第八章 附 则

第六十一条 对接受义务教育的适龄儿童、少年不收杂费的实施步骤，由国务院规定。

第六十二条 社会组织或者个人依法举办的民办学校实施义务教育的,依照民办教育促进法有关规定执行;民办教育促进法未作规定的,适用本法。

第六十三条 本法自2006年9月1日起施行。

附录三 《中华人民共和国家庭教育促进法》

第一章 总则

第一条 为了发扬中华民族重视家庭教育的优良传统，引导全社会注重家庭、家教、家风，增进家庭幸福与社会和谐，培养德智体美劳全面发展的社会主义建设者和接班人，制定本法。

第二条 本法所称家庭教育，是指父母或者其他监护人为促进未成年人全面健康成长，对其实施的道德品质、身体素质、生活技能、文化修养、行为习惯等方面的培育、引导和影响。

第三条 家庭教育以立德树人为根本任务，培育和践行社会主义核心价值观，弘扬中华民族优秀传统文化、革命文化、社会主义先进文化，促进未成年人健康成长。

第四条 未成年人的父母或者其他监护人负责实施家庭教育。国家和社会为家庭教育提供指导、支持和服务。国家工作人员应当带头树立良好家风，履行家庭教育责任。

第五条 家庭教育应当符合以下要求：

（一）尊重未成年人身心发展规律和个体差异；

（二）尊重未成年人人格尊严，保护未成年人隐私权和个人信息，保障未成年人合法权益；

（三）遵循家庭教育特点，贯彻科学的家庭教育理念和方法；

（四）家庭教育、学校教育、社会教育紧密结合、协调一致；

（五）结合实际情况采取灵活多样的措施。

第六条 各级人民政府指导家庭教育工作，建立健全家庭学校社会协同育人机制。县级以上人民政府负责妇女儿童工作的机构，组织、协调、指导、督促有关部门做好家庭教育工作。

教育行政部门、妇女联合会统筹协调社会资源，协同推进覆盖城乡的家庭教育指导服务体系建设，并按照职责分工承担家庭教育工作的日常事务。

县级以上精神文明建设部门和县级以上人民政府公安、民政、司法行政、人力资源和社会保障、文化和旅游、卫生健康、市场监督管理、广播电视、体育、新闻出版、网信等有关部门在各自的职责范围内做好家庭教育工作。

第七条 县级以上人民政府应当制定家庭教育工作专项规划，将家庭教育指导服务纳入城乡公共服务体系和政府购买服务目录，将相关经费列入财政预算，鼓励和支持以政府购买服务的方式提供家庭教育指导。

第八条 人民法院、人民检察院发挥职能作用，配合同级人民政府及其有关部门建立家庭教育工作联动机制，共同做好家庭教育工作。

第九条 工会、共产主义青年团、残疾人联合会、科学技术协会、关心下一代工作委员会以及居民委员会、村民委员会等应当结合自身工作，积极开展家庭教育工作，为家庭教育提供社会支持。

第十条 国家鼓励和支持企业事业单位、社会组织及个人依法开展公益性家庭教育服务活动。

第十一条 国家鼓励开展家庭教育研究，鼓励高等学校开设家庭教育专业课程，支持师范院校和有条件的高等学校加强家庭教育学科建设，培养家庭教育服务专业人才，开展家庭教育服务人员培训。

第十二条 国家鼓励和支持自然人、法人和非法人组织为家庭教育事业进行捐赠或者提供志愿服务，对符合条件的，依法给予税收优惠。

国家对在家庭教育工作中做出突出贡献的组织和个人，按照有关规定给予表彰、奖励。

第十三条 每年 5 月 15 日国际家庭日所在周为全国家庭教育宣传周。

第二章 家庭责任

第十四条 父母或者其他监护人应当树立家庭是第一个课堂、家长是第一任老师的责任意识，承担对未成年人实施家庭教育的主体责任，用正确思想、方法和行为教育未成年人养成良好思想、品行和习惯。

共同生活的具有完全民事行为能力的其他家庭成员应当协助和配合未成年人的父母或者其他监护人实施家庭教育。

第十五条 未成年人的父母或者其他监护人及其他家庭成员应当注重家庭建设，培育积极健康的家庭文化，树立和传承优良家风，弘扬中华民族家庭美德，共同构建文明、和睦的家庭关系，为未成年人健康成长营造良好的家庭环境。

第十六条 未成年人的父母或者其他监护人应当针对不同年龄段未成年人的身心发展特点，以下列内容为指引，开展家庭教育：

（一）教育未成年人爱党、爱国、爱人民、爱集体、爱社会主义，树立维护国家统一的观念，铸牢中华民族共同体意识，培养家国情怀；

（二）教育未成年人崇德向善、尊老爱幼、热爱家庭、勤俭节约、团结互助、诚信友爱、遵纪守法，培养其良好社会公德、家庭美德、个人品德意识和法治意识；

（三）帮助未成年人树立正确的成才观，引导其培养广泛兴趣爱好、健康审美追求和良好学习习惯，增强科学探索精神、创新意识和能力；

（四）保证未成年人营养均衡、科学运动、睡眠充足、身心愉悦，引导其养成良好生活习惯和行为习惯，促进其身心健康发展；

（五）关注未成年人心理健康，教导其珍爱生命，对其进行交通出行、健康上网和防欺凌、防溺水、防诈骗、防拐卖、防性侵等方面的安全知识教育，帮助其掌握安全知识和技能，增强其自我保护的意识和能力；

（六）帮助未成年人树立正确的劳动观念，参加力所能及的劳动，提高生活自理能力和独立生活能力，养成吃苦耐劳的优秀品格和热爱劳动的良好习惯。

第十七条 未成年人的父母或者其他监护人实施家庭教育，应当关注未成年人的生理、心理、智力发展状况，尊重其参与相关家庭事务和发表意见的权利，合理运用以下方式方法：

（一）亲自养育，加强亲子陪伴；

（二）共同参与，发挥父母双方的作用；

（三）相机而教，寓教于日常生活之中；

（四）潜移默化，言传与身教相结合；

（五）严慈相济，关心爱护与严格要求并重；

（六）尊重差异，根据年龄和个性特点进行科学引导；

（七）平等交流，予以尊重、理解和鼓励；

（八）相互促进，父母与子女共同成长；

（九）其他有益于未成年人全面发展、健康成长的方式方法。

第十八条　未成年人的父母或者其他监护人应当树立正确的家庭教育理念，自觉学习家庭教育知识，在孕期和未成年人进入婴幼儿照护服务机构、幼儿园、中小学校等重要时段进行有针对性的学习，掌握科学的家庭教育方法，提高家庭教育的能力。

第十九条　未成年人的父母或者其他监护人应当与中小学校、幼儿园、婴幼儿照护服务机构、社区密切配合，积极参加其提供的公益性家庭教育指导和实践活动，共同促进未成年人健康成长。

第二十条　未成年人的父母分居或者离异的，应当相互配合履行家庭教育责任，任何一方不得拒绝或者怠于履行；除法律另有规定外，不得阻碍另一方实施家庭教育。

第二十一条　未成年人的父母或者其他监护人依法委托他人代为照护未成年人的，应当与被委托人、未成年人保持联系，定期了解未成年人学习、生活情况和心理状况，与被委托人共同履行家庭教育责任。

第二十二条　未成年人的父母或者其他监护人应当合理安排未成年人学习、休息、娱乐和体育锻炼的时间，避免加重未成年人学习负担，预防未成年人沉迷网络。

第二十三条　未成年人的父母或者其他监护人不得因性别、身体状况、智力等歧视未成年人，不得实施家庭暴力，不得胁迫、引诱、教唆、纵容、利用未成年人从事违反法律法规和社会公德的活动。

第三章　国家支持

第二十四条　国务院应当组织有关部门制定、修订并及时颁布全国家庭教育指导大纲。

省级人民政府或者有条件的设区的市级人民政府应当组织有关部门编写或者采用适合当地实际的家庭教育指导读本，制定相应的家庭教育指导服务工作规范和评估规范。

第二十五条　省级以上人民政府应当组织有关部门统筹建设家庭教育信

息化共享服务平台，开设公益性网上家长学校和网络课程，开通服务热线，提供线上家庭教育指导服务。

第二十六条 县级以上地方人民政府应当加强监督管理，减轻义务教育阶段学生作业负担和校外培训负担，畅通学校家庭沟通渠道，推进学校教育和家庭教育相互配合。

第二十七条 县级以上地方人民政府及有关部门组织建立家庭教育指导服务专业队伍，加强对专业人员的培养，鼓励社会工作者、志愿者参与家庭教育指导服务工作。

第二十八条 县级以上地方人民政府可以结合当地实际情况和需要，通过多种途径和方式确定家庭教育指导机构。

家庭教育指导机构对辖区内社区家长学校、学校家长学校及其他家庭教育指导服务站点进行指导，同时开展家庭教育研究、服务人员队伍建设和培训、公共服务产品研发。

第二十九条 家庭教育指导机构应当及时向有需求的家庭提供服务。

对于父母或者其他监护人履行家庭教育责任存在一定困难的家庭，家庭教育指导机构应当根据具体情况，与相关部门协作配合，提供有针对性的服务。

第三十条 设区的市、县、乡级人民政府应当结合当地实际采取措施，对留守未成年人和困境未成年人家庭建档立卡，提供生活帮扶、创业就业支持等关爱服务，为留守未成年人和困境未成年人的父母或者其他监护人实施家庭教育创造条件。

教育行政部门、妇女联合会应当采取有针对性的措施，为留守未成年人和困境未成年人的父母或者其他监护人实施家庭教育提供服务，引导其积极关注未成年人身心健康状况、加强亲情关爱。

第三十一条 家庭教育指导机构开展家庭教育指导服务活动，不得组织或者变相组织营利性教育培训。

第三十二条 婚姻登记机构和收养登记机构应当通过现场咨询辅导、播放宣传教育片等形式，向办理婚姻登记、收养登记的当事人宣传家庭教育知识，提供家庭教育指导。

第三十三条 儿童福利机构、未成年人救助保护机构应当对本机构安排的寄养家庭、接受救助保护的未成年人的父母或者其他监护人提供家庭教育指导。

第三十四条 人民法院在审理离婚案件时，应当对有未成年子女的夫妻双方提供家庭教育指导。

第三十五条 妇女联合会发挥妇女在弘扬中华民族家庭美德、树立良好家风等方面的独特作用，宣传普及家庭教育知识，通过家庭教育指导机构、社区家长学校、文明家庭建设等多种渠道组织开展家庭教育实践活动，提供家庭教育指导服务。

第三十六条 自然人、法人和非法人组织可以依法设立非营利性家庭教育服务机构。

县级以上地方人民政府及有关部门可以采取政府补贴、奖励激励、购买服务等扶持措施，培育家庭教育服务机构。

教育、民政、卫生健康、市场监督管理等有关部门应当在各自职责范围内，依法对家庭教育服务机构及从业人员进行指导和监督。

第三十七条 国家机关、企业事业单位、群团组织、社会组织应当将家风建设纳入单位文化建设，支持职工参加相关的家庭教育服务活动。

文明城市、文明村镇、文明单位、文明社区、文明校园和文明家庭等创建活动，应当将家庭教育情况作为重要内容。

第四章 社会协同

第三十八条 居民委员会、村民委员会可以依托城乡社区公共服务设施，设立社区家长学校等家庭教育指导服务站点，配合家庭教育指导机构组织面向居民、村民的家庭教育知识宣传，为未成年人的父母或者其他监护人提供家庭教育指导服务。

第三十九条 中小学校、幼儿园应当将家庭教育指导服务纳入工作计划，作为教师业务培训的内容。

第四十条 中小学校、幼儿园可以采取建立家长学校等方式，针对不同年龄段未成年人的特点，定期组织公益性家庭教育指导服务和实践活动，并及时联系、督促未成年人的父母或者其他监护人参加。

第四十一条 中小学校、幼儿园应当根据家长的需求，邀请有关人员传授家庭教育理念、知识和方法，组织开展家庭教育指导服务和实践活动，促进家庭与学校共同教育。

第四十二条 具备条件的中小学校、幼儿园应当在教育行政部门的指导下，为家庭教育指导服务站点开展公益性家庭教育指导服务活动提供支持。

第四十三条 中小学校发现未成年学生严重违反校规校纪的，应当及时制止、管教，告知其父母或者其他监护人，并为其父母或者其他监护人提供有针对性的家庭教育指导服务；发现未成年学生有不良行为或者严重不良行为的，按照有关法律规定处理。

第四十四条 婴幼儿照护服务机构、早期教育服务机构应当为未成年人的父母或者其他监护人提供科学养育指导等家庭教育指导服务。

第四十五条 医疗保健机构在开展婚前保健、孕产期保健、儿童保健、预防接种等服务时，应当对有关成年人、未成年人的父母或者其他监护人开展科学养育知识和婴幼儿早期发展的宣传和指导。

第四十六条 图书馆、博物馆、文化馆、纪念馆、美术馆、科技馆、体育场馆、青少年宫、儿童活动中心等公共文化服务机构和爱国主义教育基地每年应当定期开展公益性家庭教育宣传、家庭教育指导服务和实践活动，开发家庭教育类公共文化服务产品。

广播、电视、报刊、互联网等新闻媒体应当宣传正确的家庭教育知识，传播科学的家庭教育理念和方法，营造重视家庭教育的良好社会氛围。

第四十七条 家庭教育服务机构应当加强自律管理，制定家庭教育服务规范，组织从业人员培训，提高从业人员的业务素质和能力。

第五章 法律责任

第四十八条 未成年人住所地的居民委员会、村民委员会、妇女联合会，未成年人的父母或者其他监护人所在单位，以及中小学校、幼儿园等有关密切接触未成年人的单位，发现父母或者其他监护人拒绝、怠于履行家庭教育责任，或者非法阻碍其他监护人实施家庭教育的，应当予以批评教育、劝诫制止，必要时督促其接受家庭教育指导。

未成年人的父母或者其他监护人依法委托他人代为照护未成年人，有关单位发现被委托人不依法履行家庭教育责任的，适用前款规定。

第四十九条 公安机关、人民检察院、人民法院在办理案件过程中，发现未成年人存在严重不良行为或者实施犯罪行为，或者未成年人的父母或者其他监护人不正确实施家庭教育侵害未成年人合法权益的，根据情况对父母或者其他监护人予以训诫，并可以责令其接受家庭教育指导。

第五十条 负有家庭教育工作职责的政府部门、机构有下列情形之一的，由其上级机关或者主管单位责令限期改正；情节严重的，对直接负责的主管人员和其他直接责任人员依法予以处分：

（一）不履行家庭教育工作职责；

（二）截留、挤占、挪用或者虚报、冒领家庭教育工作经费；

（三）其他滥用职权、玩忽职守或者徇私舞弊的情形。

第五十一条 家庭教育指导机构、中小学校、幼儿园、婴幼儿照护服务机构、早期教育服务机构违反本法规定，不履行或者不正确履行家庭教育指导服务职责的，由主管部门责令限期改正；情节严重的，对直接负责的主管人员和其他直接责任人员依法予以处分。

第五十二条 家庭教育服务机构有下列情形之一的，由主管部门责令限期改正；拒不改正或者情节严重的，由主管部门责令停业整顿、吊销营业执照或者撤销登记：

（一）未依法办理设立手续；

（二）从事超出许可业务范围的行为或作虚假、引人误解宣传，产生不良后果；

（三）侵犯未成年人及其父母或者其他监护人合法权益。

第五十三条 未成年人的父母或者其他监护人在家庭教育过程中对未成年人实施家庭暴力的，依照《中华人民共和国未成年人保护法》、《中华人民共和国反家庭暴力法》等法律的规定追究法律责任。

第五十四条 违反本法规定，构成违反治安管理行为的，由公安机关依法予以治安管理处罚；构成犯罪的，依法追究刑事责任。

第六章　附则

第五十五条 本法自 2022 年 1 月 1 日起施行。

参考文献

一　中文专著

梁漱溟：《中国民族自救运动之最后觉悟》，中华书局 1933 年版。

《十八大以来重要文献选编》（下），中央文献出版社 2018 年版。

晏阳初：《晏阳初文集》，四川教育出版社 1990 年版。

中共中央党史和文献研究院：《习近平扶贫论述摘编》，中央文献出版社 2018 年版。

［加拿大］迈克尔·富兰：《变革的力量——透视教育变革》，中央教育科学研究所、加拿大多伦多国际学院译，教育科学出版社 2015 年版。

［法］皮埃尔·布迪厄：《实践理性：关于行为理论》，谭立德译，生活·读书·新知三联书店 2007 年版。

二　中文期刊

阿海曲洛：《西部少数民族地区教育扶贫政策绩效评估指标体系构建研究——以凉山彝族自治州美姑县为例》，《四川师范大学学报》（社会科学版）2018 年第 4 期。

郜亮亮、杜志雄：《中国农业农村人才：概念界定、政策变迁和实践探索》，《中国井冈山干部学院学报》2017 年第 1 期。

陈川、周兴平、叶阳梅：《近二十年我国乡村教师研究现状、热点及展望——基于知识图谱及文献可视化分析》，《教育探索》2020 年第 8 期。

陈建武、张向前：《我国"十三五"期间科技人才创新驱动保障机制研究》，《科技进步与对策》2015 年第 10 期。

邓宏宝：《国外发展农村职业技术教育的主要经验》，《外国教育研究》1999 年第 1 期。

丁学森、邬志辉、薛春燕：《论我国乡村教育的潜藏性危机及其消解——基于在地化教育视角》，《教育研究与实验》2019年第6期。

董静、于海波：《印度农村初等教育教师：短缺现状、补充策略及启示》，《外国教育研究》2014年第5期。

段俊霞：《文化变迁与乡村教育发展：机遇与挑战——以河南省偃师市为例》，《教育探索》2011年第6期。

范安平、张释元：《发达国家的农村职业教育：经验与借鉴》，《教育学术月刊》2009年第11期。

付卫东、刘源：《农村教师招募与保留政策的国际比较及启示——以美国、澳大利亚和印度为例》，《教师教育论坛》2019年第3期。

付卫东、付义朝：《首届免费师范毕业生就业影响因素实证研究——基于全国六所部属师范大学的调查》，《复旦教育论坛》2012年第2期。

龚毓烨：《乡村振兴急需人才类型分析》，《求知》2019年第4期。

关振国：《破除乡村振兴中人才发展的"紧箍咒"》，《人民论坛》2019年第16期。

郭立场：《"学生都走光了"折射出的乡村教育困境》，《甘肃教育》2016年第16期。

果红：《云南边疆少数民族地区职教存在的问题和特色研究》，《云南师范大学学报》（教育科学版）2000年第2期。

韩长赋：《坚持农业农村优先发展 大力实施乡村振兴战略》，《农村工作通讯》2019年第8期。

郝俊杰、董珍：《国外统筹城乡教育发展的经验及启示》，《重庆工商大学学报》（社会科学版）2009年第1期。

何丽：《全省职业院校办学经验交流会在贵州盛华职业学院举行》，《贵州教育》2014年第24期。

简世德、占娟娟：《"互联网+教育"下乡村师资均衡发展研究——以衡阳市为例》，《中国集体经济》2021年第21期。

金香花：《韩国政府发展农渔村教育的支持性政策评析》，《教育评论》2012年第2期。

雷厚礼：《论贵州省情再认识》，《理论与当代》2008年第12期。

李潮海：《美日韩城乡教育一体化发展的经验与启示》，《沈阳师范大学学报》（社会科学版）2012 年第 6 期。

李恺、项朝阳、李崇光：《我国农村人力资源开发现状及对策取向》，《农村经济》2004 年第 6 期。

李玲、黄宸、薛二勇：《新阶段城乡义务教育一体化发展评估研究》，《教育研究》2017 年第 3 期。

李梦婷、李朗：《教育高质量发展加强乡村教师队伍建设》，《教育教学论坛》2021 年第 29 期。

李秋红、田世野：《农业人才供给侧改革与新农村建设》，《理论与改革》2016 年第 4 期。

李涛、邓泽军：《国际统筹城乡教育综合改革：发展脉络、治理模式与决策参考》，《江淮论坛》2012 年第 1 期。

李晓南、王磊、闫琳琳：《乡村振兴背景下人才队伍建设的策略研究——以辽宁省为例》，《中国商论》2019 年第 5 期。

李尧磊、韩承鹏：《东西部职业教育协作参与滇西扶贫的模式研究》，《中国职业技术教育》2018 年第 9 期。

刘丽群：《乡村教师如何"下得去"和"留得住"：美国经验与中国启示》，《教师教育研究》2019 年第 1 期。

刘雯：《我国农村人才流失的原因及对策建议》，《人才资源开发》2015 年第 10 期。

刘晓峰：《乡村人才：从概念建构到建设路径》，《人口与社会》2019 年第 3 期。

刘玉娟、丁威：《乡村振兴战略中乡村人才作用发挥探析》，《大连干部学刊》2018 年第 8 期。

刘祖钊、李真爱、李堃：《乡村振兴背景下推进人才强农战略路径分析》，《农村经济与科技》2019 年第 10 期。

陆爱弟、李翔：《乡村振兴视野下的人力资源研究》，《人力资源》2019 年第 6 期。

马娥：《我国农村学前教师的供给困境与消解策略——来自美国农村教师培训计划的启示》，《内蒙古师范大学学报》（教育科学版）2013 年第 8 期。

莫广刚：《以乡村人才振兴促进乡村全面振兴》，《农学学报》2019 年第

12 期。

聂玉霞、汪圣：《乡村振兴视域下农村社区教育的实践理路、现实困境及优化策略》，《教育与职业》2022 年第 10 期。

蒲实、孙文营：《实施乡村振兴战略背景下乡村人才建设政策研究》，《中国行政管理》2018 年第 11 期。

钱再见、汪加焰：《"人才下乡"：新乡贤助力乡村振兴的人才流入机制研究——基于江苏省 L 市 G 区的调研分析》，《中国行政管理》2019 年第 2 期。

乔雪峰、杨佳露、卢乃桂：《澳大利亚乡村教师支持路径转变：从"不足模式"到"拟合模式"》，《比较教育研究》2018 年第 5 期。

秦玉友：《美国、印度、日本农村教育发展中的主要问题及启示》，《外国教育研究》2007 年第 12 期。

邱艳萍、王媛媛：《美国"尊重项目"及其对我国乡村教育的启示》，《教学与管理》2019 年第 1 期。

申端锋：《农村研究的区域转向：从社区到区域》，《社会科学辑刊》2006 年第 1 期。

石娟、巫娜、刘义兵：《加拿大偏远地区乡村教师队伍建设及其借鉴》，《比较教育研究》2017 年第 2 期。

石学军、王绍芳：《新时代视阈下乡村人才成长机理与振兴路径选择》，《辽宁工业大学学报》（社会科学版）2020 年第 1 期。

司晓宏：《义务教育均衡发展监测的理性困境及其超越》，《教育研究》2020 年第 11 期。

宋海山：《乡村振兴战略下黑龙江省农业人才队伍建设问题研究》，《河南农业》2019 年第 29 期。

檀慧玲、李文燕、罗良：《关于利用质量监测促进基础教育精准扶贫的思考》，《教育研究》2018 年第 1 期。

陶少刚：《应加快我国农村人力资源开发》，《农业经济问题》2002 年第 3 期。

田占慧、刘继广、钟利军：《发达国家农村职业教育新模式比较分析》，《成人教育》2008 年第 1 期。

王国光：《发展中国家职业教育反贫困的路径分析——基于尼日利亚的实

践》,《职教论坛》2016年第33期。

王鉴、谢雨宸:《乡村学前教育高质量发展的内涵、逻辑与长效机制》,《东北师范大学学报》(哲学社会科学版)2022年第2期。

王铭铭:《从"当地知识"到"世界思想"》,《西北民族研究》2008年第4期。

王喜红:《乡村振兴人才队伍建设问题研究——以山东烟台市为例》,《山东行政学院学报》2019年第5期。

王晓生、邬志辉:《乡村学生学习质量提高的价值、困境与路径》,《现代基础教育研究》2021年第1期。

王正青:《国外推进城乡教育均衡发展新趋势——社会生态系统的理论框架》,《中国教育学刊》2011年第1期。

温嘉丽、周盈、谢芳芳、王楚怡:《乡村振兴背景下乡村学校有效课堂实证研究——以广东山区为例》,《教育教学论坛》2021年第28期。

乌云特娜:《波兰农村教育发展中的问题及其政策分析》,《外国教育研究》2013年第2期。

夏涛、李蔓:《新时期高等职业教育发展助力乡村振兴》,《核农学报》2022年第7期。

向朝阳、陈吉、李崇光:《对推进乡村人才振兴的几点思考——基于基层联系点山西省平泉市五家村的调研》,《农村工作通讯》2019年第1期。

向延平、陈友莲:《教育精准扶贫绩效评价研究:以湖南省为例》,《中州大学学报》2016年第5期。

肖化移:《中部地区农村职业教育发展的基本经验》,《中国职业技术教育》1999年第3期。

熊新山:《培育农民身份的大学生是新时代高等农业教育的重要使命》,《黑龙江高教研究》2001年第2期。

薛正斌:《县域义务教育师资均衡发展指标体系建构》,《教育与经济》2020年第4期。

杨明刚、于思琪、唐松林:《如何提升教师吸引力:欧盟的经验与启示》,《湖南师范大学教育科学学报》2018年第4期。

杨宁、陈晓暾、白帆:《乡村振兴战略下农村人才振兴的探究》,《现代营销》2019年第6期。

杨松林：《建设智慧课堂，推动乡村教育高质量发展》，《四川教育》2020年第 Z1 期。

袁利平、丁雅施：《教育扶贫政策实施效果评估指标体系构建》，《教育研究》2019 年第 8 期。

张彩云、傅王倩：《发达国家贫困地区教育支持政策及对我国教育精准扶贫的启示》，《比较教育研究》2016 年第 6 期。

张华忠：《乡村振兴背景下农村人才队伍建设的思考》，《职业》2019 年第 2 期。

张慧、王艳玲：《21 世纪以来我国乡村教师研究现状及发展趋势——基于 2000—2019 年 CNKI 期刊文献计量与可视化分析》，《昆明学院学报》2021 年第 1 期。

张凯：《国外培养农业人才的经验及对我国的启示》，《科学学与科学技术管理》1999 年第 3 期。

张萌、张秀平：《以人才振兴助力乡村振兴》，《合作经济与科技》2019 年第 4 期。

张宇轩：《乡村教育的"隐秘角落"：流失的学生和教师》，《中国经济周刊》2021 年第 18 期。

赵帮宏、张亮、张润清：《我国新型职业农民培训模式的选择》，《高等农业教育》2013 年第 4 期。

赵丹、林晨一：《教育扶贫背景下乡村贫困儿童学习质量困境与对策研究》，《现代教育论丛》2021 年第 4 期。

赵丹、赵阔：《乡村小规模学校教育质量困境及其突破——基于有效学校理论框架的个案剖析》，《现代教育论丛》2020 年第 6 期。

赵秀玲：《乡村振兴下的人才发展战略构想》，《江汉论坛》2018 年第 4 期。

郑程月、张文宇：《乡村学生创新素养培育的逻辑内涵、现实困境与实践路径》，《当代教育科学》2022 年第 3 期。

郑军：《探索乡村振兴人才培养新路径》，《乡村科技》2018 年第 23 期。

郑太年：《美国教育的基础性制度和发展战略的嬗变》，《教育发展研究》2018 年第 11 期。

周晓光：《实施乡村振兴战略的人才瓶颈及对策建议》，《世界农业》2019 年第 4 期。

周玉秀：《俄罗斯农村教师队伍建设的问题及对策》，《语文学刊》2013 年第 1 期。

朱德全、李鹏、宋乃庆：《中国义务教育均衡发展报告——基于〈教育规划纲要〉第三方评估的证据》，《华东师范大学学报》（教育科学版）2017 年第 1 期。

朱容皋：《发展中国家农村职业教育反贫困的典型模式比较》，《新余高专学报》2009 年第 3 期。

子明高：《云南省农业农村人才队伍建设思考》，《云南农业》2016 年第 8 期。

三　英文专著

Luschei T. F., Chudgar A., "Supply-side Explanations for Inequitable Teacher Distiibution", Tercher Distribution in Developing Countries, 2016.

Patricia Cahape Hammer, "Rural Teacher Recruitment and Retention Practices: A Review of the Research Literature, National Survey of Rural Superintendents and Case Studies of Programs in Virginia", Appala chia Educational Laboratory, 2005.

Yvonne D., Coates, "A Focused Analysis of Incentives Affecting Teacher Retentio: What Might Work And Why", Washington D. C.: American University, 2009.

四　英文期刊

Acheson Kris, J. Taylor, K. Luna, "The Burnout Spiral: The Emotion Labor of Five Rural U. S., Foreign Language Teachers", *Modern Language Journal*, No. 2, 2016.

Alina Simona TECAU, "Particularities of the Romanian Rural Education", Bulletin of the Transilvania University of Bras, ov Series V: Economic Sciences, No. 2, 2017,

Anju Saigal, Demonstrating a Situated Learning Approach for In-service Teacher Education in Rural India: The Quality Eduation Programme in Rajasthan, *Teaching and Teacher Education*, No. 28, 2012.

Bansilal, Sarah, T. Rosenberg, "South African Rural Teachers' Reflections on Their Problems of Practice: Taking Modest Steps Inprofessional Development", *Mathematics Education Research Journal*, No. 23, 2011.

Barley Z. A., "Preparing Teachers for Rural Appointments: Lessons from the Mid-Continent", *The Rural Educator*, No. 30, 2009.

Blackburn, J. J. J. S., "Assesing Teacher Self-efficacy and Job Satisfaction of Eraly Career Agriculture Teachers in Kentucky", *Journal of Agricultural Education*, No. 3, 2008.

Booth J., Cddwellin, Muller L. M., Perry E., Zuccollo J., "Mid-Career Teachers: Amixed Methods Scoping Study of Professional Development", Career Progression and Retention, *Education Sciences*, No. 11, 2021.

Brook, J., "Placed-Based Music Education: A Case Study of a Rural Canadian School", Action, Criticism & Theory for Music Education, No. 4, 2016.

Brookhart Susan M., Moss Connie M., Long Beverly A., "Teacher Inquiry Into Formative Assessment Practices in Remedial Reading Classrooms", *Assessment in Education: Principles, Policy & Practice*, No. 1, 2010.

Christine Liddell, Gordon Rae, "Predicting Early Grade Retention: A Longitudinal Investigation of Primary School Progress in a Sample of Rural South African Children", *British Journal of Educational Psychology*, No. 3, 2010.

Collins Ginger G., Goforth Anisan, Ambrose Lauram, "The Effects of Teacher Professional Development on Rural Students' Lexical Inferencing Skills", *Rural Special Education Quarterly*, No. 3, 2016.

Deringer, S. Anthony, "Mindful Place-Based Education: Mapping the Literature", *Journal of Experiential Education*, No. 4, 2017.

Emily Midouhas, Eirini Flouri, Rural/Urban Area Differences in the Cognitive Abilities of Primary School Children in England, Population, Space and Place, No. 2, 2015.

Evans, R. T., Kilin Emin, E., "History of Place-Based Education in the Socail Studies Field", *Journal of Socail Sciences/Sosyal Bilimler Dergisi*, No. 14, 2013.

Febriana M, Karlina Y, Nurkamto J, et al., "Teacher Absenteeism in Rural

Indonesian Schools: A Dilemma", English Language and Literature International Conference (ELLi C) Proceedings, No. 2, 2018.

Gruenewald, D. A., "The Best of Both Worlds: A Critical Pedagogy of Place", *Environmental Education Research*, No. 3, 2008.

Hammer P. C., Hughes G., Mcclure C., et al., "Rural Teacher Recruitment and Retention Practices: A Review of the Research Literature, National Survey of Rural Superintendents, and Case Studies of Programs in Virginia", *Appalachia Educational Laboratory at Edvantia*, No. 2, 2005.

Hudson P., Hudson S., "Sustainable Futures for Rural Education: Changing Preservice Teachers' Attitudes for Teaching in Rural Schools", Australian Journal of TeacherEducation, No. 4, 2008.

Jing Li a, b and Cheryl J, Craig, "A narrative inquiry into a rural teacher's emotions and identities in China: Through a teacher knowledge community lens", Teachers and teaching, No. 9, 2019.

Lassig Carly, Doherty Catherine Ann, Moore Keith, "The Private Problem with Public Service: Rural Teachers in Educational Markets", *Journal of Educational Administration and History*, No. 2, 2015.

Li L., "The Enlightenment of South Korean Elementary and Middle School Teachers' Urban-Rural Mobility System to teacher Mobility under the Background of China's Double Reduction Policy", *Open Access Library Journal*, No. 8, 2021.

Lucio, J, . Ferreira, F., "Rural schools and Local Development in Portugal: Rehabilitation, Participation and Socio-educational Innovation", *Australian and International Journal of Rural Education*, No. 2, 2017.

Mcinerney, p., Smyth, J., Down, B., "Coming to a Place Near You? The Politics and Possibilities Of a Critical Pedagogy of Place-Based Education", *Asia-Pacific Journal of Teacher Education*, No. 1, 2011.

Mollenkopf D. L., "Creating Highly Qualified Teachers: Maximizing University Resources to Provide Professional Development in Rural Areas", *The Rural Educator*, No. 3, 2009.

Pedro Carneiro et al., "School Grants and Education Quality: Experimental Evidence from Senegal", *Economica*, No. 87, 2020.

Plunkett M., Dyson M., "Becoming a Teacher and Staying One: Examining the Complex Ecologies Associated With Educating and Retaining New Teachers in Rural Australian", *Australian Journal of Teacher Education*, No. 1, 2011.

Rossi Tony, King Sheila, Motley Emma, "An Investigation of Early Career Teachers' Perceptions of Professional Development Opportunities and Career Advancement for Teachers in Rural and Remote Queensland", *Education in Rural Australia*, N0. 1, 2005.

Shaikh Shahriar Mahmud, Takahiro Akita, "Urban and Rural Dimensions of the Role of Education in income inequality in Bangladesh", *Review of Urban & Regional Development Studies*, No. 3, 2018.

Smith, G. A., "Place-Based Education: Learning to Be Where We Are", *Phi Delta Kappan*, No. 8, 2002.

Sobel, D., "Beyond Ecophobia: Reclaiming the Heart in Nature Education", *Nature Study*, No. 8, 1999.

Stocking K., Leenders F., De Jong J., "From Student to Teacher: Reducing Practice Shock and Early Dropout in the Teaching Profession", *European Journal of Teachers Education*, No. 3, 2003.

Tahir, Lokman Mohd, Mohammed Borhandden Musah, "Implementing Professional Learning Community in Rural Malaysian Primary Schools: Exploring Teacher Feedback", *International Journal of Management in Education*, No. 4, 2020.

Trinidad S., Sharplin E., Lock G., et al., "Developing Strategies at the Preservice Level to Address Critical Teacher Attraction and Retention Issues in Australian Rural, Regional and Remote Schools", *Education in Rural Australia*, No. 1, 2011.

Verwimp P., "Estimating Returns to Education in Off-Farm Activities in Rural Ethiopia", *Ethiopian Journal of Economics*, No. 2, 1999.

Watson C., Fox A., "Professional Re-accreditation: Constructing Educational Policy for Career-long Teacher Professional Learning", *Journal of Education Policy*, No. 1, 2015.

致　　谢

　　本著作能够顺利出版，需要感谢为调研工作开展提供支持与便利的相关单位及领导。调研工作开展获得了全司教育科学"十三五"规划2019年度国家重点课题"教育扶贫的现状、问题与对策研究"课题组负责人及团队成员的帮助。在2019至2022年开展调查工作期间，课题组负责人闽南师范大学党委书记吴彬镪研究员为调研工作开展提供了充裕的经费、人员等保障；课题组成员闽南师范大学科研处副处长黄耀明教授、潘小娽副研究员等顶着酷暑组队一同前往部分县市区调查点开展调查。著作撰写工作历时久、难度大，所幸得到课题负责人吴彬镪研究员的深度指导，文献回顾章节主要由赵凌副教授负责整理（合计3万多字），研究生李玥、李哲、王鑫宇、胡志新、张舒伟、张磊、王俊菁、罗淦等一同参与著作多轮修订及校对工作。在此均一并感谢。

　　著作出版还得到了闽南师范大学学术著作出版经费资助，在此，感谢闽南师范大学科研处的赞助与支持。

郭细卿
二零二三年十二月十四日